英米法判例の法理論

田島 裕 著作集
8

英米法判例の法理論

田島 裕著

著作集 8

信 山 社

はしがき

　判例法主義は、法の支配や陪審制に並ぶ英米法の特徴の一つであると言われる。これは法源論に関係することで、裁判所（裁判官）の在り方とも大いに関わりをもっている。このように多くの諸問題と関係するものであるからこそ、簡単に一口で説明することはできない。わが国の英米法研究も100年以上の蓄積をもつに至っているが、判例法主義の説明は、現在でも不十分である。故末延三次先生の東京大学での英米法講義は、学生と判例を読むことに明け暮れしていたと聞いている。英米では、第1の法源が判例法であり、それをどのように読むかが学問の核心にある。

　本書におさめた14の判例評釈はいずれも最重要判例の解説である。それらは、英米法研究者として研究を進める過程で生み出した「研究の覚え書き」でもある。しかし、いま読み返してみると、読み方があまかったと反省しなければならない部分も含まれており、読者に率直にお詫びするとともに、改めて現時点において正確であると考える解釈を示しておいた。むろん、わが国の法律の解釈について、解釈がいくつかに分かれることがあるのは当然のことであり、同様に英米の判例法理の解釈についても、学説の対立は避けられない。むしろ学問の進展を望むならば、異なった解釈の可能性を探求することの方が望ましいと申し上げたい。批判は大歓迎である。

　判例法主義とは何かについては、どの英米法の教科書でも説明されている。筆者も、『英米法』（現代法律学全集48、筑摩書房・1985年）で1章を当てて詳しく説明した。また、『イギリス法入門』（有斐閣・1991年、改版・信山社・2001年）でも、簡潔に説明しておいた。したがって、本書で

はしがき

は詳しく説明することはしないけれども、「判例というものの考え方」に大きな関心をよせて一生を送られた故内田力蔵教授の古稀記念論文として、英米における判例の読み方について論じた小論文に若干の手を入れて、第1章「判例法主義序説―判例というものの考え方」とした。それを執筆したのは1979年のことであり、本書では最近の諸文献を加えてアップ・ツゥー・デートにした。

判例の読み方は単一ではありえないことを認めるとしても、一定のルールがある。学問の出発点は、対象とするものを正確に理解することからはじまる。英米の判例を読む場合に、日本の研究者は余りにもそのルールを無視しすぎているのではないか、という感想をもっている。とくに日本の法制度と異なる部分にはほとんど注目しないで、日本と類似した側面を強調しすぎているように思われる。本書がそのルールを理解していただくためにも役立つところがあれば、幸いである。

ところで、本書は、わたくしの著作集の第8巻となるものであるが、特別な場合を除き、他の巻にならって敬称は全部省略することにした。なお、本書の刊行に当たっても、信山社・袖山貴氏をはじめ信山社の方々になみなみならぬお世話になった。ここに感謝の意を表しておきたい。

2001年5月27日

　　　　　　　　　　　　　　　　文京区大塚の研究室にて　　著　者

目　次

　　はしがき

1　判例法主義序説──判例というものの考え方── ……………1

　　　I　法源としての判例法 (1)
　　　II　先例法理と法解釈 (2)
　　　III　法解釈の原則と新理論 (10)
　　　IV　法解釈における積極主義と消極主義 (16)
　　　V　アメリカの先例法理 (22)
　　　[追記] 法解釈に関する比較法研究 (23)

2　国王の課税権と国会制定法 ……………………………………29
　　　──ベイト判決──

　　　I　事実の概要 (29)
　　　II　判決の要旨 (30)
　　　III　判例評釈 (31)

3　通常裁判所による司法審査の範囲 ……………………………33
　　　──アニスミニック判決──

　　　序　説 (33)
　3─(1)　アニスミニック判決 ……………………………………33
　　　I　事実の概要 (33)
　　　II　判決の要旨 (35)
　　　III　判例評釈 (37)

vii

目　次

　　3—(2)　「法の支配」の意味について ……………………………… *42*
　　　　Ⅰ　ダイシー伝統 (*42*)
　　　　Ⅱ　行政法の展開とダイシー伝統の修正 (*43*)
　　　　Ⅲ　行政法改革 (*45*)
　　　　Ⅳ　アニスミニック判決 (*47*)
　　　　Ⅴ　ゴルダー判決の影響 (*50*)
　　　　Ⅵ　むすび (*52*)
　　　　[**追記**] ヨーロッパ人権規約の国内法化 (*53*)

4　委任立法に対する司法審査 ……………………………………… *55*
　　――関税・消費税局長対キュア・アンド・ディーリー判決――

　　　序　説 (*55*)
　　　Ⅰ　事実の概要 (*55*)
　　　Ⅱ　判決の要旨 (*57*)
　　　Ⅲ　判例評釈 (*58*)

5　憲法事実の司法審査――法人の名誉毀損―― …………………… *63*
　　――ボーズ社対コンシューマー・ユニオン判決――

　　　Ⅰ　争点の説明 (*63*)
　　　Ⅱ　上訴審における事実認定の扱い方 (*67*)
　　　Ⅲ　反対意見の論理 (*72*)
　　　Ⅳ　憲法事実の司法審査 (*76*)
　　　Ⅴ　むすび (*79*)

目　次

6　言論・集会の自由と市民的抵抗の権利 …………………81
　　──ウォーカー判決──

　　序　説 (*81*)
　　Ⅰ　事件の概要 (*81*)
　　Ⅱ　裁判所侮辱と憲法訴訟 (*84*)
　　Ⅲ　市民的抵抗のための裁判 (*90*)
　　Ⅳ　むすび (*94*)

7　選挙権の平等──「1人、1投票権」の原則── ………99
　　──デイヴィス対バンデマー判決──

　　序　説 (*99*)
　　Ⅰ　事実の概要 (*99*)
　　Ⅱ　判決の要旨 (*101*)
　　Ⅲ　判例評釈 (*106*)

8　「市民参加」の理論と連邦憲法の通商条項 ……………109
　　──ホワイト判決──

　　序　説 (*109*)
　　Ⅰ　事実の概要 (*109*)
　　Ⅱ　判決の要旨 (*112*)
　　Ⅲ　判例評釈 (*116*)

9　合衆国憲法第11修正と環境保護 …………………………121
　　──ユニオン・ガス判決──

　　序　説 (*121*)

目　次

　　　Ⅰ　事実の説明 (121)
　　　Ⅱ　下級審の判決 (123)
　　　Ⅲ　合衆国最高裁判所の多数意見の要旨 (126)
　　　Ⅳ　合衆国最高裁判所の個別意見 (129)
　　　Ⅴ　判決の問題点 (131)
　　　［追記］アメリカのスーパーファンド法 (135)

10　作業上の安全と立入検査の司法令状 …………………137
　　　——ドノヴァン対デューイ判決——

　　　序　説 (137)
　　　Ⅰ　事実の概要 (137)
　　　Ⅱ　判決の要旨 (139)
　　　Ⅲ　判例評釈 (143)

11　土地利用と正当な補償 …………………………………147
　　　——ファースト・エヴァンジェリカル判決とノラン判決——

　　　序　説 (147)
　　　Ⅰ　事実の概要 (148)
　　　Ⅱ　判決の要旨 (150)
　　　Ⅲ　判例評釈 (154)

12　水　利　権 ………………………………………………159
　　　——ウィロー・リヴァ電力会社判決——

　　　序　説 (159)
　　　Ⅰ　事実の概要 (159)
　　　Ⅱ　判決の要旨 (161)

Ⅲ　判例評釈（162）

　　［追記］「英米法判例百選〈第2版〉」（別冊ジュリスト）の
　　　　判例評釈（165）

13　不正行為法の相殺の原則と自動車事故 ………………167
　　──ジェス対ハーマン判決──

　　序　説（167）
　　Ⅰ　事実の概要（167）
　　Ⅱ　判決の要旨（168）
　　Ⅲ　判例評釈（169）

14　キャリフォーニア州最高裁「死刑は違憲」判決 …………179
　　──アンダースン判決──

　　はじめに（179）
　　Ⅰ　序　説（179）
　　Ⅱ　アンダースン事件の経過（182）
　　Ⅲ　キャリフォーニア州最高裁判決の概要（州憲法の解釈）
　　　　（184）
　　Ⅳ　キャリフォーニア州最高裁判決の概要・裁判所の機能
　　　　と先例の意味（186）
　　Ⅴ　キャリフォーニア州最高裁判決の概要・死刑は残酷ま
　　　　たは異常な刑罰（187）
　　Ⅵ　キャリフォーニア州最高裁判決の結論（189）
　　Ⅶ　キャリフォーニア州知事の批判（191）
　　Ⅷ　アンダースン判決の意義（192）
　　むすび（193）

目　次

　　　［**追記**］「死刑」をめぐる法律の変遷（*194*）

15　ヨーロッパ人権規約とイギリス法 ……………………………*199*
　　　――ゴルダー判決――

　　序　説（*199*）
　　Ⅰ　判決の概要（*199*）
　　Ⅱ　事件の背景の説明（*203*）
　　Ⅲ　ゴルダー判決がイギリス法において持つ意味（*206*）
　　Ⅳ　む　す　び（*208*）

　付録A　英米の裁判制度 …………………………………………*211*
　　1　1875年以前のイギリスの裁判所（*211*）
　　2　現在のイギリス裁判所制度（*212*）
　　3　アメリカ裁判所制度（*213*）
　付録B　英米の主要な裁判官 ……………………………………*214*

　事項索引（巻末）
　判例索引（巻末）
　法令索引（巻末）

〈初出一覧〉

―――〈初出一覧〉―――

　本書は、はしがきに述べたように、全体にわたって新たに書き直したものであるが、その基になった出典があるので、所在を明らかに示しておきたい。
　各章の初出の出典は以下のとおりである。

1　「法解釈に関する若干の考察」……『現代イギリス法』内田力蔵先生古稀記念（成文堂・1979 年）437-456 頁　〔「判例法主義序説―判例というものの考え方」と改題〕

2　「国王の課税権と国会制定法―ベイト判決〔Bate's Case (An Information Against Bate)〕」……別冊ジュリスト 139・英米判例百選〈第 3 版〉（1996 年）88 頁

3　「通常裁判所による司法審査の範囲（アニスミニック判決）―「法の支配」の意味」……別冊ジュリスト 59・英米判例百選 I 公法（1978 年）32-33 頁、同 139・英米判例百選〈第 3 版〉96-97 頁、比較法研究 39 号（1977 年）92 頁〔「通常裁判所による司法審査の範囲―アニスミニック判決」と改題〕

4　「委任立法に対する司法審査」……(別冊ジュリスト 59・英米判例百選 I 公法（1978 年）24-25 頁〔「委任立法に対する司法審査―関税・消費税局長対キュア・アンド・ディーリー判決」と改題〕

5　「憲法事実の司法審査―消費者保護団体の機関誌に掲載された商事テスト記事による名誉毀損訴訟の紹介(法人の名誉毀損)」……(ジュリスト 854 号（1986 年）105-110 頁〔「憲法事実の司法審査―法人の名誉毀損―ボーズ社対コンシューマー・ユニオン対法」と改題〕〕

6　「不法集会に対する差止命令と市民的抵抗の権利―ウォーカー対バーミンガム市判決」……（大阪市大法学雑誌 26 巻 3・4 号（1980 年）39-54 頁〔「言論・集会の自由と市民的抵抗の権利―ウォーカー判決」と改題〕

7　「「一人、一投票権」の原則（Davis v. Bandemer）―選挙権の平等」……（アメリカ法 1990-2 号 341-346 頁〔「選挙権の平等―「1 人、1 投票権」原則―ディヴィス対ハンデマー判決」と改題〕

xiii

〈初出一覧〉

8 「「市民参加」の理論と連邦憲法の通商条項（White v. Mass. Council）」……アメリカ法 1986-1 号 193-199 頁［「「市民参加」の理論と連邦憲法の通商事項—ホワイト判決」と改題］

9 「合衆国第 11 修正の州主権免責」……（ジュリスト 978 号（1991 年）150-154 頁［「合衆国憲法第 11 修正と環境保護—ユニオン・ガス判決」と改題］

10 「作業場の安全と立入検査の司法令状（Donovan v. Dewey）」……アメリカ法 1984-1 号 148-152 頁［「作業上の安全と立入検査の司法令状—ドノヴァン対デューイ判決」と改題］

11 「土地利用と正当な補償（First English Church v. County of Los Angeles）」……アメリカ法 1990-2 号 346-352 頁［「土地利用と正当な補償—ファースト・エヴァンジュリカル判決とノラン判決」と改題］

12 「水利権」……別冊ジュリスト 60・英米判例百選Ⅱ私法 154-155 頁［「水利権—ウイロー・リヴァ電力会社判決」と改題］

13 「不法行為法の相殺の原則と自動車保険（Jess v. Herrmann）」……アメリカ法 1981-1 号 197-204 頁［「不法行為法の相殺の原則と自動車事故—ジェス対ハーマン判決」と改題］

14 「カリフォルニア州最高裁「死刑は違憲」判決をめぐって」……ジュリスト 504 号（1972 年）83-88 頁［「キャリフォーニア州最高裁「死刑は違憲」判決—アンダースン判決」と改題］

15 「ゴルダー判決とイギリス法」……ジュリスト 645 号（1977 年）119-122 頁［「ヨーロッパ人権規約とイギリス法—ゴルダー判決—」と改題］

1　判例法主義序説
　　——判例というものの考え方——

I　法源としての判例法

§1　判例法主義は英米法の特徴の1つである[1]。判例法が重要な法源の1つであるということは、裁判官が法を創造することを意味する（§11）。このような立場で裁判に当たる裁判官は、制定法を解釈するにあたっても、日本の場合に比べ、かなり異なった制定法解釈の方法をとる。ここでは、このことを説明することに重点をおいている。第2章以下で14件の重要判例を読みながら、そのことに関連づけて英米法の判例法理を説明することが、本書の主要目的である。

§2　まず、イギリスの法解釈について、いくつかの前提となることを述べておかなければならない。まず第1に、ゲルダートも述べているように[2]、イギリス法の中から判例法を取り除いたとすると、残るものは、相互に脈絡のない穴だらけの法の網だけである。従って、今日においてさえ、イギリス法は判例法によってその骨組が形成されていると言ってよい。そこで第2に、イギリスにおける法解釈は、法的安定性（certainty）に特別な考慮を払いながら行なわれるということである。最後に、イギリスには憲法典または基本法はないので、先例法の中から一般理論を帰納的に見付け出し、それを演繹的に当面の具体的事件に当嵌めるのが法解釈のやり方となっていることである。ただし、2000年10月2日から人権法（Human Rights Act 1998）が実施されており、その実施後には、こ

の点は多少異なってくるであろう(これについては、本著作集第2巻で詳しく説明する)。

(1) 以下に説明するような判例というものの考え方は、アメリカ法でも一応通用するものである。しかし、アメリカ合衆国は連邦制の国であり、連邦裁判所の制度にはイギリス法の裁判制度と異なる部分がかなりあり、ここでの説明も多少修正する必要がある。そこで、本章の最後に、アメリカ法に固有な考えを追加説明することにした。

(2) W. GELDART, ELEMENTS OF LAW 2 (1911)〔末延三次訳『イギリス法原理』(東京大学出版会・1960年) 4頁〕. この著書は、1965年以降、Sir Daird Yardley によって改訂が続けられ、現在は第11版 (1995年) となっており、標題も INTRODUCTION TO ENGLISH LAW に変わったが、引用部分は全く変わっていない。

II 先例法理と法解釈

(1) 法宣言説とその批判

§3 イギリス法体系の主要な部分が判例法からなるものであるとすれば、まず問題にしなければならないのは、判例の解釈の方法である。判例の解釈に関して、最も重要な解釈原理は、先例法理もしくは先例拘束性の原理と呼ばれるものである。内田力蔵が述べたように、明治以来、「多少とも基本的な事項にわたるイギリス法 (ないし英米法) についての論文や著書で、先例法理にふれないものは、ほぼ絶無であると言ってよい」[3]。

さて、先例法理とは、判例において宣明された法規範が将来の他の類似の事件に対して拘束力をもつ、とする法理である[4]。この法理は、理論的には、いわゆるブラックストンの「法宣言説」に見られるような自然法理論によって支えられるものである[5]。つまり、法というものは時代を超越した普遍性を持つものであるから、裁判所によりその存在が確認さ

れた以上は、その内容が変るはずはないという考え方による法理である。しかし、19世紀後半以降になって、その法理が裁判所の慣行として確立したことの背景には、内田力蔵が詳細に説明したとおり、裁判所制度の統合および判例集の整備という2つの条件がそろっていた点に注目する必要がある[6]。さらに、新井正男は、もう1つの先例法理の前提条件として、「司法機能が以前と違って卓越した法律家の掌中にあること」をあげている[7]。

§4 先例法理は極めて曖昧なものであるといわなければならない[8]。先例法理は、法的擬制の問題を生んだ。このことがベンサム主義者たちの厳しい批判[9]を受ける主要な原因となるのであるが、その批判は、次のようなメイトランドの言葉に簡潔に要約されている[10]。

「裁判官立法（これはベンサムの言葉である）の主要な欠点は、おそらく、その破壊作業が明瞭になされることは全くないという点である。古い準則は廃止されうるが、当該の朽ちかけた殻は、完全な生命力を持ち、それ故に、全ての専売特許の危害を具備しており、法制度の中に目に見えない危害を与え続けるにちがいない」

(3) 内田力蔵「判例というものの考え方(1)」法学セミナー75号（1962年）46頁（内田力蔵著作集第1巻、信山社・2001年）。
(4) 例えば、Aという事件の審理に当る裁判官は、もしAに類似したA′という先例がある場合には、たとえその判決と異なる判決を下したいときでも、先例に従う判決を下すことが義務づけられる。我国でも、事実として先例を参照することが少なくないが、1つの判決が常に将来の事件に対し拘束力を持つという考え方はとらない（判例法の比較法的研究として『比較法研究』第26号（1965年）、特に、内田力蔵（英米法）〔著作集第1巻〕および甲斐道太郎（日本法）の研究報告参照）。判例法上、かかる厳格な先例拘束性の原則を確立したのは、London Street Tramways v. London County Council, [1898] A.C. 375 (per Lord Campbell)であると思われる。

1 判例法主義序説——判例というものの考え方——

(5) 1 BLACKSTONE, COMMENTARIES 69-70 (1965). この関連部分は、内田・前掲注(3)・法学セミナー78号（1962年）34—35頁に全訳、同79号24—25頁に批判的検討が行われている（同著作集第1巻）。

　なお、ヘイルの次の言葉も、「法宣言説」を支持するものとして引用されることが多い。「確かに司法裁判所の判決は、……問題となっている特定の事件に関し、……法により両当事者を拘束するが、当該裁判所が……法というものを作ることはない。それは、国王と議会のみがなしうることだからである。だが、かかる裁判所の判決は、この王国の法が何であるかを説明し、宣明し、かつ、公けに示す点では、大きな重さと権威を持っている。」(HALE, HISTORY OF THE COMMON LAW 89 (1820))

(6) 前掲注(3)にも引用した、内田力蔵が1962年から1966年にわたって「法学セミナー」に連載した「判例というものの考え方」は、まさに本文で述べた点を詳説した作品である。ちなみに、その連載は第41回(スター・チェンバーの慣行の説明)までで未完となっているが（同著作集第1巻所収）、さらに若干の説明を補足する予定だったのではあるまいか。

(7) 砂田卓二＝新井正男編・英米法講義（青林書院新社・1971年）63頁。この見方は、貴族院が見解を変更しないことが貴族院への信頼を高めるのに役立つという考え方につながるのであろうか。

(8) 内田・前掲注(3)・法学セミナー75号（1962年）47頁（同著作集第1巻）。先例法理からは、法が「誰によって、何時、どのようにして発見され、確定されるのか、というような根本的な点について、……必ずしも満足すべき答はひきだせない。」と述べ、いわゆる「ハムソン・テーゼ」が支持されるべきであると主張している。

(9) この点に関してよく引用されるのは、ベンサムの次のような言葉である。「英法において擬制は梅毒であり、それは隅々にまで及んで、制度のどの部分へも腐敗の素をもちこんでいる」、「擬制の司法に対する役割は、詐取の商売に対する如きである」、「最も有害な、最も劣悪な種類の嘘つきである」、「それが用いられたとき、悪い結果のないことはなかった」、「擬制を発明した判事は投獄さるべきである」（来栖三郎《法における擬制》について」私法学の新たな展開〔我妻栄先生追悼論文集〕（有斐閣・1975年）64頁によった）。

　なお、本文の問題について J. FRANK, LAW AND THE MODERN MIND 320-21 (1830) も見よ。但し、メーンは、擬制を有用なものと見ていたようである

(Maine, Ancient Law, 15-19 (Dent ed., 1972))。
⑽ Encyclopaedia Britanica 506 (11th ed., 1913) ("English Law").

(2) ベンサム主義の先例法理

§5 Codification という言葉に示されているように、ベンサム主義者たちの主張は、法の法典化ということにあったことは言うまでもない。これに対し、アメリカのリアリストによる批判に答える形で、間接的にコモン・ローの先例法理の利点を説こうとしたのが有名なグッドハートのステリ・デサイシス (stare decisis) の理論である⑾。この理論は、高柳賢三その他の研究者によって、日本でも十分に紹介されているので⑿、詳しい説明はここでは省くこととする。その核心となる考え方は、判例には常に1つの重要な事実が含まれていて、それに関する法的判断（レイシオ・デシデンダイ〔ratio decidendi〕）が先例法として拘束力を持つという考え方である。具体的に言えば、有名なライランズ対フレッチャー判決⒀は、危険物を自己の土地に持込む者は、その漏出から生じる損失に対し、過失の有無にかかわりなく責任を負うという1条の法律を宣明した判決である、として理解するものである。このような判決の場合には、単なる法律の条文の場合と違って、傍論（オビター・デイクトム〔obiter dictum〕）に具体的な説明が付されているので、よりいっそう法を正確に理解できるという特徴がある。

§6 むろんそのような考え方は、ベンサム主義者たちを説得できるだけの力を持つものではない。第1に、判例の中に含まれる重要な事実は、1つだけであるとは限らないわけであるし⒁、第2に、たとえ1つであると仮定しても、その事実についての法的判断がどの程度の一般性を持つかに関して、広い判断の余地が残されているからである。例えば、先のライランズ対フレッチャー判決に関しても、問題となった危険物はため

1 判例法主義序説——判例というものの考え方——

池であったが、その判決の準則はその物が自動車の場合にも適用されるのか、子供のオモチャの場合にも適用されるのかなど、1つ1つ区別して判断する余地がある。20世紀のイギリス法の改革に大きな役割を果してきたグランヴィル・ウィリアムズは、判決の準則そのものを変更したい場合もありうるのであり、時には率直に判例変更を認めた方が国民の裁判所への信頼を高めるのにも役立ちうる、という意見を述べた[15]。この意見は後にガーディナ卿がロード・チャンセラーになってから、貴族院によっても受入れられるようになった。これが、我国でも知られている1966年の貴族院の慣行声明である[16]。

§7　もっとも、この声明が発表されたことによって、先例法理が著しく変ったと理解するのは早計である。その声明の法的性質に関しては、多くの論議の余地がある。その声明の持つ意味は、先例法理を1つの裁判所の慣行であるとした点にあって、その法理そのものを大きく変えたものとは思われない[17]。1966年以後の判例を調べてみても、若干の例外は別として、実際の慣行はほとんど変っていない。

　　(11)　Goodhart, *The Ratio Decidendi of a Case*, in ESSAYS IN JURISPRUDENCE AND THE COMMON LAW 1-31 (1931). なお、Goodhart, *Precedent in English and Continental Law*, 50 L.Q. REV. 40 (1934)も見よ。ちなみに、グッドハートが積極的にはっきりと主張していることは、内田の研究に示されている通り、「裁判官がレイシオ・デシデンダイとして述べているところに捉われてはならない、裁判のことばは無視してよい、という基本的な考え方」にあったことは重要な点であり、注目する必要がある（内田・前掲注(3)・法学セミナー75号（1962年）47頁（同著作集第1巻）参照）。

　　(12)　高柳賢三『英米法源理論（全訂版）』（有斐閣・1938年）69-84頁。前掲注(3)の内田力蔵の論文では、川島武宜「判例研究の方法」法律時報34巻1号（1962年）4―10頁など民法学者の判例研究が批判されている。英米法の先例法に関する研究としては、他の脚注で引用したものの外、内田力蔵「イギ

リス判例法における《レイシオ・デシデンダイ》の決定について」ジュリスト 97 号（1956 年）54―60 頁（同著作集第 1 巻）、同「イギリス判例法に於ける法規範確定の困難について」法律時報 13 巻 12 号（1941 年）32―36 頁（同著作集第 1 巻）、田中英夫「先例の拘束力と判例法の発展」法学セミナー147 号（1968 年）93―96 頁、望月礼二郎「イギリスにおける判例理論の傾向」法律時報 38 巻 1 号（1966 年）47―54 頁、同 3 号 45―49 頁、田中保太郎『英法における判例遵由の原則』（1961 年）、平良「判例法における《法》の発見」慶大法学研究 25 巻 2 号（1952 年）20―43 頁、が主なものである。新井正男「イギリス判例法主義の昏迷」法学新報 81 巻 3 号（1974 年）36―68 頁も見よ。

(13) Rylands v. Fletcher (1868) L.R. 3 H.L. 337（なお、前掲注(11)に引用したグッドハートの第 1 の論文 17―18 頁も見よ）.

(14) この点は、内田・前掲注(3)・法学セミナー75 号（1962 年）48 頁（同著作集第 1 巻）に紹介されているモントローズ＝シンプソン論争をきっかけに、グッドハート自身が書いた短かい論文の中で、グッドハートも認めていると思われる（Goodhart, *The Ratio Decidendi of a Case*, 22 MOD. L. REV. 117 (1955)）。ちなみに、比較法的見地から書かれた田中英夫「判例による法形成」法学協会雑誌 94 巻 6 号（1977 年）755 頁、796―809 頁も参照。

(15) 先例拘束性の原理についてのグランヴィル・ウィリアムズの考え方は、SALMOND, JURISPRUDENCE 162-231 (11th ed., 1957) に最もよく表われている。ウィリアムズの先例拘束性の原理に対する批判の消極的根拠は、その原理を確立したと言われるロンドン市街電車事件（前掲注(4)参照）は Beamish v. Beamish (1861) 9 H.L. Cas. 274; 11 Eng. Rep. 735 が先例を法源とすべき旨を述べていることをその理由としているが、当該事件でそれと反対の趣旨の判決を示すことも可能であったということを指摘している。つまり、その原理の存在を証明するために先例を論拠とするのは論理矛盾であるというのである。確かに、ウィリアムズがいうように、その原理の不存在を証明する古い判例を捜すことは困難ではない。例えば、Bright v. Hutton (1852) 3 H.L.C. 341, at 389 で、セント・レオナーズ卿は、「貴族院は他の全ての司法裁判所と同様、同院が過去に犯したかもしれない間違いを訂正する固有の権限を持っている」と述べている。

(16) Practice Statement (Judicial Precedent) [1966] 3 All E.R. 77; [1966]

1 判例法主義序説——判例というものの考え方——

　　1 W.L.R. 1234. この声明は、田中英夫「イギリスにおける先例拘束性の原則の変更について」法学協会雑誌 84 巻 7 号（1967 年）922—27 頁に全訳されている。

　(17)　ワイズは、Dworkin, *The Model of Rules*, 35 U. Chi. L. Rev. 14 (1967); *id*., Social Rules and Legal Theory, 81 Yale L.J. 855, 882-90 (1972) で使われた法規範の性質による分析を利用し、先例法理は安定性の原則（the principle of stability）を内容とした裁判基準であると述べている（Wise, *The Doctrine of Stare Decisis*, 21 Wayne L. Rev. 1043 (1975))。

　　なお、Stone, J., *1966 and All That! Loosing the Chains of Precedent*, 69 Col. L. Rev. 1162 (1969) は、1966 年の声明が出される過程の分析も含んだ興味深い論文である。

(3) 貴族院の先例法理

§8　判例法理自体については、注(12)に引用した諸先輩の研究において、詳しく説明されているので、ここでは最近の 2 つの見解を代表すると思われるリード卿およびディプロック卿の意見を紹介するにとどめておこう。1962 年のショウ判決[18]の解釈について、その 2 人の裁判官は、1972 年のクナラ判決[19]中で興味深い意見を述べている。第一にリード卿は、次のように述べている[20]。

　　「私はショウ判決の中で反対意見を述べた。再考し直してみても、私は、その判決は間違っていると考えているし、私の意見の中で述べたことを少しも変更する理由はないと思う。しかし、……法における安定性の一般的利益のために、判例を変更する前に一定の非常に十分な理由が存在していることを確かめなければならない」と。

このように述べて、不本意であることをはっきり示しながら、リード卿はショウ判決の先例に従う判決を下した。

§9　これに対し、ディプロック卿は、先に引用したリード卿の意見を激しく批判しながら、少数意見を述べた。その意見によれば、「先例に屈服し

ながら、なおその基礎となる法的推論 (legal reasoning) を否定することは、イギリス法体系に対し一種の不信をいだかせるような区別をすることになる」[21]という。そして、ショウ判決の先例は、間違った判決であるから、1966年の貴族院声明に従って判例変更されるべきであると判示した。

　2人の裁判官のうちリード卿は今はなく、ディプロック卿の意見は指導的地位を占めてはいるが、先例法理に関しては、リード卿の意見は今なお有力説であると思われる[22]。つまり、判例変更が原理上は可能になったとはいうものの、その際には、法的安定性を維持するためにイギリス法体系全体への考慮が十分に払われるべきことが要件となっているように思われ、実際には先例法理の従来の慣行とほとんど変ることのない結果となっている。

§10　先例法の解釈に関して、もう1つ付記しておかなければならないことは、特別裁判所の慣行についてである。特別裁判所は、その裁判管轄権について厳格な制約を受けるいわゆる下位裁判所 (inferior courts) であるから、法体系の維持について責任を負う通常裁判所とは区別され、先例法理の適用はないと考えられてきた[23]。しかし、特別裁判所の数が著しく増加し、その中には司法裁判所というべきものが多く見られるようになり、先に説明したような通常裁判所の先例法理の慣行に類似した慣行が、多くの特別裁判所においても見られるようになっている[24]。おそらくそれは、第1に、特別裁判所においてもそれに関係ある法律の一定の体系を維持する必要があること、第2に、先例法理には事件処理の効率を高めるのに役立つ面があること、第3に、その法理は公平の理念に合致する、などの理由によるものであろう[25]。

　　(18)　Shaw v. D.P.P., [1962] A.C. 220、問題のリード卿の意見は、*id.* at

268.
(19) Knuller, Ltd. v. D.P.P., [1972] 3 W.L.R. 143.
(20) *Id*. at 147. ちなみにリード卿は Hudson v. Secretary of State for Social Services, [1972] A.C. 944, at 966 でも、「この慣行は、法における現存の安定性を弱めるために使われてはならない。」と述べている。
(21) *Id*. at 160.
(22) 前掲注(20)のハドソン判決における各裁判官の意見を参照せよ。先例法理は前掲注(6)を付した本文で述べた2面を持っているが、特に前者（すなわち、裁判所機構の統合）に関しては、貴族院は従来の立場を全く変えていない。Cassel & Co., Ltd. v. Broome, [1972] A.C. 1027, at 1054 において、ヘイルシャム卿は、「我国にある裁判所のピラミッド型の制度においては、控訴裁判所を含め、各々下位の裁判所が、上位の裁判所の判決に忠実に従うことが必要である」と述べている。
(23) 例えば、Merchandise Transport Ltd. v. British Transport Commission, [1962] 2 Q.B. 173 (*per* Lord Devlin). ちなみに、枢密院司法委員会は、実質的には貴族院とほとんど変るところのない上位の裁判所であるが、女王の諮問機関として女王に対し助言を与えることがその職務であると考えられているために、先例拘束性の原理は枢密院司法委員会には適用がないと考えられている（但し、実際の慣行は、貴族院の場合と大きな差異はない）。
(24) 一般的に、FARMER, TRIBUNALS AND GOVERNMENT 179 (1974)を見よ。特に国民保険の場合について詳細に説明した文献として、MICKLETHWAIT, THE NATIONAL INSURANCE COMMISSIONERS 73-77, 129 (1976)および Safford, *The Creation of Case Law under the National Insurance and National Insurance (Industrial Injuries) Acts*, 17 MOD. L. REV. 197-210 (1954).
(25) フランクス報告書(para. 102)、前掲注(17)のワイズ、前掲注(24)のファーマーも、これを支持しているように思われる。

III 法解釈の原則と新理論

(1) 法解釈の原則

§11 今日では裁判官が法解釈により法創造機能を果すことがあることに疑

III 法解釈の原則と新理論

問を持つ者はほとんどいない。かつてモンテスキューは、イギリスには三権分立の原則が存在していることを説明し、「(イギリス)国民の裁判官は、法のことばを述べる口にすぎない」[26]と述べた。しかし、厳格な先例拘束性の原理のもとにおいてさえ、先にも見たように、法的安定性を傷つけない限度での法解釈の自由はあったように思われる[27]。特に本稿ではふれないことにした19世紀以前の慣行に関しては、裁判官による法創造は、もっと明瞭に行なわれていた[28]。

しかし、議会が制定した法律の解釈が問題となるとき、裁判官の自由は著しく制限されている。イギリスでは議会主権の原則が憲法原理となっているので、裁判所は忠実に議会の法律に服従しなければならない。それは裁判所というものの性質からも当然のことと言わなければならないが、問題は、法律の文言それ自体がしばしば広い解釈の余地を与えていることから生じる[29]。あるいは、法律のことばの意味が時代と共に変りうることにある。イギリス法の実際の在り方を知る上で、裁判所が用いる法律解釈の方法を理解することが著しく重要なことであるのは、そのためである。

§12 そこでまず伝統的な法律解釈の方法から説明をはじめようと思うが、その際、第一にあげなければならないものは、「明白な意味」の原則である[30]。法律の言葉は、一般に理解されている通常の意味に従って解釈されなければならず、しかも、その解釈のときに、法律の前文、見出し、国会の議事録[31]、委員会報告書などの補助的資料を利用することは許されない。同じ言葉であっても、制定時と解釈時とで違った意味に理解されている場合には、前者のそれが尊重される[32]。

先の「明白な意味」の原則を補充する法解釈の原則として、ヘイドン判決によって宣明された法律解釈の黄金律と呼ばれるものがある[33]。この解釈の原則によれば、まず第1に、問題の法律が制定される以前のコ

11

モン・ローが何であったかが明らかにされる。第2に、当該のコモン・ローが解決できなかった「害悪（mischief）」は何であったか、そして、第3に、議会が法律を制定することによってその害悪をいかに取除こうとしたかが明らかにされる。裁判所は、その議会の意図に従って、当事者のために最も適切な救済が与えられるように法律を解釈することになる[34]。

§13 上の2つの原則は、法律解釈の古典的な原則とも呼ぶべきものであるが、先の説明からも分るように、コモン・ローの体系は議会の法律によって自由に修正することが可能であるように思われる。しかし、実際には、裁判所による法解釈の幅は非常に広いといわなければならない。例えば、ロバーツ対ホップウッド判決[35]において、貴族院は、「地方自治体が適切であると考える」という法律の文言を解釈する際に、ただ単に主観的にそう考えたというだけでは不十分であって、法律の目的に照らして合理的であると思われる根拠に基づいてそう考えたのでなければならないと当該の文言を解釈し、地方自治体の法定は無効であると判決した。デヴリン卿は、もっと明瞭な言葉で法律解釈について次のように述べている[36]。

　「法は、裁判官が法であると呼んだところのものである。もし貴族院が、議会の法律に対し、他の誰も合理的にはそのような意味を持ちえないと考えるような意味を与えるならば、その法律の文言に優先して当該の与えられた文言の解釈が法となるであろう」と。

　このデヴリン卿の意見は議会主権を実質的に否定するものであると思われるのであるが、かかる意見を表明できるのは、議会主権の寛容によるものと言わなければならない。かつて内田教授は、先例法理について、その法理は、「つまりは、いわゆる《法の支配》の1つの条件をなしているものと見られようが、その《法の支配》そのものが、つきつめれば、

III　法解釈の原則と新理論

国会主権の寛容によって成立するものであることは、ダイシーもみとめるところなのである」(37)と、述べられたことがあるが、このことはイギリス法における法解釈について一般的に言えることであると思われる。そして、コモン・ローの基本思想を「法の支配」の原理と呼ぶならば、その原理と議会主催の原理とのバランスの上にイギリス法体系ができ上っていると思われるのである(38)。

(26)　1 Montesquieu, De L'Esprit des Lois 168-79 (Derathé ed., 1973).
(27)　前掲注(4)に引用した貴族院の判例の中で、有名なホールズベリ卿は厳格な先例拘束性の原理を説いたが、そのホールズベリ卿が先例を解釈するとき、その先例の準則の適用範囲を非常に狭いものと解釈することが多かったのは、裁判官にできるだけ広い法解釈の自由を与えるためであったといわれる (Abel-Smith & Stevens, Lawyers and the Courts 122-23 (1967). ホールズベリ卿のQuinn v. Leathem, [1901] A.C. 495, at 506における意見参照)。
(28)　Allen, Law in the Making 161-235 (7th. ed., 1964). コモン・ローの近代化に大きな役割を果したといわれるマンスフィールド卿は、「先例は法の存在の証拠ではありうるけれども、法それ自体ではない」と述べている (Jones v. Randall, [1774] Loft 384, at 385; 98 E.R. 707)。
(29)　グランヴィル・ウィリアムズによれば、法文を構成する語はつねに多かれ少なかれ不明確であって、「そのまわりにはすべて《意味のすそ》ともいうべきもの、つまり、その語があてはまるかどうかが確定しにくい領域、がつきまとっており、その範囲内では、裁判はどうしても立法的性格をおびざるをえない」ことを指摘している (Williams, *Language and the Law*, 61 L.Q. Rev. 71, 179, 293, 384 (1945), 62 *id*. 387 (1946))。なお、その見解を評価したものとして、碧海純一『新版法哲学概論』（弘文堂・1973年）210—12頁も見よ。
(30)　この原則は、Abley v. Dale [1851] 11 C.B. 378, at 391 (*per* Jervis, C. J.)に分りやすく説明されている。
(31)　国会の議事録を法解釈に利用できないとする原則は、議会特権から由来する法慣行であるが、Stockdale v. Hansard (1839) 9 Ad. & E. 1 (名誉毀損に関する事件) で、その原則を若干緩和した。さらに、Davis v. Johnson,

13

1 判例法主義序説——判例というものの考え方——

　　［1979］A.C. 264（C.A.）では、デニング裁判官は、家庭内暴力および婚姻関係訴訟手続法（Domestic Violence and Matrimonial Proceeding Act 1976）を解釈するに当たり、同棲生活している男女にもこの法律が適用されるべきか否かについて、議会の議事録（Hansard）を調べた。この事件の上訴審で貴族院は、このデニングの解釈を批判したにもかかわらず、Fickstone and Others v. Freemans plc, ［1988］2 All ER 803 では、国際条約の国内法化の意図を知るためには、その議事録を参照した。

(32) Attorney-General v. Prince Ernest Augustus of Hanover, ［1957］A. C. 436, at 461-62, 466, 472; ［1956］Ch. 188, at 218.

(33) Heydon's Case, (1584) 3 Co. Rep. 7 a, at 7b. ちなみに、コークがこの判決を下した当時の議会の法律に対する見方は、今日のそれとは異なっていた点に注意する必要がある。コークは、Dr. Bonham's Case, (1610) 8 Co. Rep. 114 a で、裁判所はコモン・ローに反する法律を無効と宣明できる旨を述べている。

(34) Luke v. Inland Revenue Commissioners, ［1963］A.C. 557, at 577; ［1963］1 All E.R. 655, at 664 で、リード卿は次のように述べている。「当該の文言を文字通り適用することは、立法府の明白な意図を挫くことになり、全く不合理な結果を生むことになる。その明白な意図を達成し、合理的な結果を生むためには、当該の文言に多少の危害を与えなければならない。……この一般原理は十分に確立している。」

(35) Roberts v. Hopwood, ［1925］A.C. 578（但し、Liversidge v. Anderson, ［1942］A.C. 206; ［1941］3 All E.R. 338 も見よ）。本件では、貴族院は、「国務大臣が合理的に信じる理由があるとき」という文言を解釈し、理由が合理的かどうかの判断は当該国務大臣に任されると判決した。

(36) Devlin, Samples of Lawmaking 2 (1962). これと似た意見は、London Transport Executive v. Betts, ［1959］A.C. 213, at 232; ［1958］2 All E. R. 636, at 645 (*per* Lord Reid) にも見られる。

(37) 前掲注(3)・内田・法学セミナー81号（1962年）40頁。ちなみに、本文で言及されているダイシーとは、Dicey, The Law of the Constitution 402 (2nd 1886) である。

(38) この点については、田島『議会主権と法の支配』（有斐閣・1979年）の中で詳しく説明した（本著作集第2巻）。

Ⅲ 法解釈の原則と新理論

(2) 法解釈の新理論

§14 ところで、1977年の比較法学会において、その当時のイギリス法の動向について報告したが、その結論の中で「最近のイギリス法の動きには、押してはかえす荒波にも似た激しいものが感じられ、かつ、その動きは、《法の支配》の原則や《議会主権》の原則の再検討を迫るほどのものである」ことを報告した[39]。そのイギリス法の動揺は、法解釈の方法が先に説明した伝統的な在り方と違ってきていることと無関係ではないように思われる。ECへ加盟する方針が決ってからは、単なる法文の国語的解釈にとどまらず、伝統的な解釈の原則から離れて、法律の前文なども参照しながら法律が実現しようとしている社会的正義を確認し、その一般的目的のために自由な解釈をする判決が見られるようになった[40]。議会は、これを嫌い、通常裁判所による法解釈を全面的に禁止する法律を制定するようになった[41]。しかし、貴族院は、その全面的禁止の条文の適用範囲または当該条文の解釈について法律上の争いがある場合には、固有の法解釈権をなお保持していると判決した[42]。

　法解釈の新理論の立場は、先にも一言述べた通り、法解釈によって積極的に社会的正義を実現することを目差している点にある。この新理論は、ロー・コミッション（Law Commission）の多少の支持を得たと言ってよいと思われるが、少くとも現在では、それを否定する見解の方が遙かに有力であると思われる[43]。しかし、それは将来のイギリス法にかなりの影響を与えるものと思われるので、法解釈における積極主義と消極主義という観点から、もう一度その問題を検討しなおしてみたいと思う。

　[39]　田島「最近のイギリス法の動向—《法の支配》の意味について」比較法研究39号（1977年）87頁、95頁［本書3—(2)］。
　[40]　例えば、Magor & St. Mellons R.D.C. v. Newport Corporation, [1952] 2 All E.R. 1226（但し、この判決は、貴族院によって厳しく批判されてい

15

る。*Ibid*., [1952] A.C. 189, at 191) および、法解釈のために前文等を参照することを原則的に認めた Suisse Atlantique Société d'Armement Maritime S.A. v. N.V. Rotterdamsche Kolen Centrale, [1967] 1 A.C. 361 を見よ。なお、一般的に Marshall, Constitutional Theory 81-90 (1971)参照。

(41) 例えば、Foreign Compensation Act 1950, s.4(4).

(42) Anisminic, Ltd. v. Foreign Compensation Commission, [1969] 2 A.C. 147. (なお、この事件の詳細について、田島「行政裁判——司法審査の制限」別冊ジュリスト・英米判例百選（公法）59 号（1978 年）32—33 頁〔本書 3—(1)〕参照)。

(43) ロー・コミッションは 1968 年に The Interpretation of Statutes (Law Com. No. 21) (Scot. Law Com. No. 11)を公表し、法解釈のために前文、見出し等の外、立法委員会の報告書を参照させることを提案しているが、立法の準備に関するレントン委員会の報告書は、それをかなり消極的に修正する意見を述べていた (The Preparation of Legislation, May 1975, Cmnd. 6053, paras. 19.1-19.34)。

IV 法解釈における積極主義と消極主義

(1) デニング裁判官の法解釈

§15 法解釈の新理論を検討するために、ここでは、一例としてプチット対プチット判決[44]を取上げようと思う。この事件は、離婚後、妻名義になっていた不動産の売却金の配分を夫が妻に対して請求した事件である。この事件で問題となったのは、1882 年の妻の財産に関する法律 17 条[45]である。同条は、「財産の権原等に関して夫婦間に争いがある場合、裁判官は適切と思料する命令を出すことができる」旨を定めていた。物権法上の権利義務関係を裁判官が自由に変更することを許すほどの強力な権限を与えたかどうかが重要な争点であった。

先のプチット事件に類似した事件において、控訴院は、前節で紹介し

たいわゆる新理論を適用した判例法を形成していたが[46]、プチット判決では、その判例法を貴族院がどのように評価するかが問題となっていたとも言ってよい。そこでプチット判決そのものを分析する前に、当該の控訴院の判例法を簡単に説明しておこう。それは、フリブランス対フリブランス判決[47]におけるデニング卿の言葉によく表われている。デニング卿は、

「本件では、たまたま妻が外へ働きに出かけ、家族を養い、子供の衣類を買うために妻の給与を使っていた。他方、夫は家を守っていた。この逆の場合はよくありうることである。……家族資産の権原は、たまたまそのどちらの形態をとっていたかということにかかわるものではない。それは、夫婦がその給与をどのように配分し、どのように支出するかということにもかかわるものではない。夫婦の財産の全体が、夫婦の共同の利益のために使われたのであり、……その結果は、2人に共有されるべきものである。それは、平等な割合で2人に帰属する。」

と[48]、述べた。このデニング卿（Lord Dening）の意見に見られる「家族資産（family assets）」という法概念は、従来のイギリス法には見られなかった新しいものであると言わなければならない[49]。

§16　プチット事件では、次のような事実があった。まず第1に、問題の不動産は、妻の祖母から贈与された家屋を売却して得たお金で新たに買ったものであって、その所有権は妻の名義になっていた。第2に、夫がそこに住んでいる間に当該の不動産に改良を加え、その評価額を高めた。そして第3に、記録裁判官は、その改良分の価格を300ポンドと評価していたことである。これらの事実に基づき、控訴院は、家族資産に対する300ポンドの請求権を夫に認めたのであった。

貴族院は、その控訴院の判決を全面的に否定した[50]。理由は2つあると思われる。その1つは、家族資産を認める控訴院の判例法は、イギリ

ス物権法の法的安定性を害するものであるとする点である。つまり、控訴院は、1882年の妻の財産に関する法律17条の解釈についても、それを解釈した従来の先例に従うべきである、ということである。他の1つは、物権変動を許すほどの強力な権限は法律の明文によって定められるべきであるにもかかわらず、問題の妻の財産に関する法律17条は、極めて一般的な規定を置いているにすぎないので、法律解釈の従来の原則に従ってむしろ消極的に解釈されるべきであるとする点である。この点に関し、貴族院の指導的意見を述べたリード卿(Lord Reid)は、「緊急に総合的な立法を行なう必要がある」[51]ことを認めながら、その全体の問題は議会によってのみ解決されうるものであると判示した[52]。

(44)　Pettitt v. Pettitt, [1970] A.C. 777; [1969] 2 All E.R. 385.
(45)　Married Women's Property Act 1882, s.17.
(46)　次の注に引用する判例の他、Chapman v. Chapman, [1969] 3 All E.R. 476; Ulrich v. Ulrich, [1968] 1 All E.R. 67; Rimmer v. Rimmer, [1953] 1 Q.B. 63, [1952] 2 All E.R. 863を見よ（但し、Allen v. Allen, [1961] 3 All E.R. 385では、新理論に従うことに多少の躊躇を示している）。
(47)　Fribrance v. Fribrance, [1957] 1 All E.R. 357.
(48)　Id. at 360.
(49)　この点について、一般的に、坂本圭右「法定夫婦財産制（イギリス）」比較法研究37号（1975年）2–13頁参照。
(50)　貴族院は、古くからのコモン・ローに従い、特に別段の意思を示す証拠が残されていない限り、問題の300ポンドは夫の妻に対する贈与であるとみなす見解をとっている（Pettitt v. Pettitt, [1970] A.C. 777, at 815; [1969] 2 All E.R. 385, at 407におけるアプジョン卿の意見参照）。
(51)　Id. at 391.
(52)　この判決後に議会は若干の立法による手直しをした（Matrimonial Causes Act 1973, ss. 21, 23参照）。

IV 法解釈における積極主義と消極主義

(2) 新理論の評価

§17　先のリード卿の意見に見られるような見解を消極主義と呼び、デニング卿の意見に見られるような見解を積極主義と呼んだ。消極主義と積極主義の相異は、法文を厳格に解釈するか、自由に解釈するか、という点にあるのではない。前者は、法体系全体の調和を考慮して法律を解釈しようとするのに対し、後者は、政治的、経済的、社会的正義の実現を念頭において法律解釈を行なう点にその特色がある(53)。かように特色付けられる消極主義と積極主義の対立は、「家族資産」に関する領域のみにおいてだけでなく、伊藤正己が詳細な研究を発表した「約束によるエストッペル」の領域(54)や契約法における「基本的違反」の原則(55)に関する領域などにおいても、やはり同じように見られるのである。現行法の下では、消極主義の方がよりいっそう有力な見解であると言ってよさそうであるが、積極主義もかなり説得力を持つ見解である(56)。前節（§§15、16）でイギリス法の動揺について若干ふれたけれども、かかる動揺が起るのは、積極主義の立場が強く判例法の中に打ち出されたときであるように思われてならない。

§18　ところで、イギリス法において法解釈が持つ意味をより正確に理解するために、日本法の法解釈の場合と少しく比較してみたい。第1に、日本法の場合には、判例は事実上参照されることがあっても、法源ではないので、II（§3〜§10）で説明したような法理による法解釈が直接の問題となることはない(57)。第2に、法律解釈のわくと関連してそれが問題となることはありうるとしても(58)、日本法の場合には、先例を全面的に否定することが全く許されないわけではない(59)。つまり、日本では、法解釈者が、「判旨反対」というレッテルを先例に貼りつけることが制度上許されているのである。

これに対し、イギリス法では、先例から一般的法準則を帰納的に類推

1 判例法主義序説——判例というものの考え方——

し、その一般的法準則を当面の事件に演繹して当嵌めるという形で法解釈が行なわれる(60)。従って、先例法理が緩和され、法律解釈の新理論が出てきたとはいえ、先例が全面的に否定されることは考えられないことである。先に述べた法解釈における積極主義の立場も、一般的法準則を発見するために具体的事例を抽象化するときに、法が社会から遊離しないようにすることに特別の考慮を払っているというだけにすぎない(61)。こう考えてみると、積極主義は新理論であるというよりか、マンスフィールド卿の時代に見られたような、古き良き裁判官による法創造の時代に戻ろうとするものであるようにも思われる(62)。

(53) この点につき、前掲注(40)に引用したマーシャルの文献が詳しい。
(54) 伊藤正己『イギリス法研究』(東京大学出版会・1978 年) 427—55 頁。
(55) この原則に関する重要な判例は、Suisse Atlantique Société d'Armement Maritime S.A. v. N.V. Rotterdamsche Kolen Centrale, [1967] 1 A.C. 361; [1966] 2 W.L.R. 944 であるが、この判決に至るまでの判例、学説を分析した研究として、望月礼二郎「イギリス法における《基本的違反の法理》について」社会科学研究 20 巻 3 = 4 合併号 (1969 年) 74—169 頁、また、それ以後の判例法の展開についての研究として、佐藤正滋「契約の基本的違反の原則——Suisse Atlantique Case 以降の判例について」比較法研究 36 号 (1974 年) 164—74 頁を見よ。
(56) 後掲注(62)で述べる点は別として、法的安定性、換言すれば法が適用された結果が予測できるということは積極主義の場合にも考慮されている。例えば、デニング卿の判決は数学の論理のように明快に書かれており、デニング卿の新理論が適用された結果どのような判決が下されるかは、比較的容易に予測できる。
(57) この点について、前掲注(4)に引用した甲斐道太郎による学会報告参照。ちなみに、この報告は、甲斐道太郎『法の解釈と実践』(法律文化社・1977 年) 168—78 頁にも収録されている。
(58) 日本法の法解釈の問題と関連してこの点を論じた興味深い研究として、来栖三郎「法の解釈と法律家」私法 11 号 (1954 年) 16-25 頁、同「法の解釈適

Ⅳ 法解釈における積極主義と消極主義

用と法の遵守」法学協会雑誌68巻5号（1954年）430頁、7号753頁、同「法律家」民事法の諸問題（末川博先生還暦祝賀論文集）（1953年）235-254頁参照。なお、これに関係のあるその後の研究として、加藤一郎「法解釈学における論理と利益衡量」現代法学の方法（現代法15）（岩波書店・1966年）25-56頁、星野英一「民法解釈論序説」法の解釈と運用（法哲学年報）（1967年）75-119頁［民法論集第1巻所収］、石田穰「法解釈方法の基礎理論—法解釈方法論の再編成」法学協会雑誌90巻9号（1976年）1163頁をあげることができる。

(59) 田中英夫は、日本の判例を「事実上の法源」として特色付けている（田中英夫編著『実定法学入門（第3版）』（東京大学出版会・1974年）198頁参照）。

(60) 碧海純一・前掲注(29)165頁（なお、CROSS, PRECEDENT IN ENGLISH LAW 187-90 (2nd ed. 1968) も見よ）。

(61) ロスコー・パウンドは、Common Law and Legislation と題する古典的な論文を 21 HARV. L. REV. 383 (1907) に発表したが、それによれば、英米法の法解釈の方法は4つある。その詳細は、高柳賢三『英米法源理論(全訂版)』（有斐閣・1938年）162—63頁に紹介されているが、本書で紹介した消極主義の法解釈の方法は、そこで第3、第4の方法と呼ばれているものに類似している。高柳は、「第1と第2の仮説〔方法〕の実現は、判例法と制定法との伝統的関係に相当根本的変化がもたらされる場合においてのみ生ずるのである。」と述べているが、積極主義の判例は、その第1および第2の解釈方法を使っているように思われる。ちなみに、先のパウンドの論文を基礎として大陸法における法解釈の方法と比較した古典的論文、Amos, *The Interpretation of Statutes*, 5 CAMB. L.J. 163 (1934) も見よ。

(62) Magor & St. Mellons R.D.C. v. Newport Corporation, [1952] A.C. 189, at 191 において、シモンズ卿は、控訴院の判決は「解釈という下手な擬制によって立法機能を露骨に簒奪したものである」と、激しく非難している。リード卿の意見にも、これと似た考え方が見られるのであるが、消極主義の立場をとる裁判官の中には、議会民主制の発展とともに盛んに行なわれるようになった立法による法改革を積極的に支持しようとするむしろ新しい考え方をとる者も含まれていることを見逃してはならない（例えば、リード卿について、前掲注(34)に引用した判例および Reid, *Judge as Lawmaker*, [1972] J.S.P.T.L. 22 参照）。

V　アメリカの先例法理

§19　アメリカ法の先例法理に関する司法慣行は、イギリス法のそれと大きく異なるものではない。アメリカ法の場合、連邦憲法に基づく違憲立法審査については、先例となる指導的判決を後に否定することがしばしばあるが、これは先例拘束性の原則と抵触するものではないし、そもそも先例法理の問題はそれとは別のレベルの問題である[63]。本著作集第3巻で詳しく説明したように、アメリカ法の場合には、先例法理はイギリスほど厳格に守られているのではない。どちらかと言えば、司法府は積極主義に傾いており、不都合な先例は、再検討のうえ修正される。

　第1に、アメリカ法は現実主義をとることが多く、形式的に先例を当てはめることが不合理であると思われれば、アメリカの裁判所は先例を再検討するのを躊躇しない。判決理由（ratio decidendi）についての見方が異なり得るのである。第2に、そもそも裁判所の意見がいくつかに分かれて、判決が単なる多数意見によって支えられているような判決は先例としての拘束力をもつとは考えられていない。とくに合衆国最高裁判所の判決については、少なくとも6名の裁判官が判決に全面的に合意するのでなければ、法廷意見(court opinion)とは呼ばず、多数意見(plurality opinion)と呼んでそれと区別している。第3に、上述のように、社会事情が変化したために古い判例の考えが不適切であると判断する場合には、アメリカの裁判所は積極的に司法的立法に踏み込むことがある[64]。

　[63]　本著作集第1巻でのべるように、合衆国憲法はイギリスには見られない法律であり、それに基づいて設置された連邦裁判所も、同第3巻で説明されるように、イギリスの通常裁判所とは異なる特色をもつ。合衆国憲法は硬性憲法であるため修正が困難であり、合衆国最高裁判所は、時代の諸情況が変わ

［追 記］

れば憲法解釈も変更されるべきであるとして、しばしば先の判決を否定 (overrule) することがある。

(64) P.S. ATIYAH AND R.S. SUMMERS, FORM AND SUBSTANCE IN ANGLO-AMERICAN LAW 134-139 (1987) は、Lemle v. Breeden, 51 Hawaii 426, 462 P.2d 470 (1969); Hundley v. Matinez, 151 W.Va.977, 158 S.E.2d 159 (1967) などを例に取り上げながら、(1) 先例の背景にある情況が変化した場合、(2) 関連する社会的倫理観が変わった場合、(3) そもそも先例が間違っていたと理解できる場合には、アメリカの裁判所は先例拘束性の原理に従わず、法創造を行うと述べている。

［追 記］
法解釈に関する比較法研究

§20 ここでは、イギリスやアメリカにおいても、最近では法律解釈の方法が重要な研究課題であるということを考慮に入れ、それに重点を置きつつ判例法主義を説明した。"D.N. MACCORMIC AND R.S. SUMMERS (ed.), INTERPRETING STATUTES: A COMPARATIVE STUDY (Dartmouth, 1991)"と題する著書も、これと同じような視点に立って書かれたものである。しかし、この著書では、ただ単にイギリス法とアメリカ法を説明するだけでなく、アルゼンチン、ドイツ、フィンランド、フランス、イタリア、ポーランド、スウェーデンと比較検討している。それぞれの国の代表的な研究者が、「共通の課題」について説明している。本章の課題をよりよく理解するのに役立つ資料であるので、その著書の内容を少しく紹介しておこう。

その「共通の課題」は、同書の545―551頁に付録として掲載されているが、全体としては「どの上級裁判所が判例法を形成しているか、その裁判所の仕事の性質、1年に何件ぐらいの判決をくだすか(判決文が書かれるか)、法制度は大陸法系かコモン・ロー系か、連邦制か否か」を問題

1 判例法主義序説——判例というものの考え方——

としている。具体的な問題を 20 設定し、これらに答える形で各章が書かれている。それらの設問の主だったものを挙げれば、最初に設問 2 は、「法の欠缺（gap）」と「その補完（gap-filling）」を問題としている。設問 3 は、「国語的解釈」、「文脈による解釈」、「立法者意思による解釈」などの解釈論理の型を質問している。設問 5 は、解釈のために参照することが許される資料ないし情報についての説明を求めている。設問 10 は、法令等の種類によって、その解釈に違いが生じるかどうかを問うている。設問 15 は、上級裁判所の性格（character）（裁判官はキャリアーか否かなど）を質問している。設問 17 は、各国の法文化がどのような影響を与えているかを質問している。

§21　イギリス法の章（第 10 章）はエディンバラ大学の Z. Bankowski と D. N. MacCormick によって書かれているが（§ 20）、まず「法の欠缺(gap)」と「その補完（gap-filling）」の問題について、一方には、デニング裁判官のように「欠缺の補完」を裁判官の職務と考える有力説もあるが、それを否定したシモンズ子爵（Viscount Simonds）のように、その仕事は議会によってなされるべきであるとするのが通説である、と説明している。また、上級裁判所の性格について、「連合王国の上級法曹は、例外なく、非常に熟練した法律実務家から選任される」と説明し、法文化の影響について、「英国の司法は、国家官僚からは独立していて、その一部になっていない」と述べている。「法の支配」という理念のもとで、法律専門家（バリスターおよびソリシタを含む）が独自の法文化を自分達で形成してきたという。この法曹の仕組みは多少変化を見せており、裁判官は、学説に影響されるようになったともいう（ちなみに、このイギリスの法曹の仕組みに見られる変化については、ダイヤモンド（田島訳）「イギリスの法曹改革」比較法雑誌 24 巻 4 号（1991 年）21-38 頁［本著作集第 3 巻］に詳しく説明されている）。

[追 記]

§22　最後に、R.S. Summers によって書かれたアメリカの章 (11 章) では、まずアメリカの法律制度は連邦および 50 州からなる複合的な制度であることを説明している。そして、合衆国最高裁判所は、法解釈と「欠缺の補完」との区別をほとんど意識していないという。二元的法律制度を前提として、同裁判所の 1980 年から 1990 年までの諸判決を分析し、解釈原理を詳細に説明している。アメリカでは、歴史的意味や立法者意思を参考にすることが多いと述べている。この章で説明された解釈の方法は、次のようなものである。

1　標準的通常の意味に従う解釈

　　Ernst and Ernst v. Hochfelder, 425 U.S. 185, 199 (1976); Pittston Coal Group v. Sebben, 488 U.S. 105, 113 (1988)

2　標準的専門用語の意味に従う解釈

　　Kungys v. United States, 485 U.S. 759, 770 (1988); La. Pub. Serv. Commission v. F.C.C., 476 U.S. 355 (1986)

3　文脈に当てはめて矛盾のないようにする解釈

　(a)　その文言が含まれる文章の整合性

　　　Mills Music v. Snyder, 469 U.S. 153, 167-68 (1985)

　(b)　問題の文言が含まれる節全体の整合性

　　　Shell Oil Co. v. Iowa Dept. Revenue, 488 U.S. 19, 25 n.6 (1988)

　(c)　同一のことばで別の部分で使われているものとの整合性

　　　Mohasco Corp. v. Silver, 447 U.S. 807, 818, 826 (1980)

　(d)　別の条文で使われている同一の文言の解釈の整合性

　　　Public Employees Retirement System of Ohio v. Betts, 109 S.Ct. 2854, 2868 (1989); American Textile Manufacturers Institute v. Donovan, 452 U.S. 490 (1981); Dickerson v. New Banner Institute, Inc., 460 U.S. 103, 115-116 (1983)

1 判例法主義序説——判例というものの考え方——
　(e) 法律の立法趣旨との整合性
　　　Mountain States Tel. and Tel. v. Pueblo of Santa Ana, 472 U.S. 237, 249 (1985)
　(f) 章の標題、条文見出しなどとの整合性
　　　Schreiber v. Burlington Northern, Inc., 472 U.S. 1, 8 (1985)
4　先例に従う解釈
5　制定法の類推による解釈
　　Moragne v. States Marine Lines, Inc., 398 U.S. 375, 392 (1970)
6　一般的法概念の使い方の整合性を考慮した解釈
7　制定法に見られる一般的政策を考慮し、発展させる解釈
8　一般的法原理から導かれる解釈
9　歴史的進化に従う法解釈
10　制定法の究極的目的を確定して、それに従う解釈
　　Mills Music v. Snyder, 469 U.S. 153, 185 (1985)
11　立法者意思に従う解釈
12　行政機関による制定法解釈を尊重する解釈
13　憲法問題を回避する解釈の選択
　　Gomez v. United States, 490 U.S. 858, 863 (1989)
14　倫理的、政治的、経済的、またはその他の実体的考慮に従う解釈
　　Massachusetts v. Morash, 490 U.S. 107, 119 (1989); C.I.R. v. Asphalt Products Inc., 482 U.S. 117, 119 (1987)
15　制定法が対象とする社会問題の規範的性質を考慮に入れた解釈
16　「法の支配」の観点からの解釈
　　Jeff. Co. Pharmaceutical Ass'n v. Abbott Labs., 460 U.S. 150, 174 (1983)
17　承認された解釈原理に従う解釈

[追 記]

   Chan v. Korean Air Lines, Ltd., 490 U.S. 122, 131-132 (1989)
18 承認された法学の権威（大学教授の論文など）を当てはめた解釈
19 仮定の事例を例示し、その類推による解釈
   Bob Jones University v. United States, 461 U.S. 574, 618-621(1978); T.
   V.A. v. Hill, 437 U.S. 153, 203 (1978)
20 制定法の行政的・司法的解釈の先例に従う解釈
21 制定法が長い間使われず、古くなったとして適用を否定する解釈
   Markham v. Cabell, 326 U.S. 404 (1945)
22 論理的操作・推論を駆使した解釈

2 国王の課税権と国会制定法
——ベイト判決——

I 事実の概要

§23 最初に近代的な議会制の基礎を作った1つの重要な事件（Bate's Case, (1606) Lane 22, St. Tr. 371, 145 Eng. Rep. 267 (Ex.)）を取上げる。この事件にかかわる事実は単純なものであるが、それが提起した憲法問題は非常に大きなものであり、イギリス憲法判例の主要なものの1つとして、憲法の教科書などの書籍で取り上げられている[1]。この事件は、ベニスからの商品輸入を業としていたベイトという貿易商人が輸入税の一部の支払を拒否し、その正当性を争ったものである。具体的に言えば、ベイトは国会の制定法によって定められた税金（法定歩合利益税）は納税したが、国王大権に基づいて課税された輸入間接税の支払を拒否した。そして、財務府（Exchequer）が起こした違反の追訴に対して、ベイトはこの課税はエドワード3世の立法（45 Ed. 3, c. 4）に抵触するものであって、当該間接税は無効であると主張した。その法律は、羊毛、毛糸、羊皮に対して慣習法または法律によって認められた税以上の課税をすることはできないと規定していた。

(1) 例えば、KEIR & LAWSON, CASES IN CONSTITUTIONAL LAW (5th ed. 1967) pp. 78-79. ちなみに、この教材は、Darnel's, or The Five Knights' Case, (1627) 3 St. Tr. 1; R. v. Hampden (The Case of Ship-Money), (1637) 3 St. Tr. 825; Godden v. Hales, 11 St. Tr. 1165 (1686) も合わせて「国王

2 国王の課税権と国会制定法

大権」を説明している。

II 判決の要旨

§24 本判決の正確な記録は残っていない（当時では判例集を編纂する慣行はなかった）。ここでは主として、国家に関わる最重要判例を収録した判例集 State Trials を典拠として、判旨を説明することにしたい。ちなみに、一般的判例集 English Reports もそれを典拠として本件を掲載している。

クラーク（Clarke）裁判官およびフレミング（Fleming）首席裁判官の意見だけしか記録されていない。まずクラーク裁判官は、先のエドワード3世の法律などを解釈し、「国土全体を通じて関税を課する権限は国王のみにある」と判示した。貿易取引は、外国の物品が国王の領土に移入されるかどうかに関わる行為であり、それを規制するのは国王大権の一部であるというのである。

フレミング裁判官は、「国王は、財政収入を得るか、商品の移動を規制するかのいずれかの大権によって、国会の同意を得ることなく、関税を輸入商品に課することができるか否かが、この事件の核心問題である」という。そして、「国王はその臣民に対して国会の同意なく課税することはできない」ということは憲法習律（マグナ・カルタ12条参照）であると判示した。しかし、ベイト事件でなされた課税は、外国の輸入業者の所有物（商品の所有権はまだ輸入業者ベイトに移っていない）に対するものであり、臣民に対する課税ではないという。そして、クラーク裁判官と同じように、貿易取引の規制は国際外交に関わる問題として国王の規制権に含まれると判決した。

III 判例評釈

§25 本判決が後のイギリスの判決の中でどの程度言及されているかレキシス（オンライン・データベース）によって調査したところ、今世紀の判決では全く引用されていないことが分かった。今日では、それくらい憲法原理として、関税は外交政策に含まれる国王大権、そして課税に関する「租税法律主義」が常識となっていると言ってよい。この判決はそれを確立した歴史的意義のある重要判決であるとはいっても、実務的意義を失っていると思われる。しかし、関税の論拠や租税法律主義をいかに説明するかは、われわれにも大いに興味のあるところであり、この視点からは、この判決は今日でも重要性を失ってはいない。

§26 ベイト事件では国王大権と国会の法律制定権の衝突が見られ、課税は国王と国会のいずれに属するものであるかが重要な論点である[2]。上述の判決の核心は、関税は外交政策の一部（国王大権）であるが、一般課税権の行使については、国会の同意が必要であるとした点にある。イギリス議会主権の原則がいつ確立したかについては意見が分かれうるが、たとえ1688年の名誉革命のときであるとしても、ベイト判決の時点でもまだその原則は主要な憲法原理と明言されてはいなかったと思われる。しかし、すでにこの事件において「議会の同意なしに課税できない」という憲法原理が述べられており、アメリカ独立戦争のきっかけとなったボストン茶会事件[3]においても、「代表なければ課税なし」という論理を生み出す基礎を提供した。

§27 この事件はイギリス憲法史上の重要な事件の1つであるので、事件の歴史的背景について少し説明を付け加えておきたい。1602年にはエリザベス女王が死亡し、王位はジェイムズ1世によって継承された。その頃

2 国王の課税権と国会制定法

には王室財政は底をつき、また物価が急騰して何らかの形で財源を確保する必要があった。そこで、ジェイムズ1世は、封建時代に認められていた国王大権の1つとして緊急時の調達権を行使しようとした。もしこの課税が認められれば、貿易商人たちは収益をあげることが不可能になり、廃業を余儀なくされる状態にあった。そこで、1607年3月、議会(庶民院)は、ベイト等のために課税の廃止を請願したのに対し、ジェイムズ1世は財務裁判所で訴訟を提起して対抗し、その合法性を確認させたのである。しかし、当時の裁判官は、判決の基礎となる理論を明瞭に示すことはしないので、判決後にさまざまな形で国王と議会の間で解釈をめぐる紛争が続いた。国王の課税権は一度も否定されたことはないが、「議会における国王」という観念[4]が、その紛争を通じて生み出された。つまり、この事件は封建時代の特権を廃止させ、近代的な議会制の基礎を作るきっかけとなったものである。

(2) 詳しくは、田島『議会主権と法の支配〔復刻版〕』(有斐閣・1991) 13頁 [本著作集第2巻] 参照。

(3) 1773年に東インド会社を財政的苦境から救うために茶の輸出入に関する法律が制定され、これがきっかけになって同年12月にインド人に変装して行われた「ボストンの茶会」の暴挙(英国船の茶がことごとく海中に投げ捨てられた)が起こった。イギリス政府は1764年に砂糖条例によって植民地課税を強化し、1765年に印紙条例を公布して課税負担をいっそう強化しようとした。これをきっかけにアメリカ大陸会議が開催され、イギリスからの独立戦争が勃発することになる(この経緯について、詳しくは、『高木八尺著作集(第1巻)』(東京大学出版会・1970年) 160-190頁参照)。この独立戦争の思想的基礎はジェームズ・オーティスの『英国植民地の権利』(1765年)であったと思われるが、その核心部分に「代表なくして課税せらるることなし」と熱烈に主張されている(種谷春洋『アメリカ人権宣言史論』(有斐閣・1971年) 130頁。

(4) 田島・前掲注(2)、43-47頁。

3 通常裁判所による司法審査の範囲
―――アニスミニック判決―――

序　説

§28　Anisminic Ltd. v. Foreign Compensation Commission, [1969] 2 A.C. 147 ほど今日の「法の支配」の意味を考えさせる判決はない。「法の支配の今日的意義」と題する論文を『法の支配』32 号（1977 年）に書いたほか、1977 年の比較法学会で「最近のイギリス法の動向」[本書 3―(2)] と題する研究報告を行った。前者はアニスミニック判決には深く立ち入っていないけれども、後者はその判決を分析検討したものであり、判決の理解に役立つ。そこで、本書では、判例評釈に続いてその研究報告〔3―(2)〕も、収録しておくことにしたい。

3―(1)　アニスミニック判決

I　事実の概要

§29　国会の制定法が明文で通常裁判所による司法審査を禁止している場合、通常裁判所はその法律にかかわる決定の司法審査をすることが許されるか否かが、この事件の主要な争点である。時効の問題などその他の争点も多く含まれているが、余りにも技術的になりすぎるのでここでは当該の主要な争点だけに注目し、評釈することにしたい。

　原告アニスミニックは、エジプトで鉱山事業を行っていたイギリスの

3―(1) 通常裁判所による司法審査の範囲――アニスミニック判決――

会社である。1956年にスエズ動乱が起こり、そのときの諸事情のため、原告はその売却を余儀なくされた。エジプトの新政府機関である TEOD が当事者となり、売買契約を締結して、その会社は安い値段（時価 400 万ポンド以上のものが 50 万ポンド）で包括的に買い取られた。その契約書には、「将来在外財産補償がなされるときは、アニスミニックはその請求権を留保する」という規定が含まれていた。

政情が安定してからエジプト政府はイギリス政府に対して巨額な賠償金を支払った。1950年に制定された在外財産補償法（Foreign Compensation Act）にしたがって、この賠償金を在外財産補償に当てることになったが、賠償額の決定は同法によって設立される在外財産補償委員会によってなされることになっていた。さらに、同法 4 条 4 項は、この決定を争って通常裁判所へ提訴することを明文で禁止していた[1]。1962年に申請の受付を開始し、アニスミニックの請求も同委員会で審査されたが、その請求権は「事業の承継人」にあり、会社を売却した原告にはないという決定が下された。原告はこの決定を 1958年の審判所および調査に関する法律（Tribunals and Inquiries Act）14条1項によって争い、高等法院に提訴したが、ブラウン（Brown）裁判官は、法律の解釈について裁判を受ける固有の権利を同項は規定したものであるとして、原告の請求権が法律の解釈として認められるべきであると判示した。

§30　控訴院セラーズ（Sellers, L.J.）、ディプロック（Diplock, L.J.）、およびラッセル（Russel, L.J.）は、この原審判決を破棄した。ここでも法律上の争点は、審判所および調査に関する法律の解釈であり、このような事件で certiorari または mandamus の訴訟が認められるかが問題とされた。また、同法 11 条 3 項は、在外財産補償委員会の決定を争うことはできないと明定しており、declaration を求める本件のような訴訟の場合にも、門前払いの却下判決が下されるべきかどうかが争われた（時効の関

係で、この救済のみが認められた）[(2)]。控訴院（とくにディプロック卿）の意見によれば、裁判管轄権に関する誤り（jurisdictional error）については、上述の制定法の規定にもかかわらず、司法審査が可能であるとしたが、本件の場合にはその誤りはないという。しかし、憲法上の重要性に鑑みて当該事件は貴族院に上訴され、多くの審理を重ねた後、貴族院はこの問題に関する最終判決を下した。

(1) Foreign Compensation Act, s.(4)は、「本法により委員会に対してなされた申立についての同委員会の決定は、司法裁判所において問題とされてはならない。」と規定していた。この規定は、Statute Law (Repeals) Act 1989, s.1(1) and Sch. 1 によって廃止されたが、Foreign Compensation Act 1969, s.3(9)の中に、「上の(2)項および(10)項に定める場合を除き」という条件を付して、取り込まれている。その(10)項の規定は自然的正義を定めたものであり、これはアニスミニック判決に従うものである。

(2) Tribunals and Inquiries Act 1950, s.11(3)は、「本条の規定にもかかわらず、……在外財産補償委員会の決定に影響を及ぼすものではない。」と規定していた。同条(1)項は certiorari および mandamus による司法審査を規定しており、その反対解釈としては、同条に言及されていない declaration には(3)項の規定の適用はないことになる（ちなみに、この条文は、現在では、Tribunals and Inquiries Act 1992, s.13 となっているが、この新しい条文では、(3)項の「在外財産補償委員会の決定」という文言は削除されている）。

II 判決の要旨

§31 本事件の審理に当たった貴族院裁判官は、リード（Reid）卿、モリス（Morris）卿、ピアス（Pearce）卿、ウィルバーフォース（Wilberforce）卿、ピアスン（Pearson）卿の5人であった。リード、ピアス、ウィルバーフォースの3人は高等法院判決を支持した。残り2人は、控訴院と同じように、裁判管轄が制定法によって否定されていることを主たる理由と

3—(1) 通常裁判所による司法審査の範囲——アニスミニック判決——

して、原告の主張を否定した。この5人の意見には憲法上の重要問題が含まれており、後に判例評釈で説明するように、学界での多くの論争をよんだ。

§32 第1に、リード裁判官の意見は次のようなものである。本件は在外財産補償委員会がその管轄権に関する法令解釈について誤った事件である。つまり、関連条文は、(1)所有者または(2)その権利承継人とすると定めているが、この規定を元の事業者が排除されるものと解釈するのは間違いであるというのである。確かに原告は、その事業の売却時に全ての所有権を失ったのであるが、その際、将来の補償についての一種の期待権を留保しており、これから発生した権利の行使までも当該条項が禁止するものとは解釈できないとするものである。

　第3番目および第4番目に意見を述べたピアス裁判官およびウィルバーフォース裁判官は、後に述べるスミス判決やその他の判例・法令の解釈について、それぞれ異なった意見を表明してはいるが、結論としてはリード裁判官の意見に賛成した。

　リード裁判官に続いて意見を述べたモリス裁判官と最後のピアスン裁判官は、本件に含まれる法律問題は、いわゆる権限踰越(ultra vires)[3]の問題——委員会が無権限でまたは権限を踰越して決定したか否か——であり、これについて固有の権限としての司法審査権が通常裁判所にあることは認めるが、本件で問題となっている委員会の決定は手続上の瑕疵のない完全な決定であって、通常裁判所がその決定の内容と異なる意見を持つとしても、その決定を覆すことはできないと判示した。

§33 先例拘束性の原理を採用するイギリスでは、この判決と関連して、Smith v. East Elloe Rural District Council (1956)[4]をどのように読むかが重要である。1946年の土地取得（認可）法（Acquisition of Land [Authorisation] Act）に基づく強制的土地収用の決定の効力を争ったも

のであるが、同法中に本件の規定と同じような「通常裁判所で争うことはできない」という規定があったために、貴族院は当該決定の司法審査を認めなかった。3人の裁判官が、この先例の読み方について言及しているので、簡単に説明しておこう。

　最初にリード裁判官であるが、同裁判官は、スミス判決の決定はおそらく市当局の悪意で（in mala fide）なされたものではないので、本件を拘束するものではないと述べた。第2に、ピアス裁判官は、「その事件は、行政または執行の決定に関するもので、司法的決定に関するものではなかったから、おそらく若干異なった考慮が払われたと言ってよかろう」と述べた。最後に、ウィルバーフォース裁判官も、スミス判決の解釈に関して、「リード裁判官およびピアス裁判官の意見に賛成する」と述べた。このようにして、貴族院はアニスミニック判決と区別（distinguish）した。

§34　結論としては、先にも述べたように、貴族院は3対2の意見で委員会の決定は無効（nullity）であると宣言した。

　　(3)　この権限踰越の原理は、行政規則や行政行為の正当性の審査をする論拠を提供してきたが、これについては、本書第4章(55-61頁)で詳しく説明する。
　　(4)　[1956] A.C. 736.

III　判例評釈

§35　アニスミニック判決は、非常に長い、しかも実に難解な判決である。この判決は、イギリス行政法の発展と深いかかわりをもつ。

　イギリスでは、20世紀になってから実質的な意味での行政法が急速に発展してきた。個別的な立法に際して、その法律に関する紛争を特別裁

3—(1) 通常裁判所による司法審査の範囲——アニスミニック判決——

判所に委ねることが多くなった。しかも、特別裁判所から通常裁判所への上訴または司法審査請求の道を明文によって閉鎖している場合が少なくない。在外財産補償法や国籍法 (Nationality Act) のように絶対的禁止規定を置く法律は多くないが、スミス判決で問題となった短期の出訴期限を定める法律や、労働・社会保障に関係する法律に見られるような事実問題についての「終結条項 (finality clause)」を置く法律は相当多くある。かかる禁止または制限規定にもかかわらず司法審査が可能であるとした本判決は、ピアス裁判官がその意見の第1文で述べているように、通常裁判所が司法のあり方を監督する一般的権限を持っていることを再確認した点にその重要性がある。

§36 本判決は、管轄権に関する誤りについては、法律のいかなる文言にもかかわらず司法審査を許すもののように思われる。しかし、かように理解できるとしても、司法審査の範囲は明瞭ではない。リード裁判官のように、完全な決定であっても管轄権に関する誤りがあれば退けうるとする立場をとるならば、少なくとも理論上はすべての場合に司法審査が可能になる。ウェイド (H.W.R. Wade) 教授のように、本判決によって、「あらゆる種類の都市計画、住宅行政、強制収用、その他一切の決定を争う道が開かれた」と解釈する余地がないわけではない[5]。だが通説は、ディプロック (Diplock) 裁判官のように、司法審査の範囲は非常に限定されるものと理解しているようである。

もっとも、ド・スミス (S.A. de Smith) 教授が批判的に説明しているように、本判決は certiorari の訴えの場合に要件とされる「誤りが記録上に表れていなければならない」という要件を取り除くものであることは事実である[6]。「記録」という文言の解釈を通じて、デニング (Denning) 卿によって司法審査の範囲はすでに拡げられていたが、本判決は、さらにその枠を乗り越えて、固有の裁判権(一定の事実問題の審理を含む)を認

めるものである。この見解は政治的支持を得て、1981年の最高法院法（Supreme Court Act）31条[7]として規定されるに至っている。

§37　この原則がどの程度まで他の事例にも適用されるかについて、先例としてのスミス判決の位置づけが重要である。判旨の中で説明した3人の裁判官のこれに関する意見はいずれも傍論であって、この点について決定的な意味を持つものではない。ウェイド教授のように、スミス判決は実質的に廃棄されたと読むことも不可能ではない。しかし、本判決以後の重要な事件の中で、上訴裁判所はスミス判決を強く支持する立場を示しており、そのような読み方に対して否定的立場を暗示している[8]。

§38　先の1981年の最高法院法31条は、一般的に通常裁判所の司法審査権を規定している。しかし、最近、厳しい政治的な批判（廃止論を含む）が多く出されており、裁判所は訴えの利益の要件を厳格にして批判を避けてきた面がある。また、その条文には広い解釈の余地があり、アニスミニック判決は今日でも先例として参考にされている。実際、1996年3月15日までに156の判決において言及され、重要判例としての意義をいまだに維持している。例えば、R.v. Secretary of State for Employment, *ex parte* Equal Opportunity Commission (1992)[9]では、パートタイムの労働者が休職手当などの支給について不利益を受けていることが差別禁止法に違反するか否かが争われた。その判断についてヨーロッパ共同体指令の解釈による司法審査が求められた。ヨーロッパ連合が成立した今日でも国家主権は各加盟国にあり、ヨーロッパ連合法の拘束力と関連するこのような司法審査の事件はますます増えていると言える。

§39　最後に、司法審査の結果、無効（nullity）とされる決定は絶対的無効（void）であるか、または取り消しうる（voidable）ものであるかという問題がある。これは、Ridge v. Baldwin (1964)[10]でnullityをvoidableと理解したことから起こった問題であるが、この混同は本判決でも見られ

3—(1) 通常裁判所による司法審査の範囲——アニスミニック判決——

る。1974年の貴族院の判決の中でディプロック裁判官によってその混同は厳しく批判されているが、これは、今日でも未解決の問題である。

(5) Wade, *Constitutional and Administrative Aspects of the Anisminic Case*, 85 L.Q.REV. 198 (1969).

(6) S.A. DE SMITH, JUDICIAL REVIEW OF ADMINISTRATIVE ACTION (2nd ed. 1973) pp. 327-329. この著書は、3度の改訂を経て、現在はDE SMITH, WOOLF & JOWELL, PRINCIPLES OF JUDICIAL REVIEW (1999) となっているが、この著書はAnisminic判決以後の諸判例を詳しく分析し、ディプロック卿の示した基準 (Council for Civil Service Unions v. Minister for the Civil Service, [1985] A.C. 374) が現在の基準であるという。そして、その基準は、「正当性 (legality)」「手続的妥当性 (procedural propriety)」「合理性 (rationality)」の3つから成ると理解できると述べ113頁)、多数の判例をその3つの章に分けて整理している。

(7) 最高法院法31条は、つぎのように規定している。

「(1) 以下の救済方法の1または2以上を求める高等法院への上訴は、司法審査の申請として知られる手続によって裁判所規則に従ってなされなければならない。

　　(a) mandamus, prohibition or certiorari の命令、
　　(b) 第(2)項による宣言判決または差止命令、または
　　(c) 第30条が適用される官庁において行為する権限を認められていない者がそれをするのを禁止する同条に基づく差止命令。

(2) 司法審査の救済をもとめる司法審査の申請がなされ、高等法院が、以下のことに関して、その事例に応じて、宣言が出されることまたは差止命令を認めることが公正かつ適切であろうと思料する場合には、本項により宣言を出す、または差止命令を認めることができる。

　　(a) mandamus, prohibition or certiorari の命令によって認められうる救済が関係することがらの性質、
　　(b) かかる命令によって認められうる救済が関係する人または団体の性質、または
　　(c) 事件のすべての諸情況

(3) 高等法院の許可が裁判所規則に従って取得された場合でなければ、司法

審査の申立てをしてはならない。また、裁判所は、その申立人が当該申立に関係することがらに十分な利害をもっていると思料する場合でなければ、当該申立をする許可を認めてはならない。

(4)―(7) ［省略］」

なお、上記の条文に言及されている「裁判所規則」は、高等法院規則(RSC)53条を意味している。

(8) この点について、拙稿「最近のイギリス法の動向」比較法研究39号92頁参照［本書42―53頁］。
(9) ［1992］1 All E.R. 545.
(10) ［1964］A.C. 40.

3—(2) 「法の支配」の意味について
　　　［比較法学会・研究報告］

I　ダイシー伝統

§40　イギリスで「法の支配」の意味がいかなるものであると考えられてきたかについては、我国においてもよく知られている[1]。通常、それは、3つの意味を持つと言われているが、簡単に要約すれば、(1) 正式の法の優位、(2) 法の前の平等、とくに行政法の不存在、(3) 憲法が通常法の結果であることを意味する。このような3つの観点から理解される「法の支配」の原則は、しばしばダイシー伝統と呼ばれるものであるが、その原則の核心となる考え方は、古くブラクトンの「国王は何人の下にもない。しかし、神と法の下にある。」という古典的表現にまでも遡ることができる。今日においても、後に説明するような修正された形においてではあるが、「法の支配」が議会などで討論されるとき、ダイシー伝統という言葉は、しばしば耳にする言葉である。この研究報告では、時間の制約のために、「法の支配」の問題全般にわたってイギリス法の最近の動向を説明することはできないので、「法の支配」の原則の一側面である、通常裁判所による裁判を受ける権利の保障の問題に焦点を絞って報告することにしたい。

　　(1) 詳しくは、伊藤正己『法の支配』(有斐閣・1954年) を参照。

II 行政法の展開とダイシー伝統の修正

§41 20世紀になってイギリスは種々な事情から大きな変化をみた。ダイシーがフランス行政法を嫌った（この傾向はフォーテスキューにも見られた）ことから、行政法という言葉がイギリス法の中で使われるようになったのはごく最近のことであるが[2]、上述の変化に応じ実質的な意味での行政法が急速に発展し、ダイシー伝統の修正を迫った。

かかる20世紀の法律の1つの特色は、家賃法によく示されている。それは、「公正な賃料」を確保することを目的とする法律であるが、何が「公正な賃料」であるかについては何ら基準を設けていない。一方において、その目的を実現するための実施機関を置き、他方において、その法律に関する紛争を処理するための特別裁判所を設置しているにすぎない。しかも、その特別裁判所は、rent tribunal と rent assessment committee の2つからなり、それぞれの管轄権が法律上明瞭に定められてはいるものの、実際上いずれの管轄に属するかはっきりしない事例がしばしばある。上の例に見られるような構造の法律の数は非常に多くあり、かかる特別裁判所の数は二千を越えるといわれている[3]。

§42 メイトランドを引用するまでもなく[4]、実質的な意味での行政法は19世紀にも存在していたのであるが、1911年のライス判決および1915年のアルリッジ判決によって上述のような法構造が「法の支配」の原則に抵触しないものであることが確認されるに至り、ダイシーも自己の考え方を男らしく譲歩して修正した[5]。1932年のドナモア報告書も、また、1957年のフランクス報告書も、上述の現状を調査し検討したのであるが、それをむしろ歓迎し、特別の実施機関および審判所を設置する傾向はその後いっそう強くなった。

3—(2) 通常裁判所による司法審査の範囲──「法の支配」の意味について──

　学界においても、ジェニングスやアレンは古いダイシー理論を厳しく批判した。ローソンは、「ダイシーの再評価」と題する一文を草し、その論争の中に妥協点を見出そうとした。ロブソン、フリードマン、ハイエク、ジョーンズは、ダイシー伝統を踏まえながら、新しい福祉国家における「法の支配」の理論を打立てようと試みた。これらの諸見解についても、我国の公法学会等で取上げられ、既にかなりの検討がなされているところなので(6)、改めて紹介を必要としないところであるが、以上に述べたことを背景として、次に説明する行政法改革が進められることになるのである。

(2) 行政法という言葉が判例法の中で最初に使われたのは、Ridge v. Baldwin, [1964] A.C. 40, at 72 (但し、後の注(4)参照)。なお、和田英夫『ダイシーとデュギー』(勁草書房・1994年) は、ダイシーの行政法理論を軸として、イギリス行政法およびフランス行政法の展開・変遷を説明している。

(3) 特別裁判所について、詳しくは、田中英夫『英米の司法』(東京大学出版会・1973年) 37頁参照。ちなみに、田中英夫は、administrative tribunals (行政的裁判所) という表題の下で、それについて説明しているが、最近では取扱われる事件が必ずしも行政的なものだけに限られないので、通常、special tribunals (特別裁判所) と呼ばれている。本文では、この用語に従った。

(4) メイトランドは既に19世紀に実質的な意味での行政法が存在していたことを指摘している (MAITLAND, THE CONSTITUTIONAL HISTORY OF ENGLAND 505 (1908))。

(5) この点に関し、伊藤正己『イギリス公法の原理』(弘文堂・1954年) 170～174頁参照。

(6) 最近の文献としては、「公法研究」第38号 (1976年) に発表された伊藤正己および下山瑛二の研究報告がかなり参考になる。また、多少古い文献ではあるが、ロブソンおよびフリードマンの見解については、山田幸男『行政法の展開と市民法』(有斐閣・1961年) の中で具体的に説明されている。ジョーンズの見解は、その脚注12の中で筆者自身が述べているように、伊藤正巳「イギリスにおける社会法の理念」法律時報30巻4号の中で示された見解と共通

する点が多い。

III 行政法改革

§43 「揺籠から墓場まで」というキャッチ・フレーズ（1942年のベヴァリッジ報告書参照）で世界の関心を集めた社会保障法の例にも見られるように、20世紀のイギリス行政法の1つの特色は、広い裁量権を実施機関に与えていることである。問題の多くはその濫用をいかにして防ぐかにある[7]。そこで、既に家賃法の例によって示されたように、個々の立法によって特別裁判所が設置されることが多いのであるが、かかる特別裁判所が裁量権の濫用を防ぐのに十分な役割を果すものであるかどうかが問題となるのである。

　1957年のフランクス報告書は、事件の迅速で適切な処理のために、専門知識を有する特別裁判所の設置が望ましいと結論したのであるが[8]、審判機関として少くとも手続的正義が確実に保障されるべきことを強調した。この勧告に従い、1958年の審判所および調査に関する法律は、そのための監督機関として、審判所委員会を設置した。この委員会の設置は、行政法改革の核心をなすものなので、その権限について説明しておく必要がある。

　この委員会は、ウェイドやジャクスンの提案を基礎におくものであるが、それはある意味でフランス行政裁判所がモデルになっている[9]。同委員会は、具体的な事件をリヴューし、助言を与えることができる。しかし、その助言は、ロード・チャンセラーに対して特別裁判所制度の整備統合を目的としてなされるものであって、それはいかなる意味においても法的拘束力を持つものではない。また、その権限は、司法的機能に関するものだけに限られており、いわゆるオンバズマンの協力を得なけれ

3—(2) 通常裁判所による司法審査の範囲――「法の支配」の意味について――

ばならない場合も数少くない[10]。

　この委員会は、慣行としてではあるが、審判所に関係のある法律および規則の制定に際して、事前の相談を受けることになっており、審判所における手続的正義の実現に立法過程を通じてかなりの成果をあげたことは事実である[11]。しかし、上の説明からも理解されるように、この審判所委員会は、特別裁判所のもつ欠陥を補うに足る機関ではなさそうである。

§44　そこで、「正式の法」が平等かつ適正に運用されたかどうかが「法の支配」の一般原則に鑑みて問題となるとき、たとえ明文の規定によって特別裁判所の決定が最終的なものであることが定められている場合であっても、通常裁判所に事件を提起できるのではないか、という問題が出てくる。この点に関係するのが、上述の1958年法第11条1項(1971年の現行法第14条1項)の規定であるが、同項は、たとえ通常裁判所への提訴を禁止する条項があっても、サーシオレアライおよびマンデイマスに基づく訴えを高等法院に提訴できることを定めている。貴族院で同項の法案の説明をするときに、デニング裁判官は、それは「法の支配」の要となるものであることを述べている[12]。

　ロー・コミッションズを中心として行政法改革が進められた結果、司法審査の訴えは法文化された(本書40頁注(7)参照)。しかし、一方では、通常裁判所による司法審査を一般的に認めようとする傾向がはっきり見られるものの、他方では、行政実体法のかなりの部分が行政府が自ら形成するままに任されており、行政手続法や司法審査の限界などについては、不明瞭な点が多い。

　　(7)　例えば、生活保護の決定に際し、ミーンズ・テストが行われるが、被保護者のプライヴァシーを侵害しないでいかにそのテストを行うかということは、

きわめて困難な問題である。一例として、その問題を総合的に検討した ADLER AND BRADLEY, JUSTICE, DISCRETION AND POVERTY (1975)参照。
(8) フランクス報告書については、山本正太郎「フランクス委員会報告書とイギリス行政法の発展」法と政治 9 巻 3 号（1958 年）1 頁、伊藤正己「フランクス報告書について」法律時報 30 巻 6 号（1958 年）75 頁、山田幸男「フランクス・リポート」ジュリスト 212 号（1960 年）13 頁による紹介がある。
(9) もっとも、委員会が実際に設置された時には、一種のオンバズマンであると理解されていたようである（"A Public Watchdog", THE LISTENER, 12th Nov. 1959. この委員会の構成等の詳細については、下山瑛二「The Council on Tribunals について」大阪市大法学雑誌 19 巻 3・4 号（1973 年）33 頁を見よ）。
(10) Parliamentary Commissioner Act 1967, s. 1 (5)によって、オンバズマンは審判所委員会の ex officio member となることが規定されている。
(11) 公正な通知および聴聞の機会を保障する規定を設けさせたり、委員会の委員が審判を（たとえ非公開の場合であっても）傍聴できるものとする明文の規定を設けさせることが多い。
(12) H.L. Deb,. vol. 208, col. 601, 1st April 1958.

IV アニスミニック判決

§ 45　1969 年に最高裁判所［貴族院］が下したアニスミニック判決は、これまで述べてきたことと深いかかわりを持つので、それについて次に説明しておく必要がある[13]。

　同事件の原告は、エジプトで鉱山事業を行っていたイギリスの会社である。1956 年にスエズ動乱が起ったために、原告は、その事業を包括的にエジプトの新政府機関の 1 つに売却することを余儀なくされた。しかしその売却に際し、原告は、もし万一イギリスの 1950 年の在外財産補償法に基づく補償が将来認められるときはその請求権を留保するという条項を当該売買契約中に含ませることに成功した。

3—(2) 通常裁判所による司法審査の範囲——「法の支配」の意味について——

　政情が安定してからエジプト政府はイギリス政府に対して賠償金を支払い、1950年の在外財産補償法に基づく損失補償が行われることになった。在外財産補償委員会が、1950年法に基づく1962年の政令に従って個別的審査を開始したが、原告の申請については、原告の事業の譲受人が補償請求権を有するとする決定を下した。

　この決定に対し6月以内に大臣に不服を申立てることができたが、いかなる場合でも、通常裁判所への提訴は禁止されていた。一般の場合であれば、かかる禁止条項にもかかわらず、前節で説明した1958年法の規定に基づくサーシオレアライ（またはマンデイマス）の訴えを提起できる。しかし、1950年の在外財産補償法に関しては同条を適用しないという明文の規定があるので、「法の支配」の一般原則に基づくその固有の権限として、通常裁判所はなおかつ裁判を行いうるかどうかが問題となる。

　アニスミニックは、宣言判決を求める訴えとして提訴した。それは2つの理由による。第1に、本件の特別の事情から訴えの提起が決定後6月以後になされることになったが、もしサーシオレアライの訴えとして提起されていたら、この点だけで却下されるおそれがあった。第2に、本件では抽象的な補償請求権は委員会も認めており、請求権者が原告であるとする宣言だけで訴えの目的が達成できた。

§46　第一審から最高裁［貴族院］まで合わせて9人の裁判官がこの事件に関与したが、それぞれ独自の見解を展開した（このうち5人が最高裁の結論とは反対の意見を述べている）。それらのうち特に重要であると思われるのはリードとディプロック両裁判官の意見である。

　ディプロック裁判官の意見は、上訴裁判所が原告の主張を退ける際に主要な根拠となったものであるが、その中心部分は、アニスミニックが裁判管轄権 (jurisdiction) に関する事件であるとするところにある。同裁判官によれば、裁判管轄権 (jurisdiction) に関しては、司法審査を禁止す

る規定があっても一定の司法審査ができるとするものであるが、その際、審査の範囲は次の４点に限られる[14]。すなわち、(1) 決定者が資格を持つこと（特に偏見 (bias) の問題）、(2) 手続的正義の確保、(3) 法律に定める範囲内の決定、(4) 当事者に関する間違いの有無である。ディプロック裁判官は、以上の４点から考慮して、アニスミニック決定には違法がなかったと判決した。

§47　これに対し、リード裁判官は、在外財産補償委員会はエジプト会社が請求権を持つとする決定を下したのであるが、同委員会には当事者以外の者の権利義務関係について決定を下す権限を与えられておらず、「jurisdiction に関する法令解釈の誤り」があったことを認め、上訴裁判所の判決を覆した。この意見は、結論において他の２人の裁判官の賛成を得て、最高裁判所の多数意見となった。

　「法の支配」という観点からは、アニスミニック判決は、法の適正な運用を求めて通常裁判所に訴えを提起することを一般的に許すもののように思われ、極めて重要な判決である。しかし、ウェード教授を中心とするオックスフォード学派の強い支持にもかかわらず、その後の判決はその先例に対し消極的な態度を示しており、アニスミニック判決によって一つの一般原則が確立されたとまでは言いがたい[15]。

 (13) Anisminic Ltd. v. Foreign Compensation Commission, [1969] 2 A.C. 147; [1968] 2 Q.B. 862.
 (14) この基準を述べるに当り、ディプロック裁判官は、例えば「公正な賃料」に関する特別審判所の審判の際に、当事者の確認がなされないで行われたり、２つの特別裁判所のいずれの管轄に属するか確認されずに無権限のまま行われる事例を例示し、かかる事例における通常裁判所の果すべき役割を考えている。
 (15) Smith v. East Elloe R.D.C,. [1956] A.C. 736 に従った R. v. Sec. of State for the Environment, *ex parte* Astler, The Times (Law Reports),

3—(2) 通常裁判所による司法審査の範囲——「法の支配」の意味について——

18th March 1976 および Hamilton v. Sec. of State, 1972 S.L.T. 233 参照（なお、ウェード教授の見解については、Wade, *Constitutional and Administrative Aspects of the Anisminic Case*, 85 L.Q.REV. 198 (1969) を見よ）。

V　ゴルダー判決の影響

§48　最近のイギリス法の問題を考えるとき、ヨーロッパ共同体加盟に伴う影響を考慮に入れなければならないことは、既に伊藤正己が指摘しているところである[16]。この点をはっきり示してくれるのがゴルダー判決である[17]。

　　ヨーロッパの人権思想には、マグナ・カルタの流れをくむイギリス流のものと、フランス人権宣言の流れをくむフランス流のものとがある。1950年に批准されたヨーロッパ人権規約は、ルネ・カッサンによって起草されたものであって、一般的にはフランス思想の強い影響の下に作られたものである。しかし、その前文中のヨーロッパの共通の文化遺産である「法の支配」の維持という文言はイギリスの法思想を述べたものであるということには、これまで疑いが持たれなかった。しかし、ゴルダー判決は、先に説明したようなイギリス行政法の在り方が「法の支配」の原則に反するものであると判示したのである。

　　ゴルダー事件で具体的に問題となったのは、人権規約6条1項の公正な裁判を受ける権利である。原告は、イギリス人の囚人であるが、刑務所で起きた事件について訴訟を提起したいので、弁護士と面会して相談したいと申入れたが、刑務所長はこの申入れを拒否した。大臣に対する不服申立も簡易手続により却下されたので、直ちにヨーロッパ裁判所に訴えが提起され、同裁判所の多数意見は、人権規約6条1項の違反を認

V ゴルダー判決の影響

めた。

§49　この判決は、少くとも次の4点についてイギリス法に影響を与える。

　第1に、一種の違憲審査の道を開くものであり、イギリス法の伝統的な「議会主権の原則」の再検討をうながす[18]。

　第2に、刑務所内での処遇に関して行政訴訟を提起できる道を開く必要があるかどうかの検討を必要とする[19]。

　第3に、本件で直接問題となった（但し、国内問題なので判決は直接には批判していない）保護観察処分の決定手続の改革をうながす[20]。

　第4に、条約の解釈に関するウィーン条約31条に従う目的論的解釈によるべきことを判決は述べており、イギリス法の法解釈の技術に変更を求める[21]。

§50　ゴルダー判決が下された時には事件そのものは解決しており、人権規約については国内法化の手続がとられていないので、ゴルダー判決は、理論上は無視されうるのであるが、現実にはその意味は大きい。1972年のヨーロッパ共同体法は、ヨーロッパ共同体の立法、司法、行政が国内法化の手続なしにイギリス法の一部となることを定めており、しかも、ヨーロッパ共同体の判決などにより、人権規約は法源の1つであることが認められているために、イギリスがヨーロッパ共同体からの脱退を決意しない限り、ゴルダー判決を無視できない。1975年のレファレンダムによって国民がヨーロッパ諸国との統合に賛成の決議をしたときであるだけに[22]、その判決の持つ意味は大きいといわざるをえない。

　　(16)　前掲注(6)・公法研究38号38頁。
　　(17)　田島「ゴルダー判決とイギリス法」ジュリスト645号（1977年）[本書**15**]を見よ。
　　(18)　最近の憲法典制定論争の1つの重要な素材となっている。
　　(19)　ロー・コミッションによる「司法審査手続法案 (Law Commission's Report

3—(2) 通常裁判所による司法審査の範囲――「法の支配」の意味について――

on Remedies in Administrative Law, Cmnd. 6407 (1976)が作成され、これに従って最高法院法 31 条が制定された。この報告を検討し、その後のイギリス行政法改革について、岡本博志『イギリス行政訴訟法の研究』（九州大学出版会・1992 年）が、詳細に説明している。

(20) この点での改革は、既に行われた。

(21) 公正な裁判を受ける権利は、《アクセス権》（訴訟を提起するかどうかについて相談する権利）を含むとするのが、多数意見の人権規約 6 条 1 項の解釈であるが、イギリス法の法解釈の一般原則に従うとすれば、かかる解釈は認められないと思われる。この点について、詳しくは前掲注(17)の拙稿を参照。

(22) これについて、吉田善明「イギリスにおける代表民主制と直接民主制について――Referendum Act の制定を契機にして」法律論叢 48 巻 4 ～ 6 号（明治大学法学部創立 95 周年記念論文集）（1976 年）47 頁以下に詳しく説明されている。

VI　むすび

§51　最近のイギリス法の動きには、押してはかえす荒波にも似た激しいものが感じられ、かつ、その動きは、「法の支配」の原則や「議会主権」の原則の再検討を迫るほどのものである[23]。この報告で特に問題とした通常裁判所による裁判を受ける権利に関する諸事例からも理解されるように、その激しい動きは新しい社会的な諸事情の中にいかにして伝統的な「法の支配」の原則を維持していくかについての、イギリスの法律家たちの苦闘を示すものであるとも理解される。

しかし、イギリスの法律家たちは、ゴルダー判決についても、別稿でより詳しく説明したように[24]、その潜在的意味の重要性にもかかわらず、冷静な態度を失っていない。新しく投げかけられた問題について、それを伝統と適合した形で解決するよう最大の努力を払っている。長い時間かかって一つの結論が出されるときまでには、行政手続法の制定な

[追記]

どの具体的な措置によって、問題の重要性の多くは消滅することになろう。「法の支配」の原則は、「議会主権」の原則と共に、少くとも近い将来、大きく変わることはないであろう。

(23) 「法の支配」の原則と「議会主権」の原則との関係がいかなるものであるかという問題も、イギリス法上の重要問題の1つであるが、これについて、「法の支配の今日的意味について」日本法律家協会『法の支配』32号（1977年）の他、『イギリス憲法──議会主権と法の支配』（著作集第2巻）で詳しく論じた。
(24) 前掲注(17)の論説。

[追記]

ヨーロッパ人権規約の国内法化

§52　1998年になりイギリスの政権は労働党に移ったが、この労働党内閣は、ヨーロッパ人権宣言の国内法化を重要な政策の1つとしている。若干の修正を付してヨーロッパ人権規約が国内法化された。この法律は2000年10月2日から施行されるので、イギリスでも司法審査の際に違憲立法審査のようなことが行われることになる。DAVID BEAN (ed.), LAW REFORM FOR ALL (1996) は、労働党の法改革の提案を詳しく説明している。また、同書の「司法審査」に関する章では、新しい制度のもとでは、「違法性 (illegality)」、「不合理性 (irrationality)」、「手続的不適切性 (procedural impropriety)」が審査されることになると述べている。

　この法律は、本著作集別巻第2巻『イギリス憲法典──1998年人権法』（2001年2月刊）で詳しく説明した。

4 委任立法に対する司法審査
――関税・消費税局長対キュア・アンド・ディーリー判決――

序　説

§53　議会が制定する法律は、一般原則を規定する条文が多く含まれており、その実施・強制のために規則や通達を必要とすることがしばしばある。筆者は、消費者信用法の研究に取り組んだことがあるが、この領域では、実施規則が遅れたために、長い間使われなかった法律の条文が多くあった。規則や通達が作られても、立法者意思との間に食い違いが見られることもあり、通常裁判所は、民主的な法制度を維持するために、いわゆる委任立法の正当性の司法審査を要求される。この司法審査の目的のために通常裁判所は「権限踰越（ultra vires）」の法理を使うことが多い。Commissioners of Customs and Excise v. Cure & Deeley Ltd., [1962] 1 Q.B. 340 は、「権限踰越（ultra vires）」の法理を説明した指導的判例である。

I　事実の概要

§54　この事件では、原告は関税・消費税局長であり、被告はバーミンガム市で主として真鍮製品の製造並びに卸売販売をしていた業者である。1940年の租税（第2）法（Finance (No. 2) Act 1940）は一定の金属製品に物品税を課することを定めており、被告はこれに従って物品税を自己の売却した製品の数量を基礎として算定し、それを申告して支払った。

4 委任立法に対する司法審査――関税・消費税局長対キュア・アンド・ディーリー判決――

原告局長は、1952年10月1日から1953年12月31日までの間の5期について、被告の申告に申告漏れがあることを認めて、1956年8月10日に局長が適当と判断する税額と既に支払われた税額との差額（約2640ポンド）の支払を命じた。この支払請求は、租税（第2）法33条1項によって制定された1945年の物品税規則（Purchase Tax Regulations 1945）12条に基づいてなされたものであるが、当該請求書には、局長自身の署名はなく、税務署の慣行に従って、局長補佐によって署名がなされていた。被告は一部の申告の間違いを認めたが、大部分の支払を拒絶した。そこで原告が、当該租税債務の取立のために起こしたのがこの訴訟である。

§55 ここで解説する判決は、その事件の2つの予備的問題に判断を下したものである。被告は、租税債務の有無を争う前に、物品税規則12条は権限踰越で無効であり、また、局長の署名もないので有効な支払請求もなされていないと主張したのに対し、裁判所がまずそれらの点に判断を下したのが当該判決である。これに関係のある規定は、次のように定めている。

租税（第2）法33条1項「局長は、いかなる事項についてであれ、本法の本章の諸規定を実施し、かつ、それによる局長の職務を遂行できるようにする目的のために、局長が必要であると思料する規定を定める規則を制定することができる。……」

物品税規則12条「ある者が、本規則によって要求される申告をしないか、または不完全な申告をした場合には、局長は、その者に課せられうる刑罰とは無関係に、その者が支払うべきであると局長が思料する税額を決定し、かつ、その支払を要求できるが、その額は、その者が支払うべき適正な税額であると思われる額でなければならず、かつ、それは当該命令の日から7日以内に支払われるものとする。但し、同期間内にある別の額が適正であることを証明し、局長がそれに納得

した場合には、その額が局長に対し直ちに支払われるものとする。」

先の被告の主張に対し、原告は次のように主張している。第1に、物品税規則12条は租税（第2）法33条1項により、局長が必要であると思料して定めた規則であるから権限踰越ではない。また、支払請求書に局長補佐の署名しかなかったことについては、それがただ単に慣行であるというだけでなく、1952年の関税・消費税法4条1項がそうすべきことを定めている。当該の4条1項は、局長補佐が局長を代理することができる旨を定めているのであるが、「できる(may)」という言葉は、本件のような場合には、「しなければならない(must)」ことを意味するものと解釈されるべきことは判例法上確立しているところである、というのである。

II　判決の要旨

§56　サックス裁判官（Sachs, J.）が判決を下した。

まず冒頭で、第1の予備的争点は、「国王と臣民との間の問題として広い適用範囲を持つ問題であり、かつ、高度の重要性を持つ」と述べて、関連のある判例を詳細に検討し、委任立法に対する司法審査の一般原則を説いている。それによれば、かかる問題については、当該の規則を通常の解釈に従って解釈し、その結果、その規則がいかなる効果を持つかを明らかにした上で、法律全体の性質、目的および構成に照らして、規則がそれに抵触する（repugnant）ところがないかどうかを判断することになる。

本件の規則12条を通常の解釈方法に従って解釈すれば、適正な税額は局長によって決定され、裁判所はこの決定に干渉できない。しかもその決定は、理由や証拠を示さず、納税者に対し司法的救済手続を保障せず

に行われる。換言すれば、その決定には自然的正義が欠けている。しかるに租税法は、税金を納付する前に宣言的判決を求めてその無効を確認してもらうか、または、納付した上で還付命令を求める訴訟を提起することを一般的に認めている。従って、規則12条は、高等法院(High Court)の裁判官の裁判権を奪い、法律上の基準によらないで局長の裁量によって適正な税額を決定することを許し、納税者から通常の裁判を受ける権利を剥奪するものであるから、権限踰越であり、かつ、無効であると結論した。

当該事件に関しては、その結論だけで紛争を処理できるので、第2の争点に判断を下す必要のないことを認めながらも、判決はそれについても一応の結論を出している。本件の場合には疑問の余地が多く残されてはいるが、原則として、国民の権利や自由に影響を及ぼす決定、特に課税を内容とする決定には、代理は認められないのであるから、局長自身の署名が要求されるであろうと述べている。

III 判例評釈

§57　第1の問題はいわゆる権限踰越 (ultra vires) の原則に関する問題である。第2の問題は法解釈の仕方に関係のある問題である。前者がとくに説明を要する問題であるが、後者についても、関連のある限りで解説することにする。まず最初に、権限踰越の原則を一般的に簡単に説明しておこう。この原則は、19世紀中頃の会社法に起源を持つ判例法上の原則であるが、20世紀になって行政法の分野で盛んに使われるようになった。裁判所は、行政管轄内の間違い (intra vires) には干渉できないが、その枠をはみ出た行政行為については、その無効を確認し、それを排除できるものとする原則であると理解されている。

権限踰越の原則による司法審査の基準は、「合理性 (reasonableness)」である。Roberts v. Hopwood, [1925] A.C. 578 および、Kruse v. Johnson, [1898] 2 Q.B. 91 が、これに関する指導的判例である[1]。この原則による司法審査は、都市計画法や住宅法に基づいて制定された規則、その他種々の地方条例などの効力を争う場合に多く利用されてきた。免許条件の効力を審査するためにも同じ合理性の基準が使われたが、この場合、その具体的な判断のために法律との関連性 (relevancy) や抵触 (repugnancy) がしばしば検討された[2]。

§58　ところで本件は、先に説明した権限踰越の原則による司法審査の事件の一例であるが、規則の合理性よりも「抵触」を問題としていることにまず注意する必要がある。従来の判例の論理に従って合理性を問題としたとすれば、租税（第2）法33条1項によって物品税規則12条を制定する「必要があると局長が思料したこと」が合理的であったかどうかが問われ、おそらくこれは肯定されたはずである。しかし、判決は、抵触を問題とすることによってその問いを意識的に回避することができた。また、抵触の有無を判断するために、法律全体の性質、目的および構成を明確にしている点は、イギリス法の法解釈（特に租税法解釈）に関し重要な意味を持っている。故ド・スミス教授は、この点に注目して、本判決を実体的権限踰越の原則 (substantive ultra vires) の判例と呼んでいる[3]。

§59　租税法の解釈には「（解釈者の）意思をさし挟む余地はない」というのが確立された原則であるが、実体的な司法審査にあっては、国民の権利や自由の保護の観点からかかる意思をさし挟む余地がある。特に、国会主権の実質的な内容として、課税権の問題は歴史的にも特殊な意味を持っている[4]。本判決が、傍論ではあるが、物品税規則12条のような規定を定めるためには、国会の明示的かつ具体的授権を必要とすると述べ

4 委任立法に対する司法審査——関税・消費税局長対キュア・アンド・ディーリー判決——

ている部分は、今後の判決にもかなりの意味を持つであろう。

§60 法解釈の問題と関連して、Liversidge v. Anderson, [1942] A.C. 206 および Nakkuda Ali v. Juyaratne, [1951] A.C. 66 に対し、本判決が批判的見解を述べていることも注意すべき点であろう[5]。この2つの判例は、「信じる合理的根拠」の有無の判断は行政の排他的特権 (privilege) に属する旨を判示した有名な判例であるが、かかる法令の文言は行政の判断を尊重することを要求するけれども、司法審査を全面的に否定するものではないとするのが、本判決の立場であろう[6]。

本判決は、行政決定を「最終的または確定的なものとする」など、委任立法または行政処分の司法審査を制限するその他の文言の解釈にも言及している。この解釈は、現在では、はっきりしている。かかる条文は、法律に従って決定が下されている限り「裁判所はその決定に干渉してはならない」という趣旨を規定をしたものであって、「法律に従って決定が下された」かどうか（自然的正義の問題）は、司法審査できると理解されている[7]。

(1) Roberts 事件は、地方議会が地方職員の給与額を「社会情況の変化を考慮せずに決定したので」、監査役がこれを変更し、課徴金を課したことが争われたものである。Kruse 事件は、1888年の地方自治法16条によってケント市が制定した道路等公の場所での楽器使用などを規制する条例の適法性が争われた。

(2) 例えば、Chertsey Urban District Council v. Mixnam's Properties Ltd., [1964] 1 Q.B. 214; Fawcett Properties Ltd. v. Buckingham County Council, [1961] A.C. 636 を見よ。

(3) S.A. DE SMITH, JUDICIAL REVIEW OF ADMINISTRATIVE ACTION 84 (2nd ed. 1973).

(4) このことを再確認した最近の重要判例として、Congreve v. Home Office, [1976] 1 All E.R. 697（デニング裁判官）を見よ。

III 判例評釈

(5) これらは、枢密院が違審立法審査を行った憲法判例である。

(6) ちなみに、先の判例は、Ridge v. Baldwin, [1964] A.C. 40 など、最近の判例によって別の観点から明示的に否定されている。

(7) WADE & FORSYTH, ADMINISTRATIVE LAW (7th ed. 1994) p.729-730. *See also*, R. v. Medical Appeal Tribunal, *ex parte* Gilmore, [1957] 1 Q.B. 574, at 585 (*per* Denning, LJ).

5 憲法事実の司法審査
—— 法人の名誉毀損 ——

— ボーズ社対コンシューマー・ユニオン判決 —

I 争点の説明

§61 本章以下第14章までの部分では、アメリカの重要判例を取り上げる。第1に、Bose Corporation v. Consumers Union, 466 U.S. 485（1984）を取り上げるが、この事件では、法人の名誉毀損が問題となっている。ボーズというスピーカーの製造会社が、消費者保護団体の雑誌に掲載された商品テストの記事は、同会社の名誉を傷つけると訴えたものである。合衆国最高裁判所では、1936年に設立された消費者連合会（本件被告）は月刊誌「コンシューマー・レポーツ」を発行しているが、1970年5月号の商品テストの欄にボーズ901型スピーカーを紹介する記事をのせた。この記事は、全体としてはこの商品を高く評価するものであった[1]が、その中に次のような文章が含まれていた。

　「しかし、多数のレコードを聴いてみると、試験者たちには、ボーズのシステム・スピーカーよりも標準型のそれの場合の方が、種々な楽器の位置をはるかに容易に、かつ正確に当てることができることが分かってきた。さらに悪いことに、個々の楽器をボーズのシステムを通して聴いていると、音が巨大な率に拡大されたり、部屋のあちこちをさまよう傾向をもつように思われる。」（傍点は筆者）

　原告は問題の商品の発明者であり、販売元ボーズ会社の社長でもあ

5 憲法事実の司法審査——法人の名誉毀損——

る(2)。原告はとくに先に引用した文章を問題にし、商品を不当に非難するものである(3)と主張してマサチューセッツ連邦地方裁判所に訴えた。この訴訟は、証拠開示や略式裁判をするかなど、技術的なことについて両当事者の合意がえられず、本案に関する最初の判決が下されるまでに約10年の月日がかかっている(4)。その判決はかなり長文のものではあるが、判旨は比較的簡単なものであった。すなわち、本件はニューヨーク・タイムズ対サリヴァン判決の法理(5)に従って処理されるべき事件であり、被告が書いた問題の記事には「現実の害意（actual malice）」が見られるのであるから、原告が主張するとおり被告は損害を賠償すべきである、と判示したのである(6)。

被告は、直ちに第1巡回区控訴裁判所へ上訴し、同裁判所は、原審判決を破棄した(7)。事件はさらに合衆国最高裁判所へ上告され、同裁判所は裁量上訴（certiorari）を認めた(8)。そして、結論としては控訴裁判所の判決を肯定したのであるが、判決の中でいわゆる「憲法事実」の司法審査のあり方について重要な判断を示した(9)。判決の結論そのものは常識的なものであり、結論だけについていえば、とくにジュリストに紹介すべき値打ちのある判例であるとは思えないのであるが、その判断には注目すべきものが含まれている。というのは、もしその判断が先例法的拘束力をもつものとされるならば、レンクィスト裁判官の反対意見（これについては後に説明する）がのべているように、この判決が「シャーロック・ホウムズの冒険」という探偵小説のそれに匹敵する神秘的な絵解きを必要とすることが、将来、当然ありうると思われるからである。

(1) ボーズのスピーカー・システムは、名器ではあるが、個性が強いので、実際にスピーカーの音を聴き、自分で納得したうえで買うべきである、というのが問題の記事の全体の趣旨であると思われる。
(2) 原告は一人会社（sole corporation）であるが、その社長であるボーズ氏

Ⅰ　争点の説明

は、マサチューセッツ工科大学（MIT という通称で知られる）の看板教授の1人であり、問題の901型は、博士号の対象となった発明品である。このような曰くが、本件を特異なものにした遠因となっている。ちなみに、同種のスピーカー・システムは日本でも発売されているようであり、その公告にはボーズ教授の写真とともに、その略歴が紹介されている(Stereo Sound 75 号 (1985年) 310―1頁)。

(3) 当初は種々な争点が出されていたが、原審裁判所は、その多くを被告有利の略式決定によって処理し、最終的には、Lanham Act §43 (a), 15 U.S.C. §1125 (a)（商品の不当非難の禁止）の違反のみに争点を限定して審理を進めるよう当事者に命じた。その際、この訴訟は基本的には名誉毀損(libel)の訴訟であるとした。

(4) このように時間がかかった主な理由は、前注でのべたことのほか、裁判前の証拠開示（pretrial discovery）の過程で技術的なノウハウを開示することに当事者が協力しなかったことにあると思われる。原告側は、意見(opinion)が争われていることを理由にして、略式裁判を申し立てたが、裁判所は直ちにこれを却下した（Bose Corporation v. Consumers Union, 84 F.R.D. 682 (1980)）。ちなみに、「意見」とは、観察された諸事実からの推論を意味し、これは裁判官の心証に属するものであるから、証人は個人的に経験した諸事実だけをのべ、意見をのべることは禁止される。この証拠法則を説明するために、もしローマ・カトリック教の枢機卿が自動車事故をたまたま目撃し、証人台に立って、「被告に過失があった」という意見をのべることが許された場合、カトリック教徒の多い陪審ならば真実よりもそれに従う評決を出すことが多い、という（Cf. Book Review, 60 L.Q. Rev. 202 (1944)）。「意見」の証拠法上の取扱いについて、詳しくは、Cross, Evidence 448-9 (5th ed. 1979)参照。控訴裁判所も、多少の疑問をはさみながらも、問題の記述は「事実」であって「意見」ではないとした、連邦地裁の判決の関連部分を否定してはいない。

(5) New York Times Co. v. Sullivan, 376 U.S. 254 (1964). よく知られているように、この事件では、ニューヨーク・タイムズに掲載された意見広告が問題になっている。アラバマ州法によれば、文章が人の名声を傷つけるようなものであれば、それ自体で名誉毀損の成立を認め、現実の損害を立証することは要求されていなかった。そこで陪審は、その広告が原告を誹謗する

5 憲法事実の司法審査——法人の名誉毀損——

ものであることを認め、50万ドルの損害賠償を命じる評決を下した。当該広告には多少の誤報を含んではいたが、連邦最高裁判所は、「表現の自由が生きつづけるためには、息抜きの空間が必要である」としてこれを許し、アラバマ州判決を破棄した。そして、本件のような論評に関する事件において、名誉毀損の成立を認めるためには、「現実の害意」、すなわち、虚偽を実際に知っていたか、真実かどうかに顧慮することなく、誤報をしたことの立証が必要とされる、と判示した（この事件について、詳しくは、久保田きぬ子「New York Times Co. v. Sullivan—Libel と言論の自由」(1965) アメリカ法139—41頁参照）。

なお、この判決は、「公人 (public figure)」および「明瞭かつ確実な証拠 (clear and convincing evidence)」に関係する部分を含んでいるが、これらの要件については、後掲注(7)および注(11)を見よ。

(6) Bose Corporation v. Consumers Union, 508 F. Supp. 1249 (1981).

本件で争われた《事実》は科学的知識に関するものであり、前掲注(2)でのべたことを考慮にいれれば、問題の記事を執筆したセリグソン氏〔ニュー・ヨーク市立大学工学士〕に比べ、原告の信憑性は非常に高いと判示した。

損害賠償額は、スピーカー824組の販売損失額（1組129ドル、合計10万6,296ドル）および損失を最小限にくいとめるためにかかった特別損失額（9,000ドル）とした。Bose Corporation v. Consumers Union, 529 F. Supp. 357 (1982)において、先の額の総計額（11万5,296ドル）に利息および訴訟費用（合計9万5,609.64ドル）を加算し、第1審の裁判は終った。

(7) Consumers Union v. Bose Corporation, 692 F.2d 189 (1982).

ボーズ教授は公人〔public figure〕であるから、Gertz v. Robert Welch, Inc., 418 U.S. 323 (1974)に従って、明瞭かつ確実な証拠による証明が要求される、と判示した。ただし、3人の裁判官のうちキャンベル (Campbell) 裁判官は、「公人」と認めることには留保を付している。

「公人」の意味については、Dun & Bradstreet, Inc. v. Greenmoss Builders, Inc., 472 U.S. 749 (1985)参照。

(8) 461 U.S. 904 (1983).

「控訴裁判所が、原審裁判所の現実の害意の《事実認定》に対し規則52条(a)項の明瞭な間違いの基準を適用するのを拒否したことは、間違いであったか否か」を確かめるためにのみ裁量上訴 (certiorari) を認めた。

なお、ここでは、規則52条(a)項の解釈には深く立ちいらなかったが、後掲注(37)およびそこで引用したモナハン（Monaghan）教授の論文には詳しく説明されている。これはアメリカの司法制度全体にかかわる問題であり、その観点からの研究のためには、WRIGHT, LAW OF FEDERAL COURTS (4th ed. 1983)、とくに972―4頁を見よ。
(9) 最高裁判所は、本件が第一印象（first impression）の事件、すなわち、前注のはじめにのべた論点について初めて確定的な判断を下した事件であることを判決の冒頭でことわっている。

II　上訴審における事実認定の扱い方

§62　さて、上訴裁判所における「事実」問題の処理の仕方について、連邦民事訴訟規則は、「事実認定は明瞭な誤りがない限り破棄されてはならず、また証人の信憑性についての原審裁判所の機会に対し十分な考慮が払われなければならない」という規定を置いている[10]。先にものべたとおり、上訴裁判所は、ニューヨーク・タイムズ判決の「現実の害意」と普通の虚偽との間には大きな相違があることを認めたうえで、原審裁判所が認定した事実は、後者の存在の証拠としては十分であるかもしれないが、前者のそれの証拠としては足りないと判示し、原審判決を覆して被告勝訴の判決を下したのであった[11]。普通ならば、事実に関する証拠の評価は裁判官の自由な心証形成に委ねられるべきであることが判例法上確立されており[12]、最高裁判所は、この点を問題とし、原審の事実認定の上訴審における扱い方について、はっきりした原則を示そうとしたのであった。

§63　このような問題のたて方をしたため、最高裁判所は、原審裁判所の事実認定のやり方を調べ直している。その結果は次のように要約されている。まず最初に、事件に関連する重要な事実は、問題の記事のうち、(1)

音が拡大されること、(2) それがさまようこと、(3) その場所は部屋の中のあちこちであることの3点に関するものである。原審裁判所は、第1点および第2点も虚偽でありうることを認めながらも、被告の「現実の害意」の証拠としては、第3点を重視した[13]。これについて、原審裁判所は、実際に検査をして問題の記事を書いた2人の者に出頭させ、彼らがボーズ901型のスピーカーから出る音を実際に聴いて彼らが感じたことは、正確には、彼らの前方にある壁にそって2つのスピーカーの間を音が行ったり来たりする、ということであったという供述を引き出した[14]。そして、記事の執筆者が高度の教育を受けた知識人であることに鑑みて、それが不正確であり、不当非難の害意があったと認めざるをえない、と判決した[15]。

§64 これを破棄した控訴裁判所は、新しい事実を調べることはしないで、原審裁判所の記録 (record) を再審査し、現実の害意について「明瞭かつ確実な証拠」が本件では要求されていたにもかかわらず、民事訴訟の場合の優越的証拠則に従ったという点で法の適用に誤りがあった、と判決した[16]。これに対する裁量上訴を認めた最高裁判所は、ニューヨーク・タイムズ判決の「現実の害意」の要件に関係する事実はいわゆる憲法事実であり、その司法審査は連邦民事訴訟規則52条(a)項(先に言及した「明瞭な誤り」の原則を定める規定) とは無関係であり、かかる事実に関しては、上位の裁判所が独自の審査を積極的に行う義務を負う、と判示した。そして、自ら本件の事実を審査しなおして、控訴裁判所の問題のとらえ方はともかく、その判決の結論を変える必要は全くない、とした。

§65 最高裁判所がその判決でとった論理はこうである。第1に、「自分の内心を語る自由が個人的自由の一側面—そして、それ故にそれ自体善である—であるというだけでなく、真実に対する共通の探究および社会全体としての生命力にとって不可欠のものである、ということを合衆国憲法

II 上訴審における事実認定の扱い方

第一修正が認めている。われわれの憲法の下では、虚偽の考えなどというものはない。1つの意見がいかに有害なものであろうとも、それを是正するために、裁判官と陪審員の良心に頼るのではなく、われわれは他の思想との競争 (による自然淘汰) に頼る」(17)。また、「見解の中立性の原理は第一修正自体の基礎にあるものであるが、それはまた、ある特定の表現は保護されるべきでないと主張されたとき、裁判官に対し特別の責任を負わせるものでもある」(18)。最高裁判所は、憲法事実に関する問題は「異なった波長をもって最高裁判所まで到達したものであり」、上位の裁判所はこの検査をする別個の義務を負っている、ともいう(19)。

(10) FED. RULES CIV. PROC. r. 52 (a).
(11) これは前掲注(7)で言及した Gertz 判決に従ったのである。この先例が要求する「明瞭で確実な証拠 (clear and convincing evidence)」による立証の要件は、「原告が、優越的証拠原則の基準により必要とされると思われる証明以上のより厳しい証明をしなければならない」ということを意味する。Cf. Yiamouyiannis v. Consumers Union of the United States, Inc., 619 F.2d 932, 940 (2d Cir. 1980).

もっとも、この厳格な要件は、「公人 (public figure)」の名誉を毀損したと主張される事件に当てはめられるのであり、「公人」ではない者に関する名誉毀損事件では、原告は、虚偽の記事を書いたときに被告が不注意に真実を確かめることを怠ったことを証明すれば足りる (Derry v. Peek, 14 App. Cas. 337, 374 (1889))。

また一般的に、R. SACK, LIBEL, SLANDER AND RELATED PROBLEMS (1980)参照。ただし、本件では、原告は自分が「公人」であることを最初から認めていたので、この点が争点となりえたのにかかわらず、裁判は「公人」であることを前提として進められた。
(12) この点に関して、最高裁判所は、「間違いがあったとはっきり確信をもてない限り、原審裁判所の事実認定を受けいれなければならない」と判示した。United States v. United States Gypsum Co., 333 U.S. 364, 395 (1948)を引用し、この判例法理が、Inwood Laboratories, Inc. v. Ives Laboratories,

Inc., 456 U.S. 844 (1982)や、Pullman-Standard v. Swint, 456 U.S. 273 (1982)でも守られている、とのべている。

(13) これについては、原審裁判所は、一方では、スピーカーの購買者たちから苦情がでていないこと、音が安定した名器であるという商品記事のあることを認めた。しかし、問題の記事は執筆者が特許権をもっているスピーカーを守ろうという一種の偏見をもって書かれたとする原告の主張は、認めなかった。また、本件では音の感性が関係しているから心理学者や社会関係論の専門家らから証言をえたいとする被告側の申立ても否定された。結局、最終的には、次注に引用する供述を主要な証拠として、「現実の害意」の存在を認めた。

(14) 実際にテストを行ったのは、ニューヨーク市立大学工学部を卒業し、技師となったセリグソン(Seligson)氏と、その後輩でその補助者でもあるレフコウ(Lefkow)氏であった。2人の証言は、ほとんど完全に一致している。原審裁判所は、セリグソン氏の法廷での供述の次の部分を重視した。

質問「それ（問題の文章）は、あなたの意見では、楽器の横への動きを説明しているのですか。」

回答「そうです。」

質問「音は部屋の中に移動していったと表現しているその記事中のあなたの説明は、あたかもそれが前面へとび出してくるともとれるように考えられるのですが。」

回答「部屋の中への動きについてあげた実例は、音幅の拡がったヴァイオリンと音幅の拡がったピアノだけであり、また、拡大と移動は2つのスピーカーの背後を横ぎる音である、というつもりでそれを書きました。」

……

質問「《音は部屋のあちこちをさまよう》という文章ですが、これは、壁の一方の端から他の端へとか、壁にぶつかって、とのみ表現することはしないで、その代りに―。」

回答「その次の文章がその点を説明していると思います。その文章で、《例えば》とのべ、その趣旨の例を示しています。」

……

質問「《あちこち》という言葉は、まわりをということを意味している。そうではありませんか。」

II　上訴審における事実認定の扱い方

回答「裁判官殿、そうでした。それは、後の壁のあたり、つまり、スピーカーの間ということを意味しました。」
質問「しかし、そこで述べられていることとちがっているようですが。」
回答「ご趣旨はよく分かります。」
……
質問「セリグソンさん、あなたが黒板に図示されたことを記述するために、なぜ《部屋のあちこちをさまよう傾向をもつ》という言葉を使ったのですか。」
回答「そうですね、ことにその言葉をなぜ自分で選ぶ気になったのか、私にも分かりません。もしわれわれが、先のものの代りに《横ぎって》と言ったならば——私はそうとは思いませんが——あなた方にはもっと納得していただけるのでしょうか。私は、そのいずれを使った場合でも、あなた方は反対なさっただろうと感じます。《あちこち》という言葉は、まさに私が黒板の上に図示したことを意味していました。」

　ちなみに、原告は、実際にテストを2人で行ったときの印象のみに基づいて記事を書いたにもかかわらず、「試験官集団（panel）」でテストしたと表現したことにも問題があると主張したが、原審裁判所は、これは重要な事実とは認めなかった（508 F. Supp. at 1260-62）。

⒂　508 F. Supp. at 1276-77. ただし、セリグソン氏の能力を認めているのはその国語力であって、科学者としての能力ではない（前掲注⑹参照）。記事の文章の意味の確定については、法律解釈の第一原則である「明白な意味（plain meaning）」の原則に従っている。

⒃　商品の不当非難の事件と個人の名誉毀損の事件を同一視することにも疑問を示している点にも注目すべきである。最高裁判所も、この疑問に注意を払っているが、当事者たちがこの点を争っていないため、確定的判断をさけている。

⒄　Gertz v. Robert Welch, Inc., 418 U.S. at 339-40 (1974). この背後にある考え方について、Emerson, *First Amendment Doctrine and the Burger Court*, 68 CALIF. L. REV. 422 (1980); Emerson, *Toward a General Theory of the First Amendment*, 72 YALE L. J. 877 (1963)参照。言論の保護に強弱がありうることは、判例法上も認められてはいるが、商業的言論だからといって、保護が否定されるわけではない。多数意見は、その区別を認めた

5 憲法事実の司法審査——法人の名誉毀損——

　　Valentine v. Chrestensen, 316 U.S. 52 (1942)が既に Virginia State Board of Pharmacy v. Virginia Consumer Council, 425 U.S. 748 (1976)によって否定されていることを再確認している。

(18)　Police Department of Chicago v. Mosley, 408 U.S. 92 (1972); Terminiello v. Chicago, 337 U.S. 1 (1949).多数意見は、この義務を果たした実例として、Beauharnais v. Illinois, 343 U.S. 250 (1952)（パンフレットによる集団名誉毀損）、Chaplinsky v. New Hampshire, 315 U.S. 568 (1942)（戦闘的言論）、Brandenburg v. Ohio, 395 U.S. 444 (1969)（反乱の教唆）、Roth v. United States, 354 U.S. 476 (1957)（わいせつ）、New York v. Ferber, 458 U.S. 747 (1982)（幼児わいせつ）をあげている。ただし、レンクィスト裁判官は、これらの事件は「純粋に歴史的事実にかかわる事実と法律の混合問題 (mixed questions)」であるにすぎず、多数意見のいうようなものではない、と反論している (466 U.S. 485, 517 n. 1)。

(19)　レンクィスト裁判官がその反対意見の中でのべているとおり、多数意見の「波長」（正確には「やや特有の波長」）という表現によって、何が意味されているか、必ずしも明瞭ではない。この表現が含まれているパラグラフでは、本件は、もし原審裁判所が問題の表現を「意見」として扱っていたならば、規則52条(a)項で処理できたという趣旨のことがのべられており、要するに、ニューヨーク・タイムズ判決の解釈については、最高裁判所が特別の義務を負う、といっているのであろうか。

III　反対意見の論理

§66　先に紹介したボーズ事件における最高裁判所の判決は、スティヴンス裁判官が書いた多数意見によったものであり、これに対する反対意見が付されていることにもふれておかなければならない。反対意見は、ホワイト裁判官による短いものと、レンクィスト裁判官が書き、オコンナ裁判官が参加したものとがある。判例集に印刷された順序とは異なるが、有力な論理を示した後者の反対意見の方をまず紹介することにしよう。

レンクィスト裁判官は、多数意見を要約して、それは「《現実の害意》の決定をめぐる《憲法事実》のための《再審査》の基準による司法審査を支持し、連邦民事訴訟規則第52条(a)項が定める《明瞭な間違い》の基準による司法審査を拒否した」ものとのべている[20]。そして、本件でも通常の事実問題であるにすぎず、他の文脈に当てはめてみても同じくそうであろうと思われるものを、多数意見が、事実をこえたなにものか(いわゆる《憲法事実》)と呼び、それを特別のものとして扱ったことから間違いが起きている、と批判している。レンクィスト裁判官によれば、「現実の害意」は名誉毀損の構成要件の1つであるにすぎず、その存在の有無の判断は、原則として原審裁判官に任されるべきである、というのである[21]。つまり、地方裁判所の「現実の害意があった」とする認定は、名誉毀損の故意(mens rea)が被告にあったということを認めたことにすぎず、6日間もかけて証人の供述を聞いた後にえた原審裁判官の心証はほとんど確実なものであり、その裁判官の偏見等の立証がない限り、普通どおりにその事実認定は尊重されるべきであった、というのである[22]。

§67 ところで、ホワイト裁判官の反対意見もまた、先のレンクィスト裁判官の反対意見とほぼ全面的に一致している。これは非常に短いもので、「ニューヨーク・タイムズ判決の害意基準の《真実かどうかに顧慮することなく》の要件は、歴史的事実の問題であるとは思わない」、と付記しているにすぎない[23]。これは、本件の場合には歴史的事実——問題の記事を書いた筆者がいかなる意思をもって書いたかという事実——にかかわっているので、レンクィスト裁判官の意見に賛成するが、そうでない場合には、考えが変わるかもしれないという留保を意味するにすぎない[24]。

§68 要するに、2つの反対意見は、名誉毀損に関する事件においては、古くから事実問題と法律問題との区別が微妙であり、しばしばそれが重要

5 憲法事実の司法審査——法人の名誉毀損——

な争点となってきた[25]のであり、本件もその種の事件の1つであるというのである。たしかに、もし本件の第一審裁判が陪審を付して行われていたならば、「現実の害意」の存在は陪審の評決に委ねられ、陪審は、セリグソン氏の教育程度を基準にして、その存在を認めたかもしれない。もしそうなっていたならば、控訴裁判所は、一般人の能力を基準としないで特定の者の能力を基準とすべしとした点で、原審裁判官の陪審への説示に誤りがあったとする判決を下しえたと思われるのである[26]。

さらに、レンクィスト裁判官が、もし多数意見を採用したときに、もたらされるであろうと指摘している2つの皮肉な結果にもふれておこう。その1は、高い地位にある官吏の行為を批判するのが公益の保護に役立つものと信じて作られた法理が、商品を批判する記事にも適用されたということである。その2は、多数意見の意図は第1修正の権利を守ることにあったと思われるのに、実際には、その権利を保護する能力があり、またそのために重要な役割を果たしてきた地方裁判所に対する国民の信頼を著しく傷つけたことである。これらのことを考慮し、結論として、レンクィスト裁判官は、この事件を控訴裁判所へ差し戻し、連邦民事訴訟規則の「明瞭な間違い」の原則によって、裁判をやりなおさせるのがよいとのべている。

- [20] 実は「憲法事実」という用語がレンクィスト裁判官の少数意見の中で使われているが、多数意見ではその注[27]以外の場所では使われていない。多数意見が使っているのは、「窮極的な事実 (ultimate fact)」とか、「憲法原理が対象とする事実」などの表現である。もっとも、多数意見の用いたこれらの事実を憲法事実と呼んでも何ら支障はなかろう。なお、この点について、後掲注[27]も見よ。
- [21] コモン・ロー上、文書による名誉毀損 (libel) の事件では、原告が実害の発生または実際の損失を証明する必要はないが、問題の文書そのものが、原告の名誉を傷つけるものを含んでいなければならない。そして、文書による

III 反対意見の論理

名誉毀損は同時に犯罪となりうるので、故意の立証が厳格に要求されてきた。しかし、判例法は一定の状況（例えば、記事の内容が虚偽であることを知っていた—scienter という）があれば、故意ないし害意（malice）の存在の推定を許してきた。ところが、「公正な論評」に対しては、ニューヨーク・タイムズ判決以来、現実の害意の証明が要求されるようになったのである。レンクィスト裁判官は、この憲法判例の法理を伝統的なコモン・ローの1つの例外原則とみているのである。この考えは、Prosser, The Law of Torts 771-2, 821-1 (4th ed. 1971)によるものである（また、St. Amant v. Thompson, 390 U.S. 727 (1968)も参照）。

(22) 6日というのはセリグソン証人のみについての期間であり、証人尋問全体としては、19日もかけられている。それにもかかわらず、「セリグソン氏の供述は不正確であったにすぎない」と、たった一言で控訴裁判所が事実認定を否定したのは間違いであった、とものべている。

(23) 前掲注(5)でのべたように、ニューヨーク・タイムズ判決は、「現実の害意」の存在のほか、本文であげた「真実かどうかに顧慮しなかったこと」を名誉毀損の成立要件の1つとして認めており、これの証明については、記事の筆者が過去（それを書いた時点）において実際にどう考えていたかという事実よりも、その時の諸状況を現在の時点で客観的に評価する、ということを暗示しているように思われる。

(24) 例えば、前注でのべたような状況証拠の評価が問題になっているのであれば、積極的に審査をしなおすかもしれない、ということを意味していると思われる。

(25) 「法律問題」と「事実問題」の区別について、一般的に、Thayer, "*Law and "Fact" in Jury Trials*, 4 Harv. L. Rev. 147 (1980); Bohlen, *Mixed Questions of Law and Fact*, 72 U. Pa. L. Rev. 111 (1924)参照。

(26) これとは逆に、「陪審員に対するいやがらせがあったとか、間違った指示に頼った陪審評決がなされたなどの異常な要素の主張が含まれていない名誉毀損の事件において」、上位の裁判所が原審の裁判に干渉することは、第1修正の目的にも役立たないし、健全な司法制度の運用にとって有害であるとのべたハーラン裁判官の反対意見（Time, Inc. v. Pape, 401 U.S. 279, 294 (1971)）を、レンクィスト裁判官は支持している。

IV 憲法事実の司法審査

§69 いかに少数意見の論理が説得力をもつものであるとしても、判例法としての力をもつのは多数意見であり、これを無視することはできない。そこで、多数意見の主張する憲法事実の独自の司法審査とは何かについて、そこで引用されている諸判例を分析して、もう少し明確にしておきたい[27]。

この点と関連して多数意見が最初に引用した諸判例は、ストリート対ニューヨーク判決、ヘス対インディアナ判決、エドワーズ対サウス・キャロライナ判決およびペンカム対フロリダ判決である[28]。これらは、「戦闘的言論」または「(社会秩序の紊乱の)唱道」に関する事件である。第2に、「わいせつ」の事実に関するジェンキンス対ジョージア判決およびニュー・ヨーク対ファバ判決を分析している[29]。これらに続いて、本件でも問題となった「現実の害意」に関するニューヨーク・タイムズ対サリヴァン判決において、憲法事実の審査がどのように行われたかを説明し、タイム社対ペイプ判決およびモニタ・パトリオト会社対ロイ判決において、それが正しく踏襲されたかどうかを調べなおしている[30]。

§70 ところで、先にものべた「独自の司法審査」とは、何を意味するのであろうか。第1に、「事件の記録全体を調べなおし」、判決が「表現の自由への不法な侵害を許すものになってはいないか」確かめることが考えられる[31]。しかし、これだけに限られるものではない。多数意見は、ニューヨーク・タイムズ判決を引用しながら、「当裁判所の義務は、憲法原理の説明だけに限定されるのではない。適切な事件では、これらの諸原理が、憲法に従って適用されたことを確実に保障する証拠を調べなおすこともしなければならない」、とのべている[32]。もし調べなおした結

果、事件の全記録の中に見付けることができなければ、事件を差し戻すこともできるし、可能ならば自ら憲法事実を調べなおしてもよい、というのであろう(33)。

§71　具体的に、「現実の害意」の事実認定の司法審査に関しては、第1に、「当該準則のコモン・ローの文化遺産は、それを特定の事実状況に当てはめるときに、裁判官に対し特別に広い役割を与える」という(34)。第2に、「当該準則の内容は、その文字通りの意味のみによって明らかにされるのではなく、むしろコモン・ローの裁判の進化の過程を通じて意味が与えられる」ともいう(35)。つまり、当該準則の根拠は憲法の中に求められるけれども、実際の意味は裁判官の創造したコモン・ローである、というのである。そして最後に、「当該準則によって保護される憲法の諸価値は、裁判官がそれを正しく適用することを至上命令としてはじめて保障される」ともいう。

　(27)　多数意見は、「独自の司法審査」の義務が前掲注(5)に引用したニューヨーク・タイムズ判決によって再確認されたとのべているのみで、その義務の定義はしていない。「憲法事実」という用語は、ディクィンソン（Dickinson）教授による Crowell v. Benson, 285 U.S. 22 (1932)の解釈の中で最初に使われた用語であるといわれる (Dickinson, *Crowell v. Benson: Judicial Review of Administrative Determinations of Questions of "Constitutional Fact"*, 80 U. PA. L. REV. 1055, 1067-72 (1932))。

　　ここで問題とした憲法事実の司法審査は、その後、Larson, *The Doctrine of "Constitutional Fact"*, 15 TEMP. L.Q. 185 (1941); Strong, *The Persistent Doctrine of "Constitutional Fact"*, 46 N.C.L. REV. 223 (1968)でも支持された理論である（*Cf.* JAFFE, JUDICIAL CONTROL OF ADMINISTRATIVE ACTION 628-53 (1965))。多数意見は、これらの研究によって主張された理論に従ったものと思われる。

　　ちなみに、学説上、「審判事実(adjudicative fact)」と「立法事実(legislative fact)」の区別が議論されることがあるが、憲法事実は立法事実ではない（*Cf.*

Schall v. Martin, 467 U.S. 253 (1984); Note, *Anti-Pornography Laws and First Amendment Values*, 98 HARV. L. REV. 460, 476-80 (1984)).

(28) Street v. New York, 394 U.S. 576 (1969) (「平均人に対し報復の気持を起こさせ、それによって平和の破壊を起こさせようとしたかどうか」の司法審査)、Hess v. Indiana, 414 U.S. 105 (1973) (「戦闘的言論」の司法審査)、Edwards v. South Carolina, 372 U.S. 229 (1963) (州議会の敷地内で敵意ある聴衆にとりかこまれて行われたデモンストレーションに関して「全記録の独自の審査」を行った事例)、Pennekamp v. Florida, 328 U.S. 331 (1946) (「問題の言論が明白かつ現在の危険の脅威をもたらすかどうか、あるいはそれが第一修正の諸原理が保護する性質のものであったかどうか、確かめる義務がある」と判示した事件).

(29) Jenkins v. Georgia, 418 U.S. 153 (1974) (問題の映画は「憲法問題として、明らかに下品なやり方で性行為を表現したものとは言えない」と判示した事件)、New York v. Ferber, 458 U.S. 747 (1982) (問題の判決が「表現の自由の領域への禁止された侵害を構成するものではない」ということを確かめるために事実の司法審査の必要を説いた事例).

(30) Time. Inc. v. Pape, 401 U.S. 279 (1971) (「記録の中の証拠が、原告勝訴の判決を憲法上支持しうるかどうか」を確かめるために指示評決 (directed verdict) に基づく判決の「事実」を再審査した事例)、Monitor Patriot Co. v. Roy, 401 U.S. 265 (1971) (憲法の問題として、名誉毀損の言葉が原告の「公人」としての地位と関連 (relevance) をもっているかどうかを確かめた事例).

(31) 例えば、前掲注(28)に引用した Edwards v. South Carolina, 372 U.S. 229, 235 (1963).

(32) 引用文は、ニューヨーク・タイムズ判決 (前掲注(5)の判決) 285 頁で、Speiser v. Randall, 357 U.S. 513, 525 (1958)を引用しながらのべたことである。

(33) 例えば、前掲注(29)に引用した Jenkins 判決や New York 判決では、最高裁判所は自ら問題の映画を見て、独自の判断を下した。

(34) コモン・ローの裁判には、いわゆる法創造の側面があるので、問題に関係のある種々の社会的諸利益の考慮を要求される、ということを意味していると思われる。多数意見は、その注(15)において、「本件で再審査を必要とする決

定が、広範な社会的諸判断——われわれの政府の本質の全体および市民の義務と免責にかかわる意見に密接に影響する判断——を避けられない場合は、特にそうである」とものべている (*Cf*. Baumgartner v. United States, 322 U.S. 665, 670-1 (1944)).

(35) これは、後掲注(38)に対応する本文およびその前後にのべることを意味していると思われる。

Ⅴ　むすび

§72　この判決が将来いかなる意義をもつか予測することは、著しく困難である。それは、1つには、多数意見が種々な数多くの前提条件を付して出されていることによる。例えば、この事件では、原告が「公人」であることを認めたうえで、裁判が進められたのであるが、もしそうでないということになったら結論は変わるのであろうか。また、商品の不当非難と個人の名誉毀損とは法的には全く同じ性質のものであることとして裁判が進められたのであるが、これが異なった性質のものであるとされるならば、別の司法審査のやり方が示されるのであろうか。さらに、反対意見が想定したように、実際に陪審による裁判が行われていたら、反対意見の言うとおりの結果になっていたのであろうか[36]。このような多くの疑問が残っているのである[37]。

§73　予測が困難なもう1つの重要な理由は、スティヴンス裁判官の判決には、司法府に積極的な法創造の役割を果たさせようとする意図が含まれていることにある。同裁判官は、グリーン教授の古典的な論文を引用し[38]、法の一般的方程式の適用範囲を具体的事件を通じて決定し、この過程をくりかえしてその方程式自身を進化させることについて、裁判官は最大限の権限を与えられるべきであるとのべている。この進化の作業がどのようなルールに従ってなされるか、具体的にかつ詳細に説明され

ない限り、進化ののち創造されるものを想像することは、むずかしいと言わざるをえない。

(36) 一般原則としては、「事実」は陪審が、そして「法律」は裁判所が、決定することになっている。しかし、ニューヨーク・タイムズ判決の例に見られるように、陪審の判断が否定された例もある。

(37) 本件でのべたことのほか、多数意見が反対意見の批判にこたえていくつかの点で反対意見に部分的に迎合していることが、かえってその理論を分かりにくくしている。

例えば、連邦民事訴訟規則第52条(a)項は本件とは無関係であることを十分に論証したうえで、それに続く多数意見の第3部の冒頭で、Moore v. Chesapeake & Ohio Ry. Co., 340 U.S. 573 (1951)を引用し、「証人の証言を信用できないときは、事実の審判者はそれを単純に無視してよい。通常、無視された証言は、反対の結論を導き出すのには十分な根拠とは考えられない」とのべているのであるが、これに続く部分も含めて、その論旨は必ずしも明確ではない。

また、前掲注(21)に引用したプロッサ（Prosser）教授の著者の引用もまた、実は多数意見の注(30)において、立証責任の程度を説明するためにそのまま引用されている。

その結論を必ずしも支持するわけではないが、ここで紹介したボーズ判決が提起した種々の諸問題を詳細に論じた Monaghan, *Constitutional Fact Review*, 85 COLUM. L. REV. 229 (1985)を、本件の意義を明らかにしようとした参考文献として、引用しておきたい。

(38) GREEN, JUDGE AND JURY 286, 304 (1930)および、一般的にこの著書の第10章〔16 VA. L. REV. 749 (1930)〕。この引用も、多数意見のリアリズムへの志向を示している。

6 言論・集会の自由と市民的抵抗の権利
——ウォーカー判決——

序　説

§74　Walker v. City of Birmingham, 388 U.S. 307 (1967)は、アメリカでは非常に注目された判決であるが、日本でこの判決に関心を示した研究者はほとんどいない。この判決が下された当時、著者は「アメリカ法」という日米法学会の機関誌の編集を手伝っており、この判例評釈を掲載すべきかどうか検討したことがある。結局、同誌には適さないと判断したが、当時在職していた大阪市立大学の山崎時彦教授がご退官されたため、記念論文を書くことになり、同教授の主たる研究が「ジョン・ロックの市民的抵抗の権利」であったことから、これを素材にして小論を書くことにしたものである。

　悪法に対し市民が何をなしうるかが本判決の核心となる争点である。Walker 判決では、法に違反しなければその違憲審査を受けることができないので、裁判を市民的抵抗の手段とするならば、そのために必要な限度で法に違反することが許されると述べている。問題の事件は、1960 年代の一連のキング牧師による市民権運動に関係がある。

I　事件の概要

§75　ウォーカー事件[1]は、1963 年 4 月 3 日からキング牧師を含む 8 名の被告人たちを指導者として行われた、主として黒人からなる 139 名の市民による集

6 言論・集会の自由と市民的抵抗の権利──ウォーカー判決──

団示威運動に関するものである。その運動が行われたバーミンガム市の当局は、4月10日にアラバマ州巡回裁判所に対し一時的差止命令（temporary injunction）の発給を求め、同裁判所も直ちにそれに応じた。この命令は、4月11日の朝、8名の被告人のうち5名の者に送達された。その5名のうち4名が、直ちに緊急会議を開き、「この命令は法と秩序維持の名の下に行われた明らかな暴虐である」という結論を出し、裁判でその効力を争う決定を下した[2]。そして、同日の夜、市民全体会議の場でも予定通り集団示威行進を決行する決議が行われた。その予定の行進は、市民の見守る中で4月12日以降にも毎日続けられ、4月15日には、先の指導者たちに対し、裁判所が裁判所侮辱を理由として5日間の拘留と50ドルずつの罰金を決定するに至った。

　被告人たちは、問題の差止命令の文言は不明確で広すぎ、連邦憲法によって保障される言論の自由を侵害する違憲で無効なものである[3]という異議を申立てた。また、そもそも命令の文言は市条例の条文をそのまま書き移したものにすぎないから、命令の根拠となっている市条例そのものが違憲無効であると主張した。しかし、アラバマ州の裁判所は、被告人たちが差止命令に従わなかったことが裁判所侮辱に当るという判断を示しただけにすぎず、市条例の違反を問題としているのではないことを理由として、被告人たちの異議申立てを拒否した[4]。

§76　合衆国連邦最高裁判所は、アラバマ州裁判所からの裁量的上訴を認めたが、判決は5対4に意見が分れた。多数意見と少数意見の基本的な相違は、被告人たちが市条例に基づく集会許可の申請手続をとらなかった事実の評価にかかっていると思われる。多数意見によれば、まず集会許可の申請手続をとって拒否されたときに憲法訴訟を提起することができたにもかかわらず、裁判所の命令に積極的に不服従な態度を示した[5]のであるから、裁判所侮辱罪で処罰されるのもやむをえないと判断した。

多数意見を代表したスチュアート裁判官の言葉を借りれば、差止命令について「いかに裁判所の措置が間違ったものであろうとも、当事者は従わなければならないものである[6]」。それは、「連邦憲法によって保障された市民的自由は、公共秩序を守る組織的社会の存在を当然の前提としており、それなしには自由それ自体が、無制約な過度の濫用によって消滅してしまう」からである[7]。

§77　これに対し、3つの反対意見[8]が述べられているが、これらの少数意見は、いずれも差止命令の実質的意味を重要視する。ウォーカー事件では、集会許可の申請のために被告人らが市役所に出かけたとき、担当職員は許可しないという意思を口頭で述べている。さらに、問題の差止命令も、憲法問題を回避しながらイースタを中心とした集会を妨害する意図で発せられたと思われる情況証拠があるから、実質的には表現の自由を不許可処分によって侵害した場合と同じである、と判断したものと思われる。確かに理論上は、許可申請をして拒否処分が出されてから憲法訴訟を提起することは可能であったが、それをしていたのではイースタの期間に集会を開けなくなる。従って、本件で差止命令に違反したことは、一種の市民的抵抗の権利として憲法上許されるべきである、と判示している。3つの少数意見の中には、その他にも検討すべき多くの論点が含まれているけれども、ここでは、裁判所侮辱と市民的抵抗の問題だけに限って判例を法哲学的観点から検討していくことにしたい。

　　(1)　Walker v. City of Birmingham, 388 U.S. 307 (1967).
　　(2)　この後、記者会見を行った際に、引用した言葉が代表者によって述べられている。この記者会見の声明は、多数意見の末尾に添付されているが、そこで述べられている通り、被告人たちは、問題の市条例に基づく差止命令は連邦裁判所によって違憲であると判決されるものと確信していたようである。Id. at 323-24.

(3) この点に関し、後掲注(27)およびそれに対応する本文参照。
(4) 279 Ala. 53, 181 So. 2d 493. 但し、同裁判所は、被告人のうちの一人は差止命令が出ていることを知っていたという証拠が不十分であることを理由として、その有罪判決を破棄し、また、他の2人は命令に従わなかった点についての立証が欠如していることを理由として、各々の有罪判決を破棄した。
(5) 前掲注(2)に言及した記者会見の声明がこの点に関する重要な証拠となっている。
(6) 388 U.S. 307, at 320. 多数意見は、この点に関し、アラバマ州の最高裁の判例法は「違憲な制定法は絶対的に無効であって、いかなる法的権利または法的手続の基礎となることもできないが、その違憲性が適切な手続により司法的に宣言されるまでは、命令でそれに従うことを命ぜられた者は、当該の命令を無視または違反した場合、裁判所侮辱罪の適用を受ける」ことを確立された根本原理として繰り返し述べているから、被告人たちがわざと差止命令に違反したときには、監獄へ行くことは覚悟していたはずである、と述べている（なお、差止命令について一般的に、*Developments in the Law — Injunctions*, 78 HARV. L. REV. 994 (1965)を見よ）。
(7) *Id*. at 316. もっとも、多数意見も、もし被告人たちが許可申請をしてそれが拒否された場合であれば、問題の市条例は違憲とされたであろうということを認めている（*Id*. at 318-319.）。
(8) 少数意見は、ウォレン首席裁判官によって書かれ、ブレナン裁判官並びにフォータス裁判官が同調したもの（以下、第1の少数意見という）、ダグラス裁判官によって書かれ、首席裁判官、ブレナン裁判官、フォータス裁判官が同調したもの（以下、第2の少数意見という）、および、ブレナン裁判官によって書かれ、首席裁判官、ダグラス裁判官、フォータス裁判官が同調したもの（以下、第3の少数意見という）の3つの意見からなる。各々については、次節以下の関連部分で説明し、検討する。

II 裁判所侮辱と憲法訴訟

§78　本章の主題に答えるための前提となる困難な問題は、ウォーカー判決に含まれる不許可処分後の不法集会に対する処罰と差止命令違反に対す

II　裁判所侮辱と憲法訴訟

る裁判所侮辱罪の適用との間に、質的な違いがあるのかどうかという点である。第1の少数意見は(9)、これを詳細に論じているのであるが、その紹介に入る前に、日本法の場合とは異なった意味を持つ「裁判所侮辱」について、若干の説明をしておきたい。

　日本法にあっては、「裁判所侮辱」は、「裁判所又は裁判官が法廷又は法廷外で事件につき審判その他の手続をするに際し、その面前その他直接に知ることができる場所で、秩序を維持するため裁判所が命じた事項を行わず若しくは執った措置に従わず、又は暴言、暴行、けん騒その他不穏当な言動で裁判所の職務の執行を妨害し若しくは裁判の威信を著しく害すること」を意味するものと理解されている(10)。アメリカ法にいうそれは、それよりもさらに広い意味内容を持つ。具体的には、裁判所の面前での侮辱やそれに準ずる直接的な侮辱(11)だけでなく、出版による侮辱(12)や裁判所の発した命令に従わないことによる間接的な侮辱も含まれる。ウォーカー事件で問題となった裁判所侮辱は、この最後の類型に属するものである。これは、他の類型のものの場合と比べ、上訴権、逮捕からの免除の特典、恩赦権などについて差異が認められる民事侮辱として一般的には取扱われる(13)。ウォーカー事件では、間接的な侮辱でありながら刑事侮辱罪が認められたのであるから、この意味においても異例な事件である、と言わなければならない(14)。

§79　ここで話を本題に戻し、ウォーカー事件の第一の少数意見を少しく分析したいと思うが、まず結論から言えば、同事件において裁判所侮辱罪が使われたのは違憲なものを合憲なものに変える一種の手品であると判示している。すなわち、実質的には、ウォーカー事件は不許可の決定後の不法集会に刑罰を科したのと同じであると考えているのである。その理由は、事実を仔細に調べてみると、「バーミンガム市はどのような情況の下でも上訴人たちのデモンストレーションを認めようとしなかっ

85

た⁽¹⁵⁾」ことが十分に確信できるのであり、アラバマ州裁判所が同市当局の申立により侮辱罪を適用したとき、憲法訴訟を避ける意図が見られたことにあると思われる。換言すれば、第1の少数意見はウォーカー事件を裁判所の権限濫用の事例とみているのであるが、いかなる場合にその濫用に当るかの判断基準について、さらにその少数意見を分析する必要がある。

§80 裁判所侮辱について、「侮辱を抑圧する上位裁判所の権限は司法を確立した最初の原則に基因し、すべての裁判所に不可分の属性[16]」である、と一般的に理解されている。確かに、裁判所がその威信を保ち、また、時には暴力に対し緊急避難するために、裁判所が一定の制裁権を持つことが必要であろう[17]。しかし、その他の場合に、裁判所の面前でなされた行為に対してだけでなく、裁判所の知りえないところでなされた行為に対してまで、職権によって一方的にその権限が行使さる危険を含んでいる。アメリカ法の歴史において、労働争議差止命令の違反に対し裁判所侮辱罪を適用した諸事例の中に、裁判所が権限を濫用したのではないかと思われるものがいくつか記録に残されている[18]。多数意見が主として依拠しているのは、合衆国対鉱山労働者連合判決[19]の先例となっているホワート対カンサス州判決[20]であるが、これらの判決は、両方ともかかる労働争議差止命令違反に関係のある判決である。第1の少数意見は、これらの判決を否定することを主張してはいないが、それらの事件では労働争議の違法性が差止命令を発する前に確認されているのに対し、ウォーカー事件では集会が不法なものであったかどうかは一度も問われていないという点の相違を強調している[21]。第1の少数意見は、裁判所の差止命令違反に対し裁判所侮辱罪の適用を一般的に否定しようとしてはいないが、それが刑事的な性質を持つものである以上、一方当事者の申立てだけによるべきではなく、一定の公正な手続を経た後にそれ

Ⅱ 裁判所侮辱と憲法訴訟

を適用すべきである、と考えていると思われる[22]。

§81 裁判所侮辱に対する制裁権の行使と関連して、若干技術的な問題であるが、もう1つふれておかなければならない付随的問題がある。その問題とは、かかる制裁権は各々裁判所に固有な権限であるから、その合憲法性を争うためにアラバマ州裁判所から連邦最高裁判所へ上訴することはできないのではないか、という点である。多数意見は、州の法廷の威信を維持することに州の優先的利益があることを認め、特別の事情がない限り連邦裁判所への上訴は認められないとする見解をとっていると思われる[23]。少数意見も、原則としてはこれに賛成しているが、言論の自由の侵害が問題となる事例においては、連邦憲法の「最高法規」条項によって連邦の利益の方が優先すべきである、と述べている[24]。つまり、シェリー対クレイマー事件[25]と同じように、裁判所侮辱罪の適用という「州の行為（state action）」によって上訴人たちの言論の自由が侵害されたかどうかという形で事件をとらえ、連邦裁判所での憲法訴訟が認められるべきである、と主張しているものと思われる[26]。

さらに先の付随的問題は、たとえ少数意見の立場をとるとしても、そもそも問題の集団示威行進は、言論の自由の枠を越えた行動ではないか、という論点とも関係する。この論点は第2の少数意見が詳しく論じているところであるが、本稿では次節でそれを説明することになるので、裁判所侮辱に関する本節の主要問題に結論を出すのはここでは留保し、本稿のもう1つの主題の議論に移ることにしたい。

(9) 388 U.S. at 324-34.
(10) 法廷等の秩序維持に関する法律2条参照。これについての詳細な説明およびイギリスおよびドイツとの若干の比較が、兼子＝竹下『裁判法』（有斐閣・1978年）45頁、252—54頁でなされている。
(11) 裁判所の面前での侮辱に準ずる場合とは、証人の出廷を妨害したり、裁判

所の管理下にある人や物を不法に移動したりする場合などをいう（伊藤正己『裁判所侮辱の諸問題』（有斐閣・1949年）4 — 5頁参照）。ちなみに、一般的裁判管轄権をもたない、いわゆる下位裁判所（inferior courts）は、直接侮辱についてしか制裁権をもたないと言われる（同書8頁を見よ）。

(12) 出版による裁判所侮辱が略式手続で罰せられることが確立したのは、アルモン事件におけるウィルモット判事の意見が、その歴史的誤謬にもかかわらず権威あるものとして先例的価値をもったことによる（伊藤・前掲注(11)、27頁。なお、アルモン事件について、The King v. Almon, 24 L.Q. Rev. 266 (1908)および同書12—14頁を見よ）。かかる出版による侮辱は、1831年の法律（Act of 2 March 1831, c. 98; 4 Stat. 487）によって明確に定義され、さらに最近になって、出版の自由の価値がよりいっそう尊重されるに至っている。

もっとも、イギリスでは、出版による侮辱は今日でも盛んに使われており、重要な憲法問題を提起している（例えば、別冊ジュリスト59号・英米判例百選1公法（1978年）44—45頁で取上げられたサリドマイド事件（内田評釈）を参照。これについて、法改革の動きがある。詳しくは Borrie & Lowe, The Law of Contempt (1973)を見よ）。

また、裁判所侮辱の史的背景に関する信頼できる研究として、末延三次『英米法の研究下』（東京大学出版会・1960年）597—617頁がある（多少古い文献であるが、Goodhart, *News Paper and Contempt of Court*, 48 Harv. L. Rev. 885 (1935); Hughes, *Contempt of Court and the Press*, 16 L.Q. Rev. 292 (1900)も見よ）。

(13) 私人間の紛争の解決のために裁判所が発した命令に服従する時まで不定期に拘禁される（なお、上訴権に関して Judicature Act 1925, 15 & 16 Geo. 5 c. 49 §§ 27(1), 31 (1)(a)を参照せよ）。

(14) もっとも、後に説明するように、労働争議差止命令の違反に対しては刑事侮辱がしばしば認められた（前掲注(6)に引用した文献、(18)に引用する文献、および伊藤・前掲注(11)、97—119頁、を見よ）。

(15) 388 U.S. at 326. 第1の少数意見は、上訴人たちが許可申請のために、市役所へ出かけたときの担当職員の対応の仕方などを調べている。そして、ただ単にその職員が「許可は絶対にいかなる場合にも出さない」と述べているだけでなく、その他の情況証拠も許可を出さない意思を暗黙に示している、

と結論している。

(16) 4 BLACKSTONE, COMMENTARIES 283-88 (Christian ed. 1809).

(17) この意味での裁判所侮辱は、陪審制と同じように「超記憶的慣行（immemorial usage)」に基づくものである（4 BLACKSTONE, *op. cit.*, note 16, at 286, 288)。ちなみに、スコットランドでは、緊急の事態が起ったときに法廷の一部に穴をあけ、乱暴者をそこへ突落すことができる仕組のある裁判所が今日でも残っているが、これは裁判所の緊急時の制裁権を実質的に保障しようとしたものと思われる。

(18) この点を検討しながら、第1の少数意見は、FRANKFURTER & GREENE, THE LABOR INJUNCTION 47-80, 200 (1930); COX & BOK, CASES AND MATERIALS ON LABOR LAW 101-107 (1962)を引用している（なお、我国における研究としては、伊藤・前掲注(11)、97—119頁、田中和夫「労働争議と差止命令」法律タイムズ1巻3号（1947年）8頁が詳しい）。

(19) United States v. United Mine Workers, 30 U.S. 258 (1947).

(20) Howart v. State of Kansas, 258 U.S. 181 (1922).

(21) 388 U.S. at 333. また、第2の少数意見も先の2つの先例により、たとえ間違って出された命令であっても、その間違いが裁判所によって確認されるときまでは、それに服従しなければならないという原則が確立していることを認めてはいるが、Mine Workers Case, *supra* note 19, at 293 で「管轄権の問題の根拠があいまいで、実質的なものがない」場合の例外が認められている、と論じている。

(22) この論点は、第3の少数意見でよりいっそう詳しく論じられているところであるが、その言葉によれば、問題は差止命令が違憲なものであるかどうかではなく、「アラバマ州裁判所がその点の審理を許さない」ことにある（388 U.S. at 343)。

(23) 日本法では、法廷等の秩序に関する法律（前掲注(10)に引用）の中に抗告や特別抗告を認める規定(第5条、第6条)を置いているので、この問題は起らないと思われる。しかし、一般論としても、「重要な手続違背が無視されるなら、それこそ《裁判の威信》を傷つけ国民の信頼をおとすこと甚だしいものがあるし、まして、当事者にとっては、重要だと考えられる手続違背があれば、黙許し得ない違背と感ぜられることは疑う余地がない」。小室直人は、この点を強調している（小室直人『上訴制度の研究』（有斐閣・1961年）169

6 言論・集会の自由と市民的抵抗の権利——ウォーカー判決——

　　　頁)。また、これはウォーカー判決の少数意見が強く述べている点でもある (388 U.S. at 330)。
　(24)　第3の少数意見はこの論点に焦点を当てている (388 U.S. at 338-49、特に at 347)。
　(25)　Shelley v. Kraemer, 334 U.S. 1 (1948).
　(26)　388 U.S. at 337-38 を見よ。

III　市民的抵抗のための裁判

§82　前節では、本章の主題について論ずるための前提となる論点の説明を一通り終えたので、いよいよ本題の議論に移ろう。まず最初に、先に説明した少数意見の立場に立ち、ウォーカー事件での裁判所侮辱罪の適用は、不許可処分後の不法集会に対する処罰と実質的には同じであると認められるものと仮定しよう。この場合、裁判所侮辱罪の適用が言論の自由を侵害する違憲な州の行為であることは、かなり明白であると思われる。というのは、多数意見でさえ、問題の市条例および差止命令の少くとも一部分は明白に違憲であると認めている、と思われるからである(27)。

　そこで最も重要な問題は、本章の最初に述べたように、違憲であると思われるような悪い市条例に対し、市民はどのような抵抗が許されるかという点に絞られる。この点に関して第1に考えられるのは、市議会を説得し民主的な議会の手続によって問題の市条例を廃止または改正してもらうことである。ウォーカー事件の場合のように、議会がそれをする可能性がないときは、裁判所にその違憲性を確認してもらう以外にない。しかし、裁判所にその確認をしてもらうためには、「事件」または「争訟」が存在していることが前提条件となる。そこで、かかる「事件」または「争訟」を意図的に作り出すことが必要な場合が起りうる。ウォーカー事件の指導者の一人であったキング牧師は、「バーミンガム市の監獄から

Ⅲ　市民的抵抗のための裁判

の手紙」(1963年) と題する書簡の中で、この事件の場合がまさにそれに当るのであり、差止命令に違反することは「市民的抵抗の権利」として憲法上許されるべき行為であると主張している[28]。

§83　それでは「市民的抵抗の権利」とは何か。我国の憲法学では、「抵抗権」として、義務の衝突があるときに、または為政者が原始契約に違反したときに、法律または為政者の命令に従わないことが正当化されることがあると説明されるが[29]、キング牧師の主張ではもっと具体的な内容をもった権利であると理解されている。つまり、違憲立法審査制は個人および少数の利益を保護することがその1つの重要な働きであるが、その憲法上の制度を利用するためには事件を作り出す必要があり、その限度で悪法に対する不服従の権利があるというのである。ウォーカー判決の少数意見は、一定の範囲でこの理論を認めているように思われる[30]。

§84　この理論は2つの難点をもっている。その1は、普通の法規違反の場合と市民的抵抗の権利行使のための違反との区別が困難である点である[31]。その2は、かかる権利行使としての違反が処罰の対象から外される可能性が認められるとしても、その違反によって直接影響を受ける多くの市民の利益といかにして釣合いをとるかという問題がある。極端な例ではあるが、刑法の尊属殺の規定を違憲であると信じている者は、憲法上当然に父親を殺害することが許されるものではないことは言うまでもない。結局、問題となる行為の性質によってその点を検討することになるが、これと関連して、前節で既に指摘した、ウォーカー事件の集団示威行動は言論の自由に含まれるかどうかの問題を改めて論じる必要がある。

　ここでアメリカ法における権利および自由の体系を説明する余地はないが、言論の自由については、連邦最高裁判所は特別の価値を認めている[32]。それは、多数決を原則とする場合でも、当初は一人の個人の提案

91

6 言論・集会の自由と市民的抵抗の権利——ウォーカー判決——

によって審議が開始されるのであるし、たとえ多数決によって決定されたことであっても、その決定がその後も継続して検証されることが必要であるから、少数の反対意見が持つ意義が極めて大きいことによる。例えば、新聞報道による名誉毀損に関する一連の事例において、最高裁判所が民主社会では自由が「生きるための息抜きの空間(33)」が必要であるとして新聞報道に対し寛大な態度を示してきたのも、そのためである(34)。

§85 ところで、ウォーカー事件で問題となったのは、ピケッティングや集団行進であったが、これらの行動は、合衆国憲法第1修正によって保障される言論の自由に含まれるものであろうか。この点を特に詳しく論じているのは第2の少数意見である(35)。それによれば、かかる行動は表現方法の一形態として第1修正により保護を受けるもの(36)ではあるが、それは純粋な言論を超えるものを含んでいるので、集団行進の時間や場所に関する合理的な規制に服するものである(37)ことを認めている。しかし、ウォーカー事件の場合には、上訴人たちが真剣に集会許可を取ろうとしたにもかかわらず、市当局は許可申請すら行わせようとしなかったのであり、アラバマ州裁判所の差止命令もその一方的な申立てにより発せられたものであるから、裁判所侮辱罪の適用は表現の自由の事前の抑制に相当する、と判示している。結論として、少数意見は、アラバマ州判決は破棄されるべきであると述べている。

§86 最後に、市民的抵抗の権利に関する多数意見の考え方についても少しくふれておこう。これはウォーカー判決の全体の評価に係わる点であるが、多数意見も、これまで詳細に説明した少数意見の論理を真正面から否定するものではない(38)。先に2つの難点を指摘したが、多数意見は、その第1点について特に納得していないように思われる。処罰されることを覚悟して故意によって刑事法規に違反した者をなぜ処罰してはなら

ないのか、これが多数意見の少数意見に対する主要な反論なのではあるまいか。

(27)　多数意見も、広範で不明瞭な一般的規制法規は言論の自由に対し「抑制的効果」をもつという原則によって、問題の市条例は違憲なものである、と考えていたようである（388 U.S. at 316-18）。ちなみに、バーミンガム市条例の関連部分は、次のように定めている。
　「公安委員会の判断により、公共の福祉、平和、安全、健康、節度、善良な秩序、道徳または便宜のために拒否することが必要である場合を除き……同委員会は集会……の許可証を発行しなければならない。当該許可証」なしに、公道等を「使用することは違法である。」
　なお、先に述べた原則について、Kunz v. New York, 340 U.S. 290 (1951) を見よ。

(28)　この書簡は、H.A. Bedau (ed.), Civil Disobedience 72-89 (1969) に掲載されている。

(29)　これについては、特に宮沢の研究が詳しい（宮沢俊義『憲法 II（法律学全集 4）』（有斐閣・1959 年）132―73 頁参照）。

(30)　第 1 の少数意見は、United Public Workers of America v. Mitchell, 330 U.S. 75, 86-94 (1947) を引用しながら、訴訟の当事者適格を確立するために、まず法律に違反することが必要となる場合がありうることを認めている（388 U.S. at 327）。

(31)　少数意見は、注(2)に引用した記者会見などからも違反行為は市民的抵抗のために行われたものであって、それ以上の社会的危険を含まないものであると認めて、普通の違反の場合と区別しているように思われる。

(32)　芦部信喜「現代における言論・出版の自由―その機能と限界の一断面」東京大学社会科学研究所編『基本的人権 4』（東京大学出版会・1968 年）177 頁、特に 211―230 頁参照。なお、後掲注(34)に引用する諸判例が出る以前に書かれた著書であるが、伊藤正己『言論出版の自由』（岩波書店・1959 年）は、本文で述べた点を詳細に論じている。

(33)　これは、NAACP v. Button, 371 U.S. 415, 433 (1962) で使われた言葉である。

(34)　New York Times Co. v. Sullivan, 376 U.S. 254 (1964). さらに、

Rosenbloom v. Metromedia, Inc. 403 U.S. 29 (1971); Time, Inc. v. Pape, 401 U.S. 279 (1971); St. Amant v. Thompson, 390 U.S. 727 (1968); Associated Press v. Walker, 388 U.S. 130 (1967); Curtis Publishing Co. v. Butts, 388 U.S. 130 (1967)も参照せよ。

但し、Gertz v. Robert Welch, Inc., 418 U.S. 323 (1974)では、上記の判例の動きの方向から一歩後退しているように思われる。

(35)　388 U.S. 334-35.

(36)　この点に関し、第2の少数意見は、Cox v. Louisiana, 379 U.S. 536, 546-48 (1965); Edwards v. South Carolina, 372 U.S. 229, 235-36 (1963)を引用している。

(37)　この点に関し、第2の少数意見は、Poulos v. New Hampshire, 345 U.S. 395, 405-06 (1953); Cox v. New Hampshire, 312 U.S. 569 (1941); Schneider v. State, 308 U.S. 147, 160-61 (1939)を引用している。

(38)　388 U.S. at 317-18, 321 を参照せよ。

IV　むすび

§87　本章で詳しく紹介したウォーカー判決自体も、根本問題についてはっきりした原則を確立するのを明示的に避けているし、それ以後の諸判例も、ウォーカー判決の準則を明確に定義することをしていない[39]。これは問題がいかにむつかしいものであるかを示していると理解してよかろう。しかし、ハーバード大学の哲学の教授であるジョン・ロゥルズが「正義の一理論」と題する著書[40]の中で興味深い分析を示しているので、最後に、それを紹介して本稿の結論に代えさせていただくことにしたい。

　ロゥルズによれば、市民的抵抗の権利は、民主主義社会に近い社会において認められる権利であり、一定の情況の下では、その実行が当然の義務であると思われる場合さえある。その権利の具体的内容は、民主主義の完成度に応じて変りうるので、余りにも厳密な定義はかえって有害

IV　むすび

である。しかし、あえて一般的定義を試みるとすれば、「市民的抵抗」とは、法律または政治政策を変えることを目的とした公けの非暴力的政治行為である(41)。それは、少数意見を支持するグループが、他の市民を説得してその意見を多数意見にまで高めようとする努力である、と言ってもよい。ロゥルズは、信義誠実になされたかかる努力が、多数派によって不当に妨害されたとき、法律に服従しないことは正当であると述べており、この考え方はウォーカー判決の少数意見を支持したものと思われる(42)。

§88　ロゥルズは、先に定義した「市民的抵抗」を「服従拒否」と区別している(43)。彼の定義によれば「服従拒否」とは、個人の信条、宗教、世界観、人生観などにより法律上の差止命令や行政命令に積極的に不服従な態度を示すことである。具体的には、国旗へのエホバ証人団の敬礼拒否や平和主義者の徴兵拒否なども含まれるが、定義のために最初に使われている事例は、ヘンリー・ソーロウの納税拒否である。このソーロウの事件は、山崎教授が市民的抵抗の思想を説明するために、しばしば利用されてきた事例であるから(44)、改めて説明する必要はないと思われるが、簡単に紹介すれば次のような事例である。

§89　ソーロウは何年間にもわたって納税を拒否し続け、4年目に一夜の投獄を体験することになる。ソーロウは、最初は沈黙を保っていたのであるが、約5年も経過した後に住民の求めに応じて講演をし、その納税拒否の理由を説明したのであった。それによれば、自分は所属もしておらず、何らの利益を受けることもない教会のために、税金の中からかなりのお金が使われるのを知りながら、納税する気持にはなれない、と言うのであった。山崎教授の言葉を借りて説明すれば、「彼はガンジー(又はキング博士——筆者添加)のように大衆的市民的抵抗運動を指導するのでなく、むしろ自己自身がこれを受けとめ、自己の生き方の中に生かした。

6 言論・集会の自由と市民的抵抗の権利——ウォーカー判決——

すなわち、かねてから政治嫌悪・不信の中で政治隔絶の無抵抗の態度を自然没入の生活の中で堅持していたのであるが、黒人奴隷制の強化という社会的条件の中で、これに自己批判を加え……単なる政府隔絶でなく政治絶縁としての納税拒否を即時実行することを説くに到った」と、いうことである(45)。

確かに、1つの共同社会に住む者の物心がついたとき、または外地からそこへ移ってきたとき、そこに存在する既存の法は、その者にとって著しく不正にみちたものに見えるかもしれない。その者には、キング博士やガンジーのような大衆運動を指導する力はないであろう。しかし、その共同社会の構成員として法がいかにあるべきかについて発言する権利は、その者にも与えられているはずである。ソーロウの納税拒否は、疑いもなく憲法訴訟の前提となる出来事であって、課税の根拠となる租税法の合憲性を争い得た事件である。ソーロウの生き方が、ヒアシンスの花を連想させるような「何かとても美しい」ものであったか否かはともかくとして、ウォーカー判決が多少とも市民的抵抗の権利を憲法上認めた先例であると読みうるものであるならば、ソーロウの説く「市民的抵抗」をウォーカー事件のそれと区別する本質的な理由はないのではあるまいか。

(39) Latrobe Steel Co. v. United Steel Workers, Etc. 545 F.2d 1336 (1976)では、「差止命令が後に無効であったと判決されても、刑事侮辱の判決は効力を失わない」という準則を述べた判例として、前掲注(19)に引用した判例と共に、ウォーカー判決を引用している。また、営業に関する文書などの提出命令に違反した事件である United States v. Ryan, 402 U.S. 530 (1971)では、提出命令が違法であると思われる場合に、それに従わず、裁判所侮辱が認められたとき、上訴審の司法審査を妨げるものではない、という趣旨の判例としてウォーカー判決を引用している。労働争議差止命令に関する Squillacote v. Local 248, Meat & Allied Food Workers, 534 F.2d 735 (1976)では民事

IV むすび

侮辱が適用されたが、その違法性の争点が moot となった後でも、さらに刑事侮辱の適用の可能性が公言されている情況の下では、それについてなお争う事件性があることを主張するため、組合側がウォーカー判決を引用しているが、連邦上訴裁判所はこの主張を認めなかった。エマスンが述べているように、裁判所侮辱の理由が「取るに足りない口実（frivolous pretence）」であると思われるときには、少数意見の主張が認められる余地は残されている。しかし、ウォーカー判決は、「たとえ差止命令が有効でない場合でも、それには従わなければならない」ということを判示したものであり、本件の情況の下では、いちおう正当な判決と言ってよかろう（*The Supreme Court 1966 Term*, 81 HARV. L. REV. 141-46 (1967)参照)。

(40) J. RAWLS, A THEORY OF JUSTICE 363-91 (971). ちなみに、ウォーカー判決の外、市民的抵抗の権利に関係のある判例、法令などを詳細に分析し、理論化を試みた文献として、KADISH & KADISH, DISCRETION TO DISOBEY (1973)は興味深い文献である。また、英米憲法の基本的な諸問題を政治学的考察を交えながら理論的体系化を試みた G. MARSHALL, CONSTITUTIONAL THEORY (1971)でも、第9章を市民的抵抗の権利に関する叙述に当てている。

(41) J. RAWLS, *op. cit.,* note 40, at 364.

(42) 但し、多数意見によれば新聞記者らに投石をするなどの暴力行為があったことを認めており（388 U.S. at 311)、暴力を否定するロゥルズの理論は、それを正当な市民的抵抗であると認めないかもしれない。

(43) J. RAWLS, *op. cit.,* note 40, at 368. しかし、ロゥルズは現実の種々な情況の下では明瞭な区別ができないことがありうることを認めている（*Id.* at 371)。ヘンリー・ソーロウの civil disobedience という用語に、山崎はわざわざ「市民の服従拒否」という訳語を当て、広義の市民的抵抗と区別しているが、これはロゥルズの区別とほぼ一致する（山崎時彦『市民的抵抗の思想』（法律文化社・1977年）4頁参照)。

(44) 特に、前掲注(43)の山崎の著書およびソーロウ著(山崎時彦訳)『市民的抵抗の思想』（未来社・1978年）に付された解説を見よ。

(45) 山崎時彦「市民的抵抗―その思想史（序説1）」法学雑誌25巻3・4号（1979年）495―96頁。

7 選挙権の平等——「1人、1投票権」の原則——
——デイヴィス対バンデマー判決——

序　説

§90　合衆国憲法第14修正は、平等保護条項を規定しているが、今世紀の中頃までは、その規定は主として黒人の人種差別を禁止するものと理解されていた。しかし、ウォレン裁判所が、それを実質的平等を保障するものであると解釈するようになり、人種差別以外の差別についても同修正に基づいて盛んに訴訟が行われるようになった。

　「選挙権の平等」については、Reynolds v. Sims, 377 U.S. 533 (1962) が「1人 (one man)、1投票権 (one vote)」の原則を確立した[1]。この法理によれば、各投票権者の投票権の重みが選挙区ごとに異なるのは法の下の平等に反する。この法理は芦部信喜教授によって日本にも紹介され、現在では日本の裁判所も採用するに至っている。ここで取り上げる Davis v. Bandemer, 478 U.S. 109 (1986) では、政党についての「1人、1投票権」の原則が問題となっている。

I　事実の概要

§91　1981年4月にインディアナ州議会は、その前年の国勢調査に基づいて同州の選挙区画の改定のための法律を作り、5月には知事がそれに署名して直ちに実施された。この法律は、連邦判例が要求する「1人、1投

7 選挙権の平等——「1人、1投票権」の原則——

票権」の原則に従うものではあったが、政治的な考慮が強く働いており、実際上知事の政党であり当時議会の多数党であった共和党に有利なものになっていた。その新しい選挙区画に従って1982年11月に総選挙が行われたが、民主党が有利であると予想されていたにもかかわらず、共和党が勝利をおさめた。投票率を集計してみると民主党の得票率は共和党のそれをはるかに上回っていた。しかし、共和党の当選者の数は民主党より多く、共和党がかろうじて議会の多数党の地位を維持した。そこで民主党員である投票者が、選挙権の平等は政党についても言えることであり、先の法律は平等保護条項に違反する違憲で無効な法律であることを確認する宣言判決を求めたのがこの事件である。

§92 問題の選挙区画の改定は、「1人、1投票権」の原則を確立したReynolds v. Sims, 377 U.S. 533 (1962) の先例に従ったものであった[2]。しかし、インディアナ州南部地区合衆国地方裁判所は、原告の主張をほぼ全面的に認め、問題の選挙区画を違憲で無効なものと判決した（ただし、不遡及効を認める）。連邦地裁における第1審の裁判では、NAACP（有色人種地位向上全国協会）が第14修正の平等保護条項、第15修正、およびVoting Right Actに基づき人種差別を訴えた事件も併合して審理が進められたが、新しい区画によって黒人が不利になるということがあったとしても、それは黒人の支持する政治的政党のかたよりによるものであって、人種差別の意図はなかったと判示された[3]。したがって、NAACPはさらに上訴することはしなかった。民主党員が起こした本件の訴訟では、連邦地方裁判所が比例的不均衡を理由に違憲を認めたので、被告側であるインディアナ州選挙委員会は連邦地裁の判決後、直接合衆国最高裁判所に上訴した。

§93 ここで紹介する最高裁判決は、その事件のjusticiability（司法判断適格性）について判断を示したものである。裁判官全員が一応適格性ありと

判断したが、司法審査のやり方については厳格な歯止めを付している。このやり方について、各裁判官の意見がかなり分かれている。

(1) 「1人、1投票権」の原則は、Gray v. Sanders, 372 U.S. 368, 81 (1963) で述べられ、§92で引用するReynolds判決で判例法理として確立されたもので、「どの個人の投票権も、同州の他の地域に住む市民の投票権と比較して、実質的にみて価値が減少したものであってはならない」とするものである。投票権の格差が1対2以上になったとき、選挙区画は違憲となる。

(2) Reynolds判決は、芦部信喜「最近の判例」[1965] アメリカ法124—28頁に紹介されている。

(3) Bandemer v. Davis, 603 F. Supp. 479 (1986). この判決では、City of Mobile v. Bolden, 446 U.S. 55, at 66 (1980)で確立された「選挙区画の改定が不当に(invidiously)投票の重みを減少させるものであれば、平等保護条項の違反となる」という基準が適用された。ちなみに、Voting Right Act of 1965, 42 U.S.C.A. §1973 (as amended 1982)を選挙権に関する人種差別の事件についての合衆国最高裁判所の考え方は、本稿で取り上げた判決と同日 (1986年6月30日) に判決の下されたThornburg v. Gingles, 478 U.S. 30 (1986) (ノース・キャロライナ州の選挙) に示されている。

II　判決の要旨

§94　多数意見——ホワイト裁判官が多数意見を書いている。この意見は、4部に分けて書かれているが、第2部の部分には、ブレナン、マーシャル、ブラックマン、パウエル、スティヴンスの5人の裁判官が参加しており、一応法廷意見となってはいる。しかし、その他の部分については、後に述べるように、パウエルとスティヴンスの2人が反対する意見を別に書いているので、裁判所の多数意見（plurality opinion）として扱われている。

多数意見の第1部では、この事件に関係のある次のような諸事実が説

7 選挙権の平等──「1人、1投票権」の原則──

明されている。上院は任期4年で50議席があり、25名ずつ2年おきに改選されることになっている。下院は任期2年で、3人区が7地区、2人区が9地区、1人区が61地区、合計100の議席がある。1982年の選挙の結果、民主党が51.9%の支持率を得たにもかかわらず、上院については、民主党は25の改選議席のうち13しか獲得できなかった。下院についても、100議席のうち43名しか当選させることができなかった。とくに問題になるのは3人区の7地区を含むMarrion地方であるが、ここでは民主党が共和党を上回って46.4%の支持率を得たにもかかわらず、21議席中3議席しか得ることができなかった。そこで、この結果は新区画のときに違法な政治的考慮が払われたことによるものである、として民主党員が訴訟を提起した。そして、連邦裁判所にこの事件を審理するjusticiabilityがあるかどうかが審理されることになった、という事件の経過がまず説明されている。

§95 第2部では、本件は司法判断に馴染まない政治的問題であるか否かを審理せず、justiciable controversy（司法判断に適した争訟）を含んでいるとした連邦地裁の判決に間違いが無かったかどうかを検討している。これに関して、第1に、この事件はReynolds v. Sims, supra などの事件とは違って、政党の差別に関するものであって個別の選挙人の差別に関する事件ではない。しかし、その先例が実現しようとしているのは「公正な代表選出」であって、この観点から見れば、この事件にも憲法問題が含まれているという[4]。第2に、後のオコンナ裁判官の意見でjusticiabilityに関する先例はいずれも人種差別に関するものであるとする多数意見批判にふれ、Baker v. Carr, 369 U.S. 186 (1962)などの指導的先例は「公正な代表選出」の原理を確立したものと理解すべきである、と述べている。

§96 第3部では、問題の選挙区画が法の下の平等に反するものであったか

どうかを論じている。これに関しては、第1に、この問題の判断基準は、区割りが差別を意図したものであるかどうか、そして実際に差別的効果が生じているかどうかであり、この効果が生じていると厳格に証明出来るならば、その意図が存在するものと推定できるとする連邦地裁の判決は間違ってはいない。この事件では差別の意図は認められる。しかし、インディアナ州はいわゆる「与野党伯仲の州（swing state）」であり、上述のような数字を示しただけで差別的効果があったと断言することはできない。共和党がこのような勝ち方をすれば、活動に大きな影響を受けるはずであり、選挙の結果だけから民主党を支持する選挙人の意思が問題の選挙区画によって完全に否定されたとは言えない。選挙制度を全体として評価したとき、一定の者またはグループが常に当選できない仕組みになっていると言えるような場合に限って、司法的救済が認められる[5]。しかし、この点に関する証明は不十分である。第2に、パウエル裁判官が反対意見の中で述べているような、その他の関連する諸要素も考慮にいれて違法な意図が認められれば直ちに違憲無効とできるとする考え方には、賛成しかねると述べている。

§97　多数意見の最後の部分では、政治的な選挙区画は、平等保護条項による司法判断に適した争訟であると結論している。しかし、この条項の明白な違反があったと言えるためには、前述のような「入口の部分の証明（threshold showing）」がなされなければならない。本件の場合、この証明は不十分であるから、連邦地方裁判所の判決は破棄されなければならない、というのである。

§98　バーガ裁判官の同調意見──結論は多数意見に賛成する。しかし、その理由は、オコンナ裁判官の意見に述べられていることの他、当該の選挙区画を違憲とすべき欠陥があったことを認めるが、これを是正するのは立法府の責任であると考えるからである[6]。

7 選挙権の平等——「1人、1投票権」の原則——

§99　オコンナ裁判官の同調意見（バーガ首席裁判官およびレンクィスト裁判官はこれに参加している）。——Baker v. Carr, *supra* などの先例に照らせば、この事件でも justiciability を認めざるをえないが、以下の理由からそれと区別した方がよいという。第1に、平等保護条項のような憲法の一般規定の解釈においては、この事件に関連する具体的な諸要素を考慮することなしに純粋に理論的解釈するだけでは足りない[7]。つまり、ただ単に先例に従うというだけでは不十分である。多数意見の結果、多くの事件が裁判所に持ち込まれることになり、裁判所が「政治の藪(political thicket)」[8]の中に迷い込まされることになろう。しかし、これは憲法の起草者が意図したことではない。当裁判所の過去の諸判例を分析してみても、政党など団体の権利は、注意深く否定してきたと思う、という。第2に、多数意見のような基準の立て方をすると、やがては事件を処理できなくなる[9]。裁判所が合憲と思う選挙区画を地図上に示し、これによる選挙で不利な結果になった者が、都合のよい団体の名前を借りてまた訴訟を起こすであろうと思われるからである。「差別的選挙区画(gerrymandering)」に関する先例はいずれも厳格な司法審査を要求する人種差別に関するものであり、裁判所が干渉するのはこの限度にとどめるべきであろう、という。

§100　パウエル裁判官の一部同調、一部反対の意見（スティヴンス裁判官がこれに参加している）。——特定の政党に対する差別的意図があり、現実にその政党に不利な差別的効果が生じていることの証明があれば、政党に対する差別的な選挙区画は司法判断に馴染む問題であるとする多数意見第2部には賛成する。しかし、多数意見が「1人、1投票権」の原則のみによって判決を書いたことには賛成しかねる[10]。差別は人種的、民族的、宗教的、経済的、政治的なものであり得るので、他に関連する数多くの諸要素を考慮に入れて、公正で実効的な比例配分がなされているか、

とくに区割り改定の手続き面に注目して検討すべきである[11]。かかる要素としては、とくに従来の区画との関係が重要である。区画を大きく変更するときには、それなりの明確な理由があるはずであり、異常な形の区画は違憲を推定せしめる[12]。今日では、政治的な過程において承認された客観的な平等の諸条件をコンピュータに入力すれば人の恣意に影響されない選挙区画を行うことは可能であり、裁判所が政治的な思惑にまどわされることはない。結論としては、連邦地方裁判所の判決を肯定するという。

(4) 「Baker 判決は政治的公正（political fairness）の原理を確立したものである」と判示した Gaffney v. Cummings, 412 U.S. 735 (1973) に従っている。

(5) これにより多数意見は乱訴の批判をかわそうとしている。なお、大選挙区制と小選挙区制の違いなどにも言及されているが、重要な論点になっていないので、立ち入らないことにした。

(6) Baker v. Carr, 369 U.S. 186, 270 (1962) におけるフランクファータ裁判官の同調意見が論拠となっている。

(7) この点に関して、差別的選挙区画に関する指導的判例である Gomillion v. Lightfoot, 364 U.S. 339, 343-44 (1960) を引用している。

(8) この言葉は Colegrove v. Green, 328 U.S. 549, at 556 (1946) でフランクファータ裁判官が使った言葉である。

(9) オコンナ裁判官は、この点の論拠として、前注(3)で引用した本件の地裁判決をめぐって行われたシンポジュウムの研究報告の1つである M. Shapiro, *Gerrymandering, Unfairness, and the Supreme Court*, 33 UCLA L. REV. 227, 252-56 (1985) を引用している。

(10) パウエル裁判官は、Raynolds, *supra* note 2、は政党の権利を認めていないという。

(11) Kirkpatrick v. Preisler, 394 U.S. 526, 386 (1969) におけるフォータス裁判官の同調意見が論拠として引用されている。「党派的ないし個人的な政治目的のために地区の境界線及び人口比率を故意にかつ恣意的に歪曲すること」が裁判所によって排除されるべき害悪である。

7 選挙権の平等——「1人、1投票権」の原則——

(12) Karcher v. Daggett, 462 U. S. 725 (1983)におけるスティヴンス裁判官の同調意見が論拠として引用されている。この判決の基準はしばしば「中立基準（neutral standard）」と呼ばれる。

III 判例評釈

§101　この判決では多くの裁判官の意見が錯綜しているように見えるが、それぞれの意見は明快に書かれており、解説の助けを借りなくてもよく理解できるものである。まず第1に、有権者ないし選挙人が選挙区画について比例的不均衡の合憲性を争うことに争訟性のあることを認めている。しかし、いずれの裁判官も、政党が比例的平等権をもっていてそれにより訴訟を起こすことができるとは認めていない[13]。次に、選挙区画の違憲性を推定せしめるような事情が有る場合に、どのような司法審査が行われるべきかについては、意見が少なくとも2つに分かれている。1つは、多数意見が示したように、些細な（de minimis）差別ではなく選挙制度の本来の意図を挫くような一定グループの「一貫した方針」が存在したことの証明がなされたときに、はじめて裁判所が干渉できるとするものである。他の1つは、パウエル裁判官の同調意見に見られるように、関連のある諸要素を総合的に考慮しようとするものである。第1の意見は、Reynolds v. Sims, *supra* のように数学的な計算のできる事件であれば有効なものであるが、本件のように政党の権利がそもそも認められるかなど、事件の前提条件がはっきりしていないときは、判断基準として働かない。オコンナ裁判官は、まさにこの点を批判しているのである。HARVARD LAW REVIEW の判例評釈が述べているように、実際上、パウエル裁判官のように様々関連する諸要素を考慮して判断する以外にないと思われる。しかし、その評者が言うように、多数意見がこれを否定して

III 判例評釈

いないので実際にはこれが最高裁判所の判決の基礎であると断言するわけにはいかない⁽¹⁴⁾。また、justiciability の問題が解決しても、特定の選挙区画が違憲であるとされる場合にどのような形で区画の改定が行われるべきかの議論が残っており、将来再び同種の事件が最高裁判所で審理されることになろう⁽¹⁵⁾。

(13) P.H. Schuck, *The Thickest Thicket: Partisan Gerrymandering and Judicial Regulation of Politics*, 87 COLUM. L. REV. 1325-84 (1987)は、Davis やその他の関連のある諸判例を分析し、比例的平等権の考えの危険性を指摘している。しかし、Note, *The Constitutional Imperative of Proportional Representation*, 94 YALE L.J. 163, 182-88 (1984)は、比例的平等が唯一の理想的な基準であると主張している。

(14) Note, *Leading Cases*, 100 HARV. L. REV. 153-63 (1986).

(15) 多数意見は司法審査のできる範囲を厳しく狭めようとしたと思われるが、多くの判例評釈の執筆者が予測したように、この判決は訴訟事件をむしろ増大させる結果を招いている。

たとえば、Mahone v. Addicks Utility District of Harris County, 836 F. 2d 921 (5th Cir. 1988) [土地所有者が新しい行政区画整理のときに自分の希望する地区に加えてもらえなかったことを争った事件]; Monroe v. City of Woodville, 819 F.2d 507 (5th Cir. 1987) [市会議員の選挙制度]; Kenai Peninsula Borough v. State, 743 P.2d 1352 (Alaska 1987) [住宅地区指定のための区割り]; Spencer Development Co. v. Independent School District, 741 P.2d 477 (Okla. 1987) [2つの学校区の境界線]; Seventeenth District Probate Court v. Gladwin City Boards of Commissioners, 401 N. W. 2d 50 (Mich. 1986) [裁判所の予算の割当て] を参照せよ。

なお最後に、この事件の判例評釈として、Note, *The Court Confronts the Gerrymander*, 15 FLORIDA STATE U. L. REV. 351-74 (1987); Comment, *Gerrymandering and the Constitution: Into the Thorus of the Thicket at Last*, [1986] SUP. CT. REV. 175-257; Note, *Politics and Purpose: Hide and Seek in the Gerrymandering Thicket after Davis v. Bandemer*, 136 U. PA. L. REV. 183-237 (1987)をあげておきたい。

8 「市民参加」の理論と連邦憲法の通商条項
　——ホワイト判決——

序　説

§102　州際通商条項（interstate commerce clause）は、平等保護条項や適正手続条項と並ぶ最重要条文の1つである。アメリカ憲法史の中でこの条項の解釈は大きな変遷を示しているが、これについて、「通商条項について」と題する論説を「筑波法政」18号（1995年）に上梓した。そこで述べたことは今日でも大きくは変わっていない。ここでは、そこでも言及した、日本人には理解しにくい解釈原理である「市民参加」に関する合衆国最高裁判所判例を取り上げる。この判決では、全部または一部が公けの財源（市予算または連邦補助金）によって行われる建設工事のために雇われる者の半数はボストン市民でなければならないとするボストン市条例は、「市場参加（market participation）」の理論により、連邦憲法の通商条項に違反しないと判決している。[1]

I　事実の概要

§103　都市再開発などの連邦政府の諸政策を実施するために、連邦政府は多くの都市に補助金を出している。ボストン市ではそれにかかわる建設工事のほか、市予算による独自の建設計画をたて、これらを市の失業対策にも役立てようとした。具体的には、かかる建設工事のために雇われる者の半数はボストン市民でなければならないとする行政命令とその実施規則を制定したのである[2]。

8 「市民参加」の理論と連邦憲法の通商条項――ホワイト判決――

これは建設業者たちには不都合なので、そのマサチューセッツ州連合会が原告となり、当該行政命令および実施規則は合衆国憲法の州際通商条項に違反すると主張し、市当局を相手に争った。

この事件の審理に当ったマサチューセッツ州の裁判所では、10の法律問題が争われている。第1は最高法規条項（supremacy clause）の解釈に関するものである[3]。第2は州際通商条項（interstate commerce clause）に関するもので、本章でまさに評釈しようとしている問題である。第3および第4は連邦法（主に労働関係法）の先占に関するものであり[4]、第6はそれとの抵触を具体的に問題にするものである。説明の都合上1つとばした第5の法律問題は、いわゆる特権条項に関するものである[5]。その他は、マサチューセッツ州の憲法および法律の解釈に関するものである[6]。これら10の法律問題のうち、第2および第5の問題について、マサチューセッツ州の最高裁判所は、連邦憲法の違反を認めた。まず第2の問題については、同裁判所は、「市長の行政命令を実施すれば、建設の特殊な工事を請負い、州外の住民である職人を雇っている会社に対し著しい打撃を与える[7]」であろうと認め、州際通商を妨げる効果をもつと判決した。第5の問題については、ボストン市の住民だけを優遇することの正当性の根拠が不十分であると判示した[8]。この事件は、裁量上訴によって合衆国最高裁判所への上告が認められたが、第5の特権条項に関しては、マサチューセッツ州の最高裁判所が同州の住民でボストン市以外の場所に住む者に著しい不利益を与えている事実を認めていることから、差別は州の相違によるものでないから特権条項は直接関係しないという理由により、争点から取り除かれた。

(1) White v. Massachusetts Council of Construction Employers, Inc., 460 U.S. 204 (1983).

I 事実の概要

(2) 問題の行政命令と実施規則には、「少なくとも 25%が少数民族でなければならない」、そして「少なくとも 10%が女性でなければならない」という規定も含まれていた。しかし、それは、マサチューセッツ州一般法(General Laws, c. 149) 26 条による、市の失業対策を目的としたものであると説明されており、これを前提として裁判が進められている。

(3) 合衆国憲法 6 条 2 項は、「この憲法、これに準拠して制定される合衆国の法律は……国の最高法規である；各州の裁判官は、州の憲法または法律中に反対の定めがある場合でも、これらのものに拘束される」と規定している。本件の場合、原告側は、第 3、第 4、第 6 の論点と関連して全国労働関係法 (National Labor Relations Act) などの具体的な連邦法の名前をあげてはいるが、本件の市の諸規定と直接対比しうる法律ではないので、裁判所はこの問題には答えていない。

(4) 例えば、National Labor Relations Act, 29 U.S.C. §§ 151 et seq. (1976)は、resident preference を設けない政策をとっているようにも思われるし、「特定の労働者を雇ったり、解雇したりするよう使用者に対し強制してはならない」と規定しており、そもそもボストン市の行政命令の根拠を与えているマサチューセッツ州法がこれらの政策に反している、という主張である。

これについては、マサチューセッツ州の裁判所は、Amalgamated Transit Union, Div. 819 v. Byrne, 568 F.2d 1025 (3d Cir. 1977)に照らして合憲であると判示した。

(5) 合衆国憲法 4 条 2 節 1 項は、「各州の市民は、他州においても、その州の市民の有する特権および免除（privileges and immunities）のすべてを享有する権利を有する」と定めている。ここにいう特権条項とは、この規定を意味する。

この条項は、(a)連邦議会が多数の州の市民に関係する法律を作るときに差別することを禁止するもの、(b)どの州でも認められているような諸権利を統一的に連邦裁判所に保護させるもの、(c)ある州の市民がその州で認められている権利を他州に滞在している間にも保障されるもの、または(d) 1 州がその州民に有利になるようコモン・ローで認められてきた権利について他州の州民を差別することを禁止するもの、であると考えられる。

Slaughter-House Cases, 83 U.S. (16 Wall.) 36 (1873)以降には、最後の解釈(d)が、伝統的解釈として確立している（なお、「特権」という用語の意味

について、後掲注(22)も見よ)。

(6) マサチューセッツ州憲法のホーム・ルールに関する規定［Mass. Const. Amend. §18］および Home Rule Procedures Act §13 に抵触するかどうか、市長権限を越えた立法ではないか、手続のやり方に違法はないかなどの諸問題であり、最高法規条項がここでも問題になっている。

(7) Massachusetts Council of Construction Employers, Inc. v. Mayor of Boston, 384 Mass, 446, 425 N.E. 2d 346 (1981)。問題の法律の実質的効果について、この判決は詳しい分析をしていないが、トライブ (Tribe) 教授の論文には、かなり詳しく説明されている (L.H. TRIBE, CONSTITUTIONAL CHOICES 144-7 (1985) 参照。なお、これについての連邦最高裁判所の考えについて、後掲注(12)を見よ)。

(8) この点は、Hicklin v. Orbeck, 437 U.S. 518 (1978)が、地方自治体の側で差別を正当化する実質的な理由の存在を立証する責任を負う、と判示したためである。ちなみに、この Hicklin 事件は、アラスカ州の石油・ガスの採掘工夫を州民だけに限り、州外の土地所有者に対してまで採掘権を否定した州法が特権条項に違反すると判決した事件である。

特権条項の解釈基準について、詳しくは、Note, *The Privileges and Immunities Clause: A Reaffirmation of Fundamental Rights*, 33 MIAMI L. REV. 691 (1979) を見よ。

II 判決の要旨

§104 レンクィスト裁判官が法廷意見を書いた。

まず第1に、地方自治体が「市場参加者 (market participants)」であると認められるならば、その行為は規制の性質をもたないから、連邦政府による州際通商の規制を妨害するという論理がそもそも成り立たない、と述べている。このような見地から、「市場参加者であることを判示した Hughes v. Alexandria Scrap Corporation 判決(9)および Reeves, Inc. v. Stake 判決(10)を分析し、本件はこれらの事例ときわめて類似してい

る、と判決した。

§105　ところで、本件では、上訴人も被上訴人も建設事業のほとんど全部が私企業の資金による場合を想定して、合衆国最高裁判所の判決を求めたのであるが、レンクィスト裁判官は、本件はそのような事例ではないのでこれについて判断を示すことは要求されないと答えた(11)。しかし、工事が全部市の予算によって行われる場合と、一部が連邦政府の補助金による場合とに分けて事例を設定し、それぞれ異なる理由によって合憲法性を認めた。まず前者については、たとえマサチューセッツ州の最高裁判所がのべているとおり、「州外の住民からなる永久雇用の専門家集団を雇う会社に重大な影響を与える」ことが事実であるとしても、市が金を出す注文者としての性格を維持しているかぎり、通商条項はそれを妨げるものではないと判示した(12)。また、連邦の補助金が関係する建設工事については、連邦議会がその予算を使うことに関し通商条項の反対解釈によりそれを否定されることはありえないのであり、連邦法によってはっきり認められた行為を行うことを、通商条項によって禁止されるものとは考えられないと判示した(13)。

　以上の理由により、合衆国最高裁判所は、マサチューセッツ州の裁判所の判決を破棄し、同裁判所に差戻した。

§106　この判決には、ブラックマン裁判官の一部同調、一部反対の少数意見が付され、ホワイト裁判官がこの意見に加わっている。

　この少数意見も、問題を2つの場合に分けて検討することには賛成し、連邦の補助金が関係する建設工事の場合については、法廷意見に賛成している(14)。しかし、そうでない場合については、「率直にいって、それは間違っている」とのべている。この理由を非常に詳細に説明しているが、その核心となるのは次の部分であろう。

　「市がただ単に《取引をする当事者》を選択しようとしたというだけ

ではない。そうではなく、公けの建設工事契約を結ぶための一条件として、私的な会社が特定の仕事の50％についてボストン市民だけを雇うことを義務づけている。つまり、当該命令は、私的な雇用者が非住民を雇う能力を直接制限し、そのことにより非住民が私的な雇用者に仕事を求める権利を削減している[15]。」

「規制」か「市場参加」かの判断は、憲法的価値を考慮しながら実質的になされるべきであるが、上記のような性質をもった市の行政命令は、規制の性質をもったものと言わざるをえない、というのである。

さらにまた、法廷意見が「ボストンおよびマサチューセッツ州の非住民よりボストン住民に偏狭なえこひいきをする」ものであることを認めている点をとらえ、かかる差別は、それ自体（per se）違法であるともいう。この点についてもいくつかの理由をのべているが、最も強調しているのは Dean Milk Co. v. Madison 判決[16]の法準則に抵触するということである[17]。

 (9) Hughes v. Alexandria Scrap Corporation, 426 U.S. 794 (1976).
  この事件で争われたメアリランド州法は、州内で捨てられた"ぽんこつ"の自動車の処理問題を解決するために、中古自動車の廃棄処分業者に対し所定の書類を提出すれば奨励金を与えることを定めていたが、州の事業免許をもたない業者がこの利益を得ることは手続等の点で著しく困難になっていた。合衆国最高裁判所は、この法律は州が私的市場に参加して産業の活性化を計ったものであり、「規制」を禁止する通商条項には抵触しないと判示した。
 (10) Reeves, Inc. v. Stake, 447 U.S. 429 (1980).
  本件で問題となったサウス・ダコウタ州の法律は、同州内のセメント工場で製造されたセメントを同州内の建設工事に優先的に使わせることを意図した法律である。前注の判決と類似の理由により、合憲とされた。
 (11) この事件におけるレンクィスト裁判官の事実に関する見方は、次注に言及する判決の注(5)ないし注(7)に示されている。上訴人と被上訴人が、なぜこの論点の判断を求めたかは必ずしも明らかではないが、後掲注(23)の判例のよう

II 判決の要旨

な事件の発展を期待したためであろうか。

(12) 460 U.S. at 209. この考えは市場参加（market participation）の例外と呼ばれている。これについて、前掲注(9)および注(10)の諸判例のほか、Note, *The Supreme Court, 1982 Term*, 97 HARV. L. REV. 70 (1983)参照。なお、先に引用した判決の部分に付された注(5)ないし注(7)では、問題の建設工事が連邦の都市開発計画の助成金によるものであることをドル金額で示し、州外の事業者がボストン市の行政命令で影響を受けたのは極めて特殊な専門職だけであり、その数は著しく少ないこと、そして「市場参加」を厳密に契約の型式によるべきでなく、実質的に判断されるべきであることをのべている。本件では、特定できる個別的な経済活動に市が参加していることが認定できるとしている。

(13) American Power & Light. Co. v. SEC, 329 U.S. 90 (1946); Gibbons v. Ogden, 22 U.S. (9 Wheat.) 1 (1824)を引用し、特権条項は連邦議会に権限を付与しているが、権限を制約することを意図してはいないとのべ、市の課した制約が連邦議会の指図によるものであれば州際通商の問題は起っていない、と判示している。この観点から、UDAG（都市開発事業補助金）、CDBG（地域開発ブロック補助金）、EDAG（経済開発行政補助金）などに関する連邦法を仔細に検討して、ボストン市の行政命令と実施規則を支持していると結論している。

(14) ただし、ブラックマン裁判官は、「連邦議会の個別的な授権がある場合だけ」に限定しているので、根拠となる連邦法の規定による授権があいまいである場合には、行政命令を違法と判示する可能性がある。後掲注(24)で言及する同裁判官の意見も見よ。

(15) ブラックマン裁判官は、United States v. Colgate & Co., 250 U.S 300 (1919)（販売元が指定販売価格を守らない小売店と取引を停止する権利があると判示した事例）と、United States v. Parke, Davis & Co., 362 U.S. 29 (1960)（販売元が卸売店を説得して、指定販売価格を守らない小売店との取引をやめさせようとしたことが Sherman Act 違反になると判示した事例）および United States v. Arnold, Schwinn & Co., 388 U.S. 365 (1967)（商品の所有権が販売元から小売店に移った後に、その商品を売る方法について拘束したのは違法と判示した事例）などと比較し、本件は後者の諸事例に類似していると考えている。

115

(16) Dean Milk Co. v. Madison, 340 U.S. 349 (1951). この事件では、ウィスコンシン州マディソン市の条例が、「市のセンターから5マイル以内の場所にある認可工場で殺菌され、びん詰めしたミルクでなければ、ミルクを市内で売ることを禁止する」と定めていたが、合衆国最高裁判所はこれを違憲とした。

(17) 前注の Dean Milk 判決で「ウィスコンシン州外の者も、州内の者であってマディソン市外の者と同じ不利益を受けるから、州際通商条項に服する規制ではない」とする議論を否定した部分を引用し、暗に法廷意見の考えを批判している。ちなみに、本文でのべた「それ自体 (per se) 違法」としたところでは、さらに Philadelphia v. New Jersey, 437 U.S. 617, 624 (1978)に支持を求めている。

III 判例評釈

§107 第一に、合衆国憲法1条8節3項に定める州際通商条項は、連邦議会に対し「各州間の通商を規制する」権限を与えており、たとえ連邦議会がまだ具体的な法律を制定していない場合でも、全国的な統一が必要であると認められるときは、州は州際通商に関する立法権を全くもたないと考えられてきた[18]。このように、連邦議会の排他的な権限であるとする解釈のために州の立法が否定される場合、当該の州立法は「休眠中の (dormant) 通商条項」に違反するとしばしば表現されてきた[19]。これにより連邦の立法領域は拡げられ、州のそれは縮小されてきた[20]。

しかし、第10修正は「州に対して禁止していない権限は州に留保される」と規定しているので、最近、州の立法が禁止されていないことを示して、通商条項の適用は免除されるべきであるという主張がなされるようになった[21]。州は通商を規制しているのではなく、取引の当事者として市場に参加しているにすぎないという主張も、かかる主張の1つであり、既に言及した Hughes v. Alexandria Scrap Corporation 判決にお

いて、はじめてその主張が認められた。本件は、その「市場参加」を理由とする例外が認められる範囲を問題としたものである。

§108　特権条項の解釈についても少し評釈を付しておきたい。この規定は、第1に、その「特権」の文言がコモン・ローによって古くから認められてきたものを意味し、かつ1州の法律がその他の諸州の市民を差別し、不利益を与えることを禁止するものであると厳格に解釈されてきた[22]。本件では、マサチューセッツ州以外の州の市民は、マサチューセッツ州のボストン住民以外の者と同等に扱われており、特権条項は適用されなかった[23]。しかし、「特権」の文言の解釈については、合衆国最高裁は、既に本件でも緩やかな解釈を示しており、本件と類似した面をもっている United Building and Construction Trades Council v. Camden 判決では、特権条項の違反を認めた[24]。

§109　最後に、ブラックマン裁判官の少数意見にも一言ふれておきたい。先に同裁判官の少数意見を紹介したときに、Dean Milk 判決を引用しながら差別それ自体が違法であるとのべていることを紹介した。そこでは逆差別という言葉は使われていないが、実質的にはそれを問題としていることは明らかである[25]。この議論は本判決以後の事件に大きな影響を与えるであろうと思われる。

　　(18)　この法理(連邦法の preemption)を確立したのは、有名な Cooley v. Board of Wardens, 53 U.S. (12 How.) 299 (1851)であるといわれる。これと関連して、前掲注(13)に引用した Gibbons 判決のマーシャル (Marshall) 首席裁判官の意見および後掲注(19)と注(20)の諸文献も見よ。

　　(19)　「休眠中 (dormant)」という表現は、Wilson v. Black Bird Creek Marsh Co., 27 U.S. (2 Pet.) 245, 252 (1829)で、マーシャル首席裁判官によって使われた。黙示的 (silent) または消極的 (negative) 通商条項と表現されることもある。

　　(20)　休眠中の通商条項に関する諸判決は、J.N. Eule, *Laying the Dormant*

Commerce Clause to Rest, 91 YALE L.J. 425 (1982) に詳しく紹介されている。

(21)　この先がけとなった判例として、Prudential Insurance Co. v. Benjamin, 328 U.S. 408 (1946) 参照。また、第10修正にいう伝統的な「州の主権」の存在を認めた United Transportation Union v. Long Island R.R. Co., 455 U.S. 678 (1982); National League of Cities v. Usury, 426 U.S. 833 (1976) も見よ。

(22)　Twining v. New Jersey, 211 U.S. 78 (1908)において、ムーディ (Moody) 裁判官は、かかる特権の具体例として、(a) 1州から他州へ自由に移住する権利、(b) 連邦議会へ請願する権利、(c) 全国的な選挙における投票権、(d) 公的な土地（公園等）に立入る権利、(e) 軍事裁判においても暴力を受けたり、違法に拘禁されたりしない権利、(f) 法の違反を適切な当局に知らせる権利をあげている。さらに、(g) 州際通商を営む権利 (Crutcher v. Kentucky, 141 U.S 47 (1891) 参照)、および (h) 不動産を取得し、保有する権利 (Oyama v. California, 332 U.S. 633 (1948) 参照) を追加することができよう。

　　ただし、前掲注(5)でのべた伝統的な見解によれば、「特権」が上記のもの以外のものを含むものと解釈されそうにはないが、この点についても、前注で引用した最近の諸判例は、緩やかな解釈を示している。ハーヴァード大学のトライブも、この緩やかな解釈を支持しているように思われる (L.H. TRIBE, AMERICAN CONSTITUTIONAL LAW 421 (1978))。

(23)　ただし、本文で既にのべたとおり、通商条項の争点について裁量上訴 (certiorari) を認めたものであり、特権条項の争点についての判断は、判決とは無関係であることをはっきりことわっている (*Cf*. General Talking Pictures Corp. v. Western Electric Co., 304 U.S. 175, 177-8 (1938))。多数意見が特権条項にふれたのは、反対意見に対しコメントする必要を感じたためであると思われる。

(24)　United Building and Construction Trades Council v. Camden, 465 U.S. 208 (1984).

　　この事件では、市の建設工事の請負人またはその下請人がその仕事のために雇う職人は、40％以上がニュー・ジャージ州カムデン (Camden) 市の住民でなければならないと規定する同市の市条例の合憲法性が問題となった。こ

の市条例の定めは、本件の行政規則と類似していたが、州外の職人組合が不利益な差別を訴えていた。

　レンクィスト裁判官がこの事件の法廷意見を書き、特権条項違反を認めた。しかし、ブラックマン裁判官は、歴史的解釈および文理解釈に反するとして、法廷意見に反対している（*Cf*. South-Central Timber Development, Inc. v. Wunnicke, 467 U.S. 82 (1984)）。

(25)　通商条項をめぐる議論の中に、市民権法などの平等保護政策にそって、地方自治法などに見られる差別的な取り扱いを禁止するためにしばしば同条項を利用するものがあった(例えば、STEPHENS & RATHJEN, THE SUPREME COURT AND THE ALLOCATION OF CONSTITUTIONAL POWER 208-17 (1980)に紹介されている諸判例参照)。

　本件では、ボストン市の行政命令が失業対策政策を意図したものとされているが、前掲注(2)に示したとおり、その行政命令は affirmative action の性格をもっており、ブラックマン裁判官はこの観点からの問題点を暗示しているように思われる。もっとも、最高裁判例がそれに関する明瞭な法理を確立しているとは、現在では決していえない（J. BAER, EQUALITY UNDER THE CONSTITUTION 132-5 (1983)参照）。

9　合衆国憲法第 11 修正と環境保護
――ユニオン・ガス判決――

序　説

§110　スーパーファンド法はわが国でも非常によく知られた法律である。日本では、銀行の融資責任と関連してこの法律が問題とされることが多いが、本来は「公的信託」の理論に基づく環境保護法である。

　Pennsylvania v. Union Gas Co., 491 U.S. 1 (1989) は、環境保護について誰が責任を負うべきかを問題としており、企業リスク・マネージメントの観点からも重要な判例である。また、この判決では、州の責任と関連して合衆国憲法第 11 修正の解釈を示したという点でも注目される判例である。

I　事実の説明

§111　この事件では環境に有害なコール・タールを取り除くためにかかった費用を誰が負担すべきかが主な争点になっているが、憲法訴訟としては、合衆国憲法第 11 修正の解釈がこれに関係する。この第 11 修正は、「合衆国の司法権は、合衆国の一州に対して他州の市民または外国の市民もしくは臣民によって提起され、追行されるコモン・ローまたはエクイティ上の訴訟にまで及ぶものと解釈してはならない」と規定している。本章の主題であるこの規定の解釈の問題を説明する前に、まず事件の背

9 合衆国憲法第11修正と環境保護──ユニオン・ガス判決──

景を説明しておこう。

　ユニオン・ガス会社の前身会社は、石炭を使ってガスを製造していた。その副産物として多量のコール・タールができたが、これを近隣の地中に埋めていた。1948年にこの工場が解体され、工場の土地の一部はペンシルヴァニア電力会社に売却され、電力会社はその地役権をストルーズ町に与えた。その土地の近くを流れる川が1955年に洪水を起こしたので、州と町とが一緒になって、連邦の陸軍技工隊の協力を得て、土地を掘って河川堤防を作り、放水路を作り、川の幅を狭めて川底を深くした。その後、1980年のはじめに、同町は当該地役権を州に移譲した。

　州が防災施設をさらに完備するために近隣の土地を掘り続けたところ、コール・タールの液体がどっと湧き出てきた。連邦の環境保護委員会は、包括的環境対応・補償・責任法（以下、包括的環境対応法という）により環境に危害を与える有害物を取り除くために必要な措置を取ることを職務としており、この権限により現場を調べたうえ、このコール・タールを有害物と認定して関係者に一掃命令を出した[1]。実際には州と連邦政府が共同して、コール・タールの流出を防ぐための穴を掘って壁を作り、川の中へ流れ込まないようにした。そして、川の中へ既に流れ込んだものは掃除をして取り除いた。

　除去作業が終わった後、包括的環境対応法107条[2]が「有害物を処理するときに、当該有害物を処理する施設を所有した者または運用した者が、……その取り除きにかかった必要な費用を支払う義務を負う」と規定しているので、連邦政府はこの規定により被告ユニオン・ガス会社が当該の費用を負担すべき法律上の義務を負うとして、72万ドルの費用償還の請求をした（連邦政府は途中で算定が間違っていたとして全体で140万ドルかかったうちの72万ドルと言いかえる）。そして、一応の審理が終わったときに、ユニオン・ガス会社は同意審決により、連邦政府との間で和解を

した⁽³⁾。しかし、会社は費用償還の義務はないと主張して、連邦民事訴訟規則14条に基づき、第三者に支払を求める訴えを起こした。これは、問題のコール・タールの流出は州と町が堤防等を建設したことに原因があるか、1980年の州による防災工事の過失によるものであるから、法律がいう処理時に「施設を所有した者または運用した者」は州または町であり、州または町が支払うべき者であるとするものであった。

(1) ユニオン・ガス会社は、コール・タールは有害物ではないと主張したが、これは簡単に退けられた（586 F. Supp. 1522 (1984)）。
(2) Comprehensive Environmental Response, Compensation and Liability Act（CERCLAと略される）42 U.S.C. § 9607 (1982). 本件が環境保護のための連邦の特別基金（superfundと呼ばれる）を適用した最初の事件である。なお、42 U.S.C. § 9604 は、有害物が発見されたとき、大統領に対し緊急救済措置をとる義務を負わせると同時に、そのために必要な権限を付与している。本件の1掃命令はこれによるものである。
(3) この和解により、ユニオン・ガス会社は70万ドルの支払いを約束したが、連邦政府に代わって連邦法上の権利を代位行使することが認められた。なお、72万ドルの請求額のうち、27万ドルは連邦の水汚染法に基づいて請求されており、ユニオン・ガス会社はこれについては争っていない（Federal Water Pollution Control Act, 33 U.S.C. §§ 1321 (b) (3) and (f) (2) (1982) 参照）。

II 下級審の判決

§112 第1に、この事件はまずペンシルヴァニア連邦地方裁判所で審理された。連邦地方裁判所は、合衆国憲法第11修正を適用し、州はこの訴追について免責が認められると判決した。他州ないし外国政府が一州を訴追する場合、連邦地方裁判所での訴追免責が認められることは、同修正条項の規定から明らかであるが、同じ州の州民が州を相手に損害賠償を求

める場合にもこの免責が認められるかどうか、同条項の文面だけからでは明らかでない。この場合について、判例法は、① 州が訴追に同意していると考えられるとき、または② 連邦の法律が明瞭にその免責を否定しているときは、州も連邦地方裁判所の裁判に服さなければならないものとしている。本件では、主として後者の法理が問題となり、これと関連して包括的環境対応法の規定を検討することになる。連邦地方裁判所は、包括的環境対応法の立法過程を調べ、立法者の意図は原因を作った企業および個人的受益者に費用を負担させることにあることを確認し、州は訴追が免責されると判決した[4]。

§113　第2に、ユニオン・ガス会社は、第3巡回上訴裁判所へ上訴した。この判決は2対1の判決（第1判決という）である[5]。多数意見は、先の地裁の判決理由を肯定しているに過ぎない。しかし、大気汚染や水汚染の防止、自然資源の保護などに関する連邦の諸法律も比較参照し、包括的環境対応法が個人の訴権について規定していないことから上述のような結論を出している点には、注意を喚起しておきたい。これに対し、反対意見は、主として多数意見の立法者意図の解釈を攻撃している。この反対意見は、包括的環境対応法101条[21]が、「者（person）」という用語には「州、市、委員会、州の統治機関、または州際団体」を含むと定義しており、包括的環境対応法107条の解釈に限って「者」という用語には州が含まれないと解釈することは、アメリカ法上許されないという。そして、法律解釈の仕方について、グレーやカードウゾなどの有名な学説を引用し、本件に関しては解釈についての裁量が与えられていないと結論している[6]。

§114　第3に、ユニオン・ガス会社側はさらに上告し、合衆国最高裁判所は裁量上訴を認めたが、審理に入る前に関連法規が改正されたため、事件を却下して上訴裁判所に差し戻し、改正された規定を考慮して審理をや

II 下級審の判決

り直すことを命じた(7)。これを受けて第3回巡回区上訴裁判所は、特別基金に関する法律を修正し権限を再付与する法律(1986年)(以下、スーパーファンド法という)の関連規定を解釈し、今度の判決では、全員一致で連邦法は州の主権免責を廃棄することを意図したものとして、原審判決を破棄・差戻した(8)。問題の規定は、改正された包括的環境対応法101条(20)(D)であるが、この規定は次のように定めている(9)。「《所有した又は運用した者》という用語は、州または地方自治体の一部組織であって、……所有権又は支配権をその意思に関わりなく取得した者は含まれない。本項によるこの適用除外は、設備から有害物を放出したり、放出のおそれを生んだり、あるいはそれに貢献した州または地方自治体には適用されない。また、かかる州または地方自治体は、手続法上も実体法上も、本法107条による責任を含め、あらゆる非政治団体とまったく同じ方法で、かつ同じ程度に本法に従わされるものとする」。この規定は、連邦の主権免責の廃止を定めた規定(120条(a)(1))と同じであり、州にも有害物を取り除くのにかかった費用を負担させることを意図している、というのがこの判決(第2判決という)である。

　上訴裁判所は、この第2判決の中で、① 改正法は立法時に係属中の事件にも適用されるか、また、② そもそも連邦政府はこの法律を立法する権限を通商条項(Commerce Clause)により与えられているか、を検討した。前者については、最終判決が確定する前に法律が改正された場合、この改正法が当該事件に適用されるべきであるとする古いマーシャル首席裁判官の先例などを引用し、スーパーファンド法は本件に適用されると判決した(10)。後者については、通商条項により立法された法律で合憲とされたいくつかの事例と比較し、当該事件の法律も合憲であることに疑いはない、と結論した。

§115　事件は再び合衆国最高裁判所へ上訴された。合衆国最高裁判所は、裁

9 合衆国憲法第 11 修正と環境保護——ユニオン・ガス判決——

量上訴を再び認めたが、論点は 2 つに絞られた[11]。その 1 は、包括的環境対応法およびスーパーファンド法は、連邦裁判所が州に対する金銭損害賠償を求める訴えを審理するのを許す法律であるかどうかである。その 2 は、もしそうであるならば、連邦議会はそもそも合衆国憲法の通商条項によりこのような法律を立法する権限を授権されているかである。

(4) 575 F.Supp. 949 (E.D. Pa. 1983).
(5) 792 F.2d 372 (3rd Cir. 1986).
(6) J.C. GRAY, NATURE AND SOURCES OF THE LAW 165 [§ 370] (1909); B. CARDOZO, THE NATURE OF THE JUDICIAL PROCESS 15, 129 (1975) (初版は 1921 年).
(7) 479 U.S. 1025 (1987).
(8) 832 F.2d 1343 (3rd Cir. 1987).
(9) Superfund Amendments and Reauthorization Act (SARA と略される), 42 U.S.C. § 9061(20)(D).
(10) United States v. Schooner Peggy, 5 U.S. [1 Cranch] 103, 110 (1801).
(11) 485 U.S. 958 (1988). なお、Pacific Legal Foundation が裁判所の友 (amicus curiae) として意見書を提出した (488 U.S. 810 (1988))。

III 合衆国最高裁判所の多数意見の要旨

§116 ブレナンが多数意見を書いた[12]。この多数意見は 4 部からなっているが、第 1 部では、上述したような事実を改めて詳細に説明している。第 2 部では、先の第 1 論点 (§112) について、そして第 3 部では、第 2 論点 (§113) について、判旨を展開している。最後の第 4 部では、上訴裁判所の判決を肯定し、この判決の趣旨に従って裁判をやり直すよう事件を差し戻すという結論を述べている。

§117 第 1 論点に関しては、ハンス対ルイジアナ判決[13] (以下、ハンス判決と

III 合衆国最高裁判所の多数意見の要旨

いう)を本件に関係のある重要な憲法判例として取り上げ、この判例の法理が何であるかを再検討している。この事件は同じ州の市民が州を相手に訴訟を起こしたものであるが、連邦裁判所は、たとえ連邦問題が含まれている事件であっても、州に対する金銭損害賠償の訴えを連邦裁判所に提起できないという判例準則を確立した判決であるという。しかし、第14修正第5節は、「連邦議会はしかるべき立法によってこの修正条項を実施する権限をもつ」と規定しており、連邦法の明文の規定により第11修正の州主権免責は制限することができる(14)。そして、上訴裁判所の判決が述べているとおり、スーパーファンド法は明らかにその主権免責の廃止を規定していると判示した。この部分には、特に、マーシャル、ブラックマン、スティヴンスが参加している。

§118 第2論点(§113)については、包括的環境対応法の合憲性について判断するために、通商条項に関連する諸判決を分析している。まず最初に、パラデン対アラバマ港湾局連絡鉄道判決以下、フィッツパトリック対ビッツア判決、グリーン対マンサー判決、ペンハースト州立学校・病院対ホルダーマン判決など(15)を分析し、これらの諸判例は、連邦議会が通商条項により州の主権を否定する法律を制定できる権限を合衆国憲法が付与していることを示しているという。従って、本件の連邦法が損害賠償判決を下す権限を連邦裁判所に認めているのは合憲であるという。さらに、ギボンズ対オグデン判決など(16)にも言及し、憲法が通商条項によって連邦に認めた権限の範囲内で、州は一般的にこれに関わる法領域の主権を放棄しており、この領域に含まれる立法に関してはそもそも州の主権免責を議論する余地がないという。本件の環境保護の問題は連邦の管轄に属するものであり、ただ単に包括的環境対応法およびスーパーファンド法が合憲であるというだけでなく、合衆国憲法3条(司法権)の規定により、州に対しこれに積極的に従わせることすらできるという。

127

9 合衆国憲法第11修正と環境保護——ユニオン・ガス判決——

この部分には、特に、マーシャル、ブラックマン、ホワイトが賛成している。

§119 ブレナン多数意見の結論は、上訴裁判所の判決を肯定し、差戻す(実質的にユニオン・ガス会社側勝訴)ということであるが、おそらくは当該判決が将来の事件においてハンス先例の解釈に重要な影響を与えることを考え、これを破棄するか否かについては判断していないとわざわざ付記している(17)。

　(12)　491 U.S. 1 (1989).
　(13)　Hans v. Louisiana, 134 U.S. 1 (1890).
　(14)　これは Atascadero State Hospital v. Scanlon, 473 U.S. 234, 242 (1985)(市民的権利に関する法律とリハビリティション法)によって確立された法理である。
　(15)　Paraden v. Terminal Railway of Alabama Docks Dept., 377 U.S. 184 (1964); Fitzpatrick v. Bitzer, 427 U.S. 445 (1976); Green v. Mansour, 474 U.S. 64 (1985); Pennhurst State School and Hospital v. Halderman, 465 U.S. 89 (1984).

　　また、Employees, *infra* note 21; Welch, *infra* note 20 にも言及している。これらは、法理の発展の流れを示すものとして引用されている。Fitzpatrick 判決の読み方は意見が対立しているが、ここではふれない。

　　ちなみに、ブレナンは、最初の Parden 判決で、ハンス判決は州との契約に関する事件であるのに対し、この事件では、まず通商条項に基づいて営利を目的とした公共鉄道事業を規制する連邦法が制定されており、この法律を知りながら州が規制事業によって利益を取得しはじめたのであるから、主権を放棄して連邦裁判所の裁判管轄に服することに同意している、と判決した。

　(16)　Gibbons v. Ogden, 22 U.S. 〔9 Wheat.〕1 (1824). また、Northwest Central Pipeline Corp. v. State Corp. Comm'n of Kansas, 489 U.S. 493 (1989) 参照。
　(17)　ブレナンの意見によればハンス判決は破棄されるべきである、というスカーリアの批判に応えたものと思われる。

IV 合衆国最高裁判所の個別意見

§120 上述の判決には、スティヴンスの同調意見、ホワイトの同調意見、スカーリアの一部同調、一部反対の意見、そしてオコンナの反対意見が付いている。

まず最初に、スティヴンスの同調意見であるが、この意見は、ブレナン多数意見の第3部に異論を唱えている。第11修正の州主権免責について、連邦議会の法律によって廃棄できる主権免責とそうでないものと区別すべきであるという。合衆国憲法が州主権免責を規定しており、これを単なる法律によって修正できるとするのは、論理矛盾であって、許されない[18]。しかし、ハンス判決は、連邦裁判所が解釈により州側の抗弁として主権免責を認めた事例であり、これについては後に連邦裁判所自身が考えを改めることができる。エーデルマン対ジョーダン判決など[19]からも分かるように、実際には、連邦の利益と州の利益とどちらが優先されるべきかが本件の主要課題である、という。

§121 次にホワイトの同調意見は、ブレナン多数意見の第3部に異論を唱えている。包括的環境対応法およびスーパーファンド法の州主権免責を廃止する立法意図はハンス判決が要求する程度まで明瞭であるとは言えないという[20]。レンクィスト首席裁判官、オコンナ、ケネディは、この部分を支持している。しかし、多数意見のように明瞭であると認めるならば、理由付けには賛成しないが、多数意見の結論は正しいという。

§122 スカーリアは、多数意見の一部に同調し、一部に反対する意見を付している。同裁判官は、ブレナン多数意見の第2部には異論はないが、ブレナンの通商条項の解釈（第3部）には賛成できないという。レンクィスト、オコンナ、ケネディは、この論点を支持している。しかし、スカー

リアは、この結論は、通商条項の解釈によるべきものではなく、連邦裁判所が裁判権をもつか否かが主題なのであるから、合衆国憲法3条の解釈によってのみ出されるべきである[21]。そして、ハンス判決にも言及し、これを廃棄すべきでないとしている。憲法の起草者の原意を考えてみると、州の同意があるときはその廃止があったと認めてよいとするものであることは、判例でも明らかにされているという[22]。

§123　最後に、オコンナの反対意見にも簡単にふれておこう。この意見によれば、第11修正の忠実な解釈によれば、そもそも連邦議会が、通商条項によって州主権免責の廃止を立法する権限を与えられていないと思うという。

　　(18)　この点について、Atascadero, *supra* note 14 におけるブレナンの反対意見を引用している。
　　　　ちなみに、スティヴンスの意見の注1にはL.H. Tribe, *Intergovernmental Immunities in Litigation, Taxation, and Regulation: Separation of Powers Issues in Controversies About Federalism*, 89 Harv. L. Rev. 682 (1976)など、多くの論説が引用されている。
　　　　なお、歴史的観点から書かれた論説として、J.E. Nowak, *The Scope of Congressional Power to Create Causes of Action Against State Governments and the History of the Eleventh and Fourteenth Amendments*, 75 COLUM. L. REV. 1413 (1975)もこのリストに加えられるべきであろう。
　　(19)　Edelman v. Jordan, 415 U.S. 651 (1974); Pennhurst, *supra* note 15; Green, *supra* note 15.
　　(20)　ハンス判決の破棄を求められた Welch v. Texas Dept. of Highways and Public Transportation, 483 U.S. 468 (1987)は、ただ単に法律の文言が明瞭であるというだけではなく、「間違いなく明瞭（unmistakably clear）」でなければならないと判決している。下級審裁判所が反対の解釈をしていることからも理解できるように、解釈には疑問の余地があるし、また、Employees, *infra* note 21 では、本件の多数意見に類似した法律解釈の仕方で結論を否定したことを指摘している。

ちなみに、この Welch 判決は Parden, *supra* note 15 を部分的に破棄した判決である。

(21)　この意見は、Employees of Dept. of Public. Health and Welfare v. Missouri, 411 U.S. 279, 287 (1973)（マーシャルの同調意見）で述べられている「コモン・ロー上固有の権利と認められる主権」の議論に近い(Jaffe, L.L., *Suits Against Governments and Officers: Sovereign Immunity*, 77 HARV. L. REV. 1 (1963)参照)。

(22)　但し、前掲注 15 で説明したブレナンの主権放棄の理論には反対している。

V　判決の問題点

§124　この判決は、日本国憲法の解釈に直接役立つものではないが、アメリカの憲法の固有な部分に関わるものであり、アメリカの憲法の理解には非常に重要なものである[23]。しかし、先例としての拘束力については、不安定な判例であるといわなければならない。というのは、結論に反対の意見を述べているのはオコナだけであるため、ブレナンの意見は法廷意見 (court opinion) として書かれてはいるが、肝心な部分はかろうじて多数意見 (plurality opinion) となっているにすぎない。その第 2 部は、マーシャル、ブラックマン、スティヴンスが賛成で、レンクィスト、オコナ、ケネディが反対であるが、これに加えてホワイトが反対側につき、スカーリアが支持する側にまわった。また、その第 3 部は、マーシャル、ブラックマン、ホワイトが賛成で、レンクィスト、オコナ、ケネディが反対であるが、これにスカーリアが反対に加わり、理由付けは異なるがホワイトが支持する側にまわった。このように実質的には 5 対 4 の判決なのである。

§125　紙面の制約から詳細は別の論稿をまつ以外にないが、次の 2 点だけは評釈しておきたい。第 1 は、合衆国憲法第 11 修正の解釈についてであ

9 合衆国憲法第11修正と環境保護——ユニオン・ガス判決——

る。まず最初に第11修正がどのような意図で制定されたかという問題について、合衆国最高裁判所のチショム対ジョウジア判決[24]を否定することが意図された、と言われる。チショム判決は、ジョウジア州が発行した州の債券上の権利をサウス・キャロライナ州の市民が強制するのに連邦裁判所が力を貸した事件である。この判決が出された1793年ごろには、州は完全な国家主権に近い主権をもっていると考えられていたので、連邦裁判所が州の主権を侵害したと受け止められた。第11修正はこのような州を被告とする訴訟を禁止した。また、合衆国憲法3条は、多州籍間の訴訟について連邦裁判所の裁判管轄を認めているが、それ以上に管轄を拡大することを禁止したのが第11修正の意図であると考えられる。そして、1890年のハンス判決では、この修正条項を適用して、同一の州の市民が同様の権利を強制することについてまで、合衆国最高裁判所は、州には主権免責が認められるとして訴訟を却下した。

しかし、連邦裁判所は外国の裁判所ではないし、連邦法は連邦議会に反映された州の意思を具現するものであり、連邦法の違反について連邦裁判所の審理に服さないとすることは、連邦制の原理を否定することになる。先の第3条は、連邦法に関する連邦裁判所の裁判管轄を認めているが、連邦法の違反を裁けないということになれば、この規定の意味がなくなる。第14修正に根拠をおく市民的権利に関する法律については、憲法の明文から連邦裁判所が裁判できることは明瞭であるが[25]、通商条項に基づく法律についても同じかどうか、解釈が分かれる。最高裁判所の意見が真二つに分かれているのは、これと関連して連邦の権限と州の権限とのバランスのとり方について、見解が異なるためである。通商条項による連邦法の優位を支持する側が本判決で勝利をおさめたといってよい。

§126 第2は、環境の保護について連邦法はどのような一般政策をとってい

V 判決の問題点

るかである。これもアメリカの連邦制度の理解に関係する。これと関連して、先の立法意図を確認するために、本件に適用のある法律の文言を精密に分析することになるが、包括的環境対応法が他のいわゆる連邦環境法とは違った規定の仕方をしていることが、問題を複雑にする原因になっている。連邦水汚染法などでは本件に類似した訴訟をはっきり認めているのであるが、包括的環境対応法では個人にこの訴権を認める規定をおいていないのである (第1判決参照)[26]。しかし、連邦の環境保護政策は、全国的に統一された規制がおこなわれるべきで、地方的な規制は否定されうるとする考えが強くなっている。ブレナンは、この点をはっきり意識しており、連邦会社法の領域がそうであったように、将来、連邦コモン・ローが形成されていくことになろうと述べている[27]。徐々にではあるが、国際情勢の変化に応じて、連邦法の法領域をいろいろな面で拡大する傾向を示す1つの事例として、本判決を位置づけることができると思われる。この判決以後の立法では、これを明示的に規定した例すらある[28]。これまで、ブレナンが強力な意見を繰り返し書いたにもかかわらず、(注(15)のパラデン判決以外では) 少数意見にすぎなかったが、この判決では多数意見となっており、連邦主義の勝利を示すものであると言える。

§127　最後にこの事件の結末について一言ふれておこう。この事件は、最初のペンシルヴァニア地方裁判所に差し戻され、州側は州法上の抗弁を追加して争ったが、ユニオン・ガス会社を勝訴させる判決が下された[29]。連邦地裁は、連邦法に抵触する州法は連邦法の優位とブレナンが引用している諸判決が採っているその先占 (preemption) の理論により、州側の主張を退けた。また、ユニオン・ガス会社が同意審決により責任を認めたが、汚れた手をもつ者が訴追するのはエクティに反するという州側の主張も、包括的環境対応法に関しては、この法理の適用はないとして、

133

退けられた。ユニオン・ガス会社は約束どおり連邦政府に70万ドルを支払い、州はユニオン・ガス会社に72万ドルおよび州の命令に従うためにユニオン・ガス会社が負担した作業諸経費を支払うことになった。

(23) この判決後、既に30以上の論説・研究ノートが書かれている。

Fletcher, W.A., *The Diversity Explanation of the Eleventh Amendment*, 56 U. CHI. L. REV. 1261 (1989);

Coenen, D.T., *Untangling the Market-Participant Exemption to the Dormant Commerce Clause*, 88 MICH. L. REV. 395 (1989);

Burnham, W., *Taming the Eleventh Amendment Without Overruling Hans v. Louisiana*, 40 CASE W. RES. 931 (1990);

The Supreme Court-Leading Cases 〔*D. Eleventh Amendment*〕, 103 HARV. L. REV. 207-17 (1990);

Jackson, V.C., *One Hundred Years of Folly*, 64 S. CAL. L. REV. 51 (1990);

Bandes, S., *The Idea of a Case*, 42 STAN. L. REV. 227 (1990);

Gelfand M.D., and Werhan, K., *Federalism and Separation of Powers on a "Conservative" Court*, 64 TUL. L. REV. 1443 (1990);

Kannar, G., *The Constitutional Catechism of Antonin Scalia*, 99 YALE L. J. 1297 (1990);

Brown, G.D., *When Federalism and Separation of Powers Collide*, 59 GEO. WASH. L. REV. 114 (1991)

などがそれである。

(24) Chisholm v. Georgia, 2 U.S. [2 Dall.] 419 (1793).

(25) Atascadero, *supra* note 14 参照。

(26) Clean Air Act, 42 U.S.C. § 7604 (1982); Resource Conservation and Recovery Act, 42 U.S.C. § 6972 (1982); Federal Water Pollution Control Act, 33 U.S.C. § 1365 (1982)と比較せよ。

(27) 引用判例は、Illinois v. Milwaukee, 406 U.S. 91 (1972)であるが、J.I. Case Co. v. Borak, 377 U.S. 426 (1964)で連邦の証券取引所法により個人の訴権が認められ、その結果、連邦会社法が判例法の集積によって形成され

たことを念頭においている。
　⑱　例えば、Americans with Disabilities Act of 1990 [101 P.L. 336], §502 は第11修正の州主権免責が否定されることを明文で規定している。
　⑲　743 F. Supp. 1144 (1990).

[追 記]
アメリカのスーパーファンド法

§128　本章の判例で問題になったのはスーパーファンド法の適用であるが、この法律は、多方面にわたって多くの訴訟を生んだ。この法律は、主として土壌汚染と地下水汚染に関連して人体に危害を及ぼすと思われる場合に、大統領が緊急措置をとることを義務づけるものである。第1に、1980年12月に包括的環境対処・補償・責任法 (Comprehensive Environmental Response, Compensation and Liability Act of 1980 [CERCLA]) が制定された。1986年10月にスーパーファンド法修正及び再授権法 (Superfund Amendments and Reauthorization Act of 1986 (SARA)) によって改訂が加えられた。さらに、1990年法によって、基金が16億ドルから85億ドルに大幅に増額された。

§129　スーパーファンド法上の浄化責任は、潜在的責任当事者 (Potentially Responsible Parties) にある。この責任当事者に関する考え方は、本章のPennsylvania v. Union Gas Co., 491 U.S. 1 (1989) でも明確に説明されているが、汚染された施設の現在の所有者または占有者がそれに当たる。もし汚染の原因が過去にある場合には、一定の免責が認められる。過去に原因を作った者も、時効にかかっていない限り、責任当事者になる。その責任者は、環境保護局または連邦地方裁判所の命令によって自ら浄化を行うことを義務づけられる。もし当事者がこの命令に従わず、

9 合衆国憲法第11修正と環境保護──ユニオン・ガス判決──

環境保護局が浄化を行った場合には、その費用をその当事者が支払う義務を負う。

潜在的責任当事者には、(1) 汚染された施設の現在の管理者、(2) 有害物質が放出された時点で当該施設の所有者または管理者であった者、(3) 当該施設に有害物質の原因を作った者、(4) 当該施設へ有害物質を輸送した運送業者も含まれる。これらの責任当事者以外に、問題の結果をもたらすことに荷担した関係者も責任を負わされる。このカテゴリーには、(1) 当該会社の役員、従業員、廃棄物処分取扱者、(2) 関連企業の大株主、(3) 親会社、M＆Aの買収会社、(4) 金融会社がある。金融機関は、ディープポケットの理論により、非常にしばしば被告として訴えられている。このような金融機関等、財政的支援を与えた者の責任は、貸主（手）責任（lender liability）と呼ばれる。

§130　潜在的責任当事者（貸主を含む）の責任は、厳格責任でかつ連帯責任である。責任当事者は、それぞれ単独で全責任を連帯して負う。ただし、(a) 不可抗力（天変地異、戦争）、(b) 第三者の行為のみに原因があること、または (c) 善意の購入者であって、まったく有害物質についての事情を知らないことを立証できる場合には、免責を主張することができる。

このスーパーファンド法に関する判例および問題点は、飯田哲久「スーパーファンド法における潜在的責任当事者」（企業法学5巻（1996年）143-166頁）に詳しく分析し、論じられている。

10 作業上の安全と立入検査の司法令状
―― ドノヴァン対デューイ判決 ――

序　説

§131　かつて適正手続条項（due process clause）に関して論文を書いたことがある（拙稿「デュー・プロセス法理の研究」英米法論文集（東京大学出版会、1987年）143―181頁）。適正手続条項は憲法の中でも横綱級の重要な条文であり、それでも十分に論じつくすことができなかった。日本国憲法31条の解釈と関連づけて、適正手続条項は行政手続きにも適用されるかどうかが論じられることがあるが、ここで取上げる判例［Donovan v. Dewey, 452 U.S. 594, 101 S. Ct. 2534 (1981)］は、これに関係するものである。アメリカ法は、現実主義をとっており、合衆国最高裁判所は、それぞれの事例に適した手続が要求されるものと判示している。

I　事実の概要

§132　1977年の炭鉱の安全と健康に関する連邦法（Federal Mine Safety and Health Act）は、作業場の安全性とそこで働く坑夫たちの健康の維持のために、検査官が定期的に作業場を立入検査することを義務づけている[1]。被告会社が所有する石切場は、前回の定期検査のときに25項目にわたって法規違反の疑いがもたれた。それから約3ヶ月後の今回の定期検査のとき、被告会社は、司法令状のない立入検査は違憲であるということを

10 作業上の安全と立入検査の司法令状——ドノヴァン対デューイ判決——

理由にして、その検査を受けることを拒否した。そこで労働大臣は、その立入検査をいったん中止させ、先の法律に基づいて当該検査の妨害を禁止する差止命令を求める訴えを起した(2)。ウイスコンシン連邦地方裁判所は、略式判決によって被告会社を勝訴させた(3)。労働大臣は、この判決に対し直接連邦最高裁判所へ上告し、連邦最高裁判所は probable jurisdiction を認めた(4)。

(1) 91 Stat. 1290 [Nov. 9, 1977], 30 U.S.C. §801 以下（Supp. III 1976）. 103条(a)項は、地下鉱道の検査については年4回、地表の鉱山施設については年2回、定期検査を行うことを義務づけている。

(2) 30 U.S.C. §814(a)は、立入検査の拒否があった場合には、検査官(inspector) が労働大臣の名により召喚状（citation）を発行する手続を定めている。この手続にも従わないときは、本文で述べたように、30 U.S.C. §818(a)(1)(c)によって労働大臣が差止命令を求める訴えを起すことができる。

(3) Marshall v. Dewey 493 F. Supp. 963 (D. Wis. 1980). この判決は、次の判旨の説明の部分で述べる Biswell 判決および Colonnade 判決を先例として検討し、令状を要求されない例外の場合は、行政規制に服してきた長い歴史があり、それが伝統として一般的に承認されている場合に限られる、という見解を示している。

(4) この上訴は、28 U.S.C. §1251 (direct appeals from decisions invalidating Acts of Congress)による。

ちなみに、最高裁判所が本件の上訴を認めたのは、若干の上訴裁判所の判決が、類似の事件で令状なしの行政検査の合憲性を認めていたためであると思われる (Marshall v. Texoline Co., 612 F.2d 935 (5th Cir. 1980); Marshall v. Nolichuckey Sand Co., 606 F.2d 693 (6th Cir. 1979), *cert. denied*, 446 U.S. 908 (1980); Marshall v. Stoudt's Ferry Preparation Co., 602 F.2d 589 (3d Cir. 1979), *cert. denied*, 444 U.S. 1015 (1980)を参照せよ)。

II 判決の要旨

§133 マーシャル裁判官が法廷意見を書いた。それは次のように述べている。「われわれの以前の諸判例は、不合理な捜査を禁止する第4修正の規定が私人の商業用財産の行政検査にも適用されるものと認めているように思われる[5]。しかし、私人の住宅の捜査の場合には、第4修正によって合理的であるとされるために一般的には令状にしたがって行われなければならないが、商業用財産の令状によらない行政捜査を認める立法機構は、必ずしも第4修正に違反するものとはいえない。……例えば、Colonnade Catering Corp. v. United States[6]では、アルコール飲料産業は、長いあいだ厳密な監督と検査に服してきており、問題の諸悪に対処するために連邦議会が広範な検査権を与えることが必要である、とわれわれは認めた。また、United States v. Biswell[7]では、1968年のGun Control Actの検査機構は、当該の法律により義務づけられた令状なしの検査が第4修正に違反しない程度に十分に総合的で、かつ、予期できるようにした機構になっている、と当裁判所は結論した[8]。」

　要するに、令状なしの行政検査が違憲であるとされるのは、検査が余りにも行きあたりばったりであって、検査を受ける者がそれを予期できず、不公正なものであるためである。

§134 ところで、上で述べたような判断基準に照らして、本件の行政検査はどのようなものであると言いうるのであろうか。第1に、国民の健康や安全の向上について連邦政府は正当な利害関係をもっている。そして、問題の連邦法は、作業場が危険なものかどうかを確かめ、危険を防止すべく定期検査を義務づけたものであって、その目的にかなっている。第2に、検査の仕方が具体的に法律で定められており、検査を受ける者が

確実にそれを予期できる。従って、本件の令状なしの行政検査は従来の諸判例に照らして違憲であると言わざるをえないとする被上訴人の主張は、それらの諸判例の読み方を誤ったものと言わなければならない。つまり、諸判例[9]が問題としているのは連邦法による規制範囲(pervasiveness)とその内容の整合性(regularity)であるが、本件の行政検査は、その点について合理的なものであると認められる、と法廷意見は認めた[10]。

以上の理由によって判決を破棄し、事件を原審地方裁判所に差戻した。

§135 スティヴンス裁判官、レンクィスト裁判官およびスチュアート裁判官が、これに各々の意見を付加えている。

まず、スティヴンス裁判官の意見は、法廷意見に同調する意見であるが、見解を異にする部分があり、それを説明している[11]。彼の意見は、後に紹介するスチュアート裁判官が述べているように、私人の住宅の立入検査に関する Camara v. Municipal Court[12] (以下、Camara 判決という)、および本件に類似した事件である Marshall v. Barlow's Inc.[13] (以下、Barlow's 判決という)が間違った判決である、とする。しかし、連邦最高裁判所は先例に拘束されるとする点ではスチュアート裁判官に賛成できず、結論としては法廷意見が妥当であると思われるので、それに同調するというのである。

次に、レンクィスト裁判官の意見も法廷意見に同調しているが、その理由は、法廷意見のそれとも、またスティヴンス裁判官のそれとも全く異なっている[14]。レンクィスト裁判官の意見によれば、商業用財産に関する検査が司法令状なしに行われても第4修正に必ずしも違反するものではないということは認められるが、検査の結果、制裁が課せられることになる場合には、本件の法律の規定だけでは不充分であって、もっと厳密に規定された詳細な検査基準が必要である。しかし、本件の場合、家屋内の捜査ではなく、戸外の石切場の検査であって、家屋内の検査の

ときに要求されるような厳格な基準を本件に当てはめる必要はない、というのである[15]。

　最後に、スチュアート裁判官の少数意見にもふれておこう[16]。彼によれば、Frank v. Maryland[17]（以下、Frank判決という）を否定したCamara判決は間違った判決である。しかし、先例拘束性の原理により、本件でもそれに従わなければならない[18]。たしかに、事業用の建物の検査については、当裁判所が例外を認めたことがあるが、それは、「長い伝統によって政策的干渉が承認されてきた事実についてであって」、しかも検査を必要とする状況が、特定の事実について明文で詳しく定められていた場合である。本件に類似したBarlow's判決で当裁判所が述べているとおり、先のCamara判決は、そのような例外の場合でなければ適用されるべき先例であり、本件のような普通の行政検査では司法令状が要求される、としている。

(5)　最高裁判所は、この部分でMarshall v. Barlow's, Inc., 436 U.S. 307 (1978)およびSee v. City of Seattle, 387 U.S. 541 (1978)を引用しているが、ここでは便宜上省略した。前の判例については、後掲注(13)およびそれに対応する本文を見よ。後の判例は、商業用倉庫の防火を目的とした立入検査に関するものである。

(6)　Colonnade Catering Corp. v. United States, 397 U.S. 72 (1970).

(7)　United States v. Biswell, 406 U.S. 311 (1972).

(8)　452 U.S. at 598-99.

(9)　ここにいう諸判例とは、前掲注(6)および(7)の判例を指す。

(10)　さらに、本件の立入検査が合理的であるという理由として、拒否がなされたときに検査を強行せずに、労働大臣が民事訴訟を提起して、判決の命令にも従わない者に対し民事罰を課して間接的に強制する手続がとられているので、行政の恣意性が司法的に抑制されていることもあげている。

(11)　452 U.S. at 606.

(12)　Camara v. Municipal Court, 387 U.S. 523 (1967). 判決は次のように述

べている。

　「一定の注意深く定義された種類の事件の場合を除き、適切な同意なしに私人の財産を捜査することは、有効な捜査令状によってそれが認められるのでなければ、《不当(unreasonable)》なものである。…捜査官が立入を要求するときに、居住者は、市の関連の法律［住宅法］を実施するのにその者の住宅の検査を必要とするかどうか知るすべもないし、その捜査官の検査権の合法的な範囲を知るすべもないし、また、その検査官自身が、正当な権限をもってそれを行っているか知るすべもない。」(Id. at 528-29, 532)

(13)　Marshall v. Barlow's, Inc., 436 U.S. 307 (1978). この判決は、1970年のOccupational Safety and Health Actによる立入検査を違憲としたものである。ただし、次のように述べて、一定の例外を認めている・「通常の事業とこれらの営業［アルコールと銃類］とを区別する要素は、政府が緊密に監督する長い伝統があって、そのような事業をはじめようと選択する者は、それを既に知っており、既にその条件を承諾している、ということである。」(Id. at 313)

(14)　452 U.S. at 608.

(15)　第4修正は戸外の事業場には適用されないという点について、Hester v. United States, 265 U.S. 57 (1924)を引用している。

(16)　452 U.S. at 609-10. ちなみに、スチュアート裁判官はこの意見を書いてから2週間後に退官しているが、同裁判官の考え方についてHARVARD LAW REVIEWの95巻1号 (1981) が特集を組んでいる。

(17)　Frank v. Maryland, 359 U.S. 369 (1959). もっとも、この判決には、ウォレン、ダグラス、ブラック、ブレナンの各裁判官による強力な反対意見が付いており、不確定な判例であったと思われる。

　この点はともかくとして、フランクファータ裁判官は、法廷意見の中で次のように述べている：「その検査は、せいぜい、公的侵害に対し第14修正の保護［規定］が保障する重要な諸利益の周辺にふれるのみであるというだけでなく、個人の職業にできるだけ少ない負担となる要求をなし、その者のプライヴァシーの権利に対し最小の制約のみを負わせるようにすることを目的とした安全装置で守られているのである。」(Id. at 367).

(18)　この点につき、前掲注(11)に見られるスティヴンス裁判官の批判、特にその注2も見よ。

III 判例評釈

§ 136 この判決は、家屋または建造物の立入検査のときに司法令状が必要かどうか、という問題に関する重要な判決の1つである。これまで、この問題について、連邦最高裁判所は原則として司法令状が要求されると判決してきた。この点と関連して特に重要な判決は、Camara 判決である。この事件は、サンフランシスコ市の公衆衛生局が、かねてから不衛生であると市民から苦情の出されていたアパートの地下室を司法令状なしで検査しようとした事件である。この判決以前の主要判例である Frank 判決は、「予防行政の必要性が認められる場合には司法令状なしの行政検査を合憲」と認めていたのであるが、ウォレン裁判所は、Mapp v. Ohio など[19]で第4修正の新しい解釈を示していたので、Camara 判決でその問題をもう一度検討しなおし、Frank 判決を否定した。Camara 判決の法廷意見（ホワイト裁判官）は、行政検査がプライヴァシーの権利を侵害することは刑事検査の場合とかわりなく、第4修正は行政検査の場合にも司法令状を要求すると判決した[20]。

§ 137 この Camara 判決の重要性はつぎの点にあった。第1に、行政検査による利益侵害の度合いは小さなものであるとする従来の見解（とくにフランクファータ裁判官の意見[21]）を退けたことである。第2に、公衆の健康と安全を守る一般的利益を個人の利益より優先させる考えを否定したことである。第3に、たとえ利益衡量が必要であるとしても、独立の司法機関がそれを行うのが公正であり、このことによる行政上の不都合は無視できる程度のものである、とした点である。

§ 138 ところで、このような Camara 判決の考え方に対し本件 Donovan 判決がどのような影響を与えたかが問題であるが、Camara 判決を否定し

143

たのではなく、その例外の幅を拡げたとみるべきであろう。既に見たように、スティヴンス裁判官とスチュアート裁判官は、Camara 判決を否定する意見を述べている。しかし、スティヴンス裁判官は、それについて確定的な意見を述べることをしないと述べているし、スチュアート裁判官も、その先例に従った結論を出しているからであるから、Camara 判決はまだ生き残っている。

§139 Camara 判決の法理が適用されない例外の幅を拡げたことについて、さらにたちいって考察してみなければならない。この点に関し、例外が認められるのは事業用の建造物の立入検査の場合である。かかる場合であっても、行政検査の基準が不明確であり、恣意的な検査が行われるときは違憲である。例えば、バーガ裁判所は Barlow's 判決で、1970 年の Occupational Safety and Health Act 8 条[22]の火災その他の作業場の危険を防ぐための行政検査に関する規定を違憲と判示した。しかし、Donovan 事件の行政検査については、「基準は明確であり、争われている行政検査は恣意的でない」と認め、合憲であると判決した。

§140 最後に、スチュアート裁判官の反対意見で言及されている先例拘束性の原理についても少し評釈を加えておこう。一般的には、連邦最高裁判所の判決については、その原理は必ずしも適用されるものではない[23]。実際にも、先例がしばしば覆されてきたし、憲法学者の間ではむしろ積極的にこれを支持する者もあった。その背後には、合衆国憲法の改正は著しく困難であって、判例による憲法解釈の変更によらなければ、合衆国憲法を時代に適合するものにできないという事情があった。ところが、最近の連邦裁判所の改革と関連して、連邦最高裁判所が法廷上訴の事件を審理するときは、イギリスのコモン・ロー裁判所と同じ性質をもつので、先例拘束性の原理に従うべきであるという考えが出されており、スチュアート裁判官は、それを支持したものと思われる[24]。スティヴンス

裁判官がわざわざその考えに反対する意見を付記したのも、司法改革に関する論争を考慮したからであろう。

(19) Mapp v. Ohio, 367 U.S. 643 (1960)（特に、pp. 655-57 を見よ）．さらに、Wolf v. Colorado, 338 U.S. 25 (1949) も参照せよ。

(20) 合衆国最高裁判所は、第4修正のこのような解釈について、イギリスの Entick v. Carrington, 19 Howell's St. Tr. 1029 (1765) を参照している。

(21) 前掲注(17)の判決参照。もっとも、フランクファータ裁判官も、前注の Entick 判決を引用し、プライヴァシーの権利が保護されるべきであることを一般的に認めている。

(22) 84 Stat. 1598; 29 U.S.C. §657(a).

(23) 田中英夫『英米法総論(下)』480—81頁（東京大学出版会・1980年）参照。

(24) この議論について、一般的に、拙稿「アメリカにおける司法改革の動向」法律時報55巻11号（1983年）9—11頁［著作集第3巻］を見よ。

11 土地利用と正当な補償
—— ファースト・エヴァンジェリカル判決とノラン判決 ——

序　説

§141　日本国憲法29条3項は、土地の公用収用に対して正当な補償を支払うべきことを規定している。この憲法原理はアメリカ法から受継いだものであるが、この原理の実際の適用にはかなりの相違がある。First English Evangelical Lutheran Church of Glendale v. County of Los Angeles, 428 U.S. 304 (1987); Nollan v. California Coastal Commission, 483 U.S. 825 (1987)では、土地の利用規制によりその価値が減少したときに正当な補償を請求できるかが争われた。

　ここで取り上げる2つの事件は、いずれも財産権の観念に関する連邦裁判所の考えと州の裁判所の考えの激しい対立を露呈させた事件である。2つともキャリフォーニア州で起こった事件であるが、後に説明するようにこれらの判決は他の多くの州にも影響を与えている。キャリフォーニア州最高裁判所は、土地利用規制に対し喪失利益の補償を認めることには極めて消極的である。たとえば、1980年のAgins v. Tiburon（以下、Aginsという[1]）では、土地所有者が臨時の土地利用規制により土地を従来どうりに利用できなくなった場合、規制の行き過ぎた条例が無効であるとする宣言判決を求めるか、それを無効とさせるmandamus訴訟[2]を起こすことはできるが、逆収用（inverse condemnation）を理由として、喪失した利益に対する正当な補償を求めることはできない、とい

11 土地利用と正当な補償——ファースト・エヴァンジェリカル判決とノラン判決——

う判例準則を確立している。このようなキャリフォーニア州判例法の考えが、合衆国憲法第5修正の「公用徴収（taking）」の規定に照らして、連邦憲法上肯定できるものであるか否かを問題としたのがこの2つの判例である。2つの事件は全く関係のない別個の事件であり、それぞれ別の原稿にすることもできたが、紙面の都合上からも、先に述べた論点だけに焦点を絞って併せて紹介することにした。

(1) Agins v. Tiburon, 24 Cal. 3d 266, 157 Cal. Rptr. 372, 598 P.2d 25 (1980). この事件では市の美観を保護することを目的とした市条例による住宅建設制限の合憲法性が争われた。

キャリフォーニア州の最高裁判所は、Euclid v. Ambler Co., 272 U.S. 365, 386-87 (1926)を引用しながら、police powerの行使を逆収用と認めて正当な補償が必要であるとするならば、公益のための規制に萎縮効果（chilling effect）が生まれ、必要な規制が行われなくなるという理由により、「都市の土地利用規制が現在では合意と認められる」と判決した。Agins v. City of Tiburon, 447 U.S. 255 (1980)もこれを否定していない。

(2) Cal. Const. art. 6(4)参照。これは連邦の違憲立法審査を求めるいわゆるdue processの訴訟に相当するものである。

I 事実の概要

§142 さて、まず第1にそれぞれの事件の事実関係を説明しておこう。第1のFirst English Evangelical Lutheran Church of Glandale v. County of Los Angeles（以下、First English Church判決という）は、ロス・アンジェルス県の緊急条例により危険地域の指定を受けた地区に建っている教会がその条例による規制は逆収用に当たるとして、正当な補償を求めた事件である。アンジェル国立公園を流れる渓谷の上流で森林火災が起こり、その結果、雨が降った後に渓谷が氾濫し、多くの被害が起こっ

たために、渓谷地域全体が土地利用禁止地域とされたのである。原告はその禁止地域の中に建っている教会であるが、少なくとも市条例が改正されて規制が緩和されたときまでの禁止は一種の土地収用に相当するもので、ロス・アンジェルス県は正当な補償をすべきであるというのが原告の主張であった。キャリフォーニア州の裁判所は、Agins の先例に従って、原告の請求を拒否した。原告は州の上訴裁判所からさらに合衆国最高裁判所へ上訴した[3]。

§143　第2の事件である Nollan v. California Coastal Commission（以下、Nollan という）は、条例による土地利用規制が問題になった事件ではない。しかし、海岸に住宅を建てることを許す建築許可の条件が、実質的に土地利用を制限することになった事件である。原告はキャリフォーニア州の美しい海岸に面した土地を借りてバンガローを建て、休暇のためにキャリフォーニアに来る客にそれを賃貸していたが、土地の所有者から土地の買取権を得ていた。バンガローが古くなり、賃貸できない状態になったので土地を買取り、それを壊して住宅を建てようとした。しかし、そのためには州の海岸規制委員会の建築許可が必要であったので、原告がその申請をしたところ、許可は発行されたけれども「一般人に海岸線の通行を許さなければならない」という条件が付されていた。原告の土地の北側には県立公園があり、南側には有名な海水浴場があり、その海岸線を一般人が通行できるようになれば極めて便利であると同委員会が考えたからである。原告は、これは地役権を設定したのと同じであり、その条件を排除する裁判所の命令をだしてほしい、またもし条件が排除されないならば州はそれに対する正当な補償をするべきである、と訴えた。キャリフォーニア州の裁判所は、この事件でも原告の主張を認めなかった。そこで、この事件も合衆国最高裁判所へ上訴された[4]。

11 土地利用と正当な補償——ファースト・エヴァンジェリカル判決とノラン判決——

(3) 州最高裁は司法審査を拒否したので、この判決が州の最終判決となり、これから直接合衆国最高裁に上訴された。なお、この州判決は判例集には掲載されていない。

(4) Nollan v. California Coastal Commission, 177 Cal. App. 3d 719, 223 Cal. Rptr. 28 (1986). この事件でも、州最高裁は司法審査を拒否し、直接合衆国最高裁に上訴された。

II 判決の要旨

§144 First English Church 判決は、レンクィスト裁判官によって書かれ、これにブレナン、ホワイト、マーシャル、パウエル、スカーリアの各裁判官が参加した。これによれば、(1)まずこの事件が公用徴収の事件かどうかの判断はキャリフォーニア州の裁判所に任されるべき問題ではあるが、同州の上訴裁判所は最終的に公用徴収の事件であると判断した。(2)もし公用徴収の事件であるならば、この事件は合衆国最高裁判所が審理できる事件であり、その審理には合衆国憲法第5修正の「公用徴収」条項が参照され、合衆国最高裁判所のその条項の解釈が問題となる。同裁判所は、Pennsylvania v. Mahon 以来、規制が一定の限度を越えるときは正当な補償が必要であると解釈してきた[5]。(3)本件の場合、問題の規制は臨時のものであり徴収が永久的でないという争点も成り立ち得るが、憲法解釈にとって臨時であるか永久的であるかは重要ではない[6]。かなりの期間にわたって土地利用が全面的に禁止されていたのであるから、補償の金額の算定は別として、正当な補償が必要かどうか憲法判断を下さなければならない。結論としては、この事件の事実認定に関して未確定の部分がかなり残されており、同裁判所としては、キャリフォーニア州上訴裁判所の判決を破棄し、合衆国最高裁判所の考えに従って裁判をやり直すことを命ずる、と判決した。

§145 反対意見——この法廷意見に対し、スティヴンス裁判官が反対意見を書いている。この反対意見の第1部は、連邦法の先例に照らせば健康や地域の安全を守るための規制は「公用徴収」の事件ではないとしているのであるから、訴えが却下されるべきであると述べている[7]。また、第2部では、「行き過ぎた規制の場合には正当な補償がなされるべきである」とする判例法理を前提としたうえで、問題の規制の実質的効果を論じ、土地利用の臨時の制限によってどれだけの損失が生じたか全く証明されていないのに直ちに公用徴収があったと判断することはできないという[8]。さらに第3部では、キャリフォーニア州裁判所はこの種の事件を宣言判決かmandamusによって解決することにしているので、原告はまずこの救済を求めるべきで、直ちに正当な補償の問題の審理に入るべきではない。そして、最後の第4部では、この事件で規制が必要であることは誰もが認めているところであり、問題の核心は規制が適正であるか否かであるから、これはdue processの訴訟であって、公用徴収の訴訟ではないという[9]。このような4部からなる反対意見のうち、第1部および第3部にブラックマンおよびオコンナ両裁判官が参加している。

§146 Nollan判決の法廷意見は、スカーリア裁判官によって書かれ、これにレンクィスト、ホワイト、パウエル、オコンナの各裁判官が参加している。これによれば、海岸規制委員会が付した条件は、実質的には法律によって私有地を取り上げて公道を作ったのと同じ効果をもっている。私有財産という言葉の定義からも、他人の土地利用を排除することがその権利の最も重要な特性であると言わなければならない[10]。そして、第5修正の財産権保護規定は、police powerの行使による財産権の制約に対する正当な補償を否定するためには、州側が「その規制が州の利益を実質的に促進すること」を証明することを要求する。この解釈は、連邦判例法が確立している[11]。しかし、キャリフォーニア州海岸規制委員会

11 土地利用と正当な補償——ファースト・エヴァンジェリカル判決とノラン判決——

は、この証明をしていない、と判決した。

§147 反対意見——この法廷意見に対し反対意見が3つ書かれている。最初のものは、ブレナン裁判官が書き、マーシャル裁判官が参加したものである。これによれば、海岸規制委員会の側にはキャリフォーニアの海岸を一層開発して有効に利用する計画があり、先の条件はこれによるものであった(12)。これに対し、土地所有者の側は、いかなる合理的な権利をもっていて、問題の建築許可条件によってその権利が傷つけられたということを証明していない。合衆国最高裁判所の判決である Prune Yard Shopping Center v. Robins(13)では、財産の観念は州憲法に照らして定義されるべきであるとしているのであるから、本件では財産権の侵害は認められないとする州最高裁判所の判決は尊重されなければならない、という。

このブレナン裁判官の反対意見は、スティヴンス裁判官が別個に書き、ブラックマン裁判官が参加したもう1つの反対意見の中で、強い支持を得ている。スティヴンス裁判官の意見によれば、多数意見の考えは環境保護などの任務を負う行政機関が積極的行政を行うのを萎縮させるものであり、正しい考えではないという。もう1つの反対意見は、ブラックマン裁判官によるものであるが、これは非常に短いもので、伝統的な理論によればこの事件は正当な補償の認められない事例であり、常識的にも原告の主張を却下してよいという。

(5) Pennsylvania Coal Co. v. Mahon, 260 U.S. 393, at 415 (1922)でホウムズ裁判官が「財産は一定の限度までは規制されうるが、限度を越えれば徴用として認められる」と述べていることでよく知られる判決である。

(6) San Diego Gas & Electric Co. v. City of San Diego, 450 U.S. 621, at 657 (1980)を参照している。また、第5修正は自力執行力をもつともいう。ちなみに、San Diego 事件は原告が原子力発電所を作る目的で土地を買い、

152

その後に市議会が条例による土地規制によってその発電所を建てられなくした事件である。

(7) Keystone Bituminous Coal Assn. v. De Benedictis, 480 U.S. 470 (1987); Mugler v. Kansas, 123 U.S. 623 (1887)（「古くから、この国にあるあらゆる財産が、所有者の財産使用が共同社会にとって危害を与えるようなものであってはならないという黙示的義務のもとで、保有されている」）が参照されている。

(8) 前掲注(5)の Pennsylvania Coal 事件のほか、Loretto v. Teleprompter Manhattan CATV Corp., 458 U.S. 419 (1982) J.E.D. Associates, Inc. v. Atkinson, 121 N.H. 581, 432 A.2d 12 (1981) などを引用している。

また、これらはいずれも物理的な収用が実際にあった事件であるのに対し、本件では土地は物理的に奪われていないので、区別されるべきであるともいう。

(9) この議論について、詳しくは拙稿「デュー・プロセス法理の研究」英米法論集 143、173-77（1987 年）［本書第 1 巻］参照。

(10) Loretto, *supra* note 8, at 433 および Kaiser Aetna v. United States, 444 U.S. 164, 176 (1979) を引用している。多数意見は，その注の中でこれと抵触すると思われる Prune-Yard, *infra* note 13 にも言及し、その事件では大衆の土地利用を自分の意思で黙認したと思われる事実があり、本件とは違った性質のものであると述べている。

(11) はっきり論拠が示されていない。むしろ反対意見が引用する Minnesota v. Clover Leaf Creamery Co., 449 U.S. 456, 466 (1981) や Penn Central Transportation Co. v. New York City, 438 U.S. 104 (1978) の方がこの点をはっきり述べている。

(12) 前注の諸判例の他、Agins, *supra* note 1; Williamson v. Lee Optical, Inc., 348 U.S. 483 (1955) を引用し、財産の私的利用に条件をつけることは憲法上許されているという。そして、海岸規制委員会はキャリフォーニア州憲法 10 条 4 項で付与された権限を行使していて、United States v. Caroline Products, 304 U.S. 144, 154 (1938) により、合憲法性が推定されるという。

(13) Prune Yard Shopping Center v. Robins, 447 U.S. 74 (1980). Robins v. Prune Yard Shopping Center, 23 Cal. App. 3d 899, 153 Cal. Rptr. 854,

11 土地利用と正当な補償——ファースト・エヴァンジェリカル判決とノラン判決——
592 P.2d 341 (1979)（ニューマン判決）から上訴された事件。

III 判例評釈

§148　ここで紹介した2つの判例については、何十にも及ぶ論文や評釈が書かれている[14]。それだけ重要であり、論点も数多くあるということを示しているのであろうが、ここでは最初に断ったとおり、公用徴収の論点だけに絞って評釈することにしたい。

　その観点からまず COLUMBIA LAW REVIEW vol. 88, no. 8 の特集に注目しておきたい。これは1988年に Dartmouth College で開かれた「公用徴収の理論」と題するシンポジウムを基礎として書かれた論文集である[15]。この特集では、土地利用規制の意義が、経済的、倫理的、法理論的立場から、多方面にわたって議論されている。ここにいう経済的立場というのは、土地規制のやり方が、あるいはどのような土地利用を許すことが経済的に最も高い効率をもたらすかを論ずる功利主義的な研究をいう。この研究では、司法審査のやり方は直接の関心事ではなく、経済的効果が問題となる。次に倫理的立場というのは、必ずしも明確ではないが、土地に関する国民感情とかイデオロギーの問題などを含む。たとえば、First English Church のような事件で、洪水防止のために土地利用を全面的に禁止する選択肢だけでなく、監視を強化するだけの選択肢もありえたであろうし、上流に特別の安全施設を建設することも考えられたはずである。これらの選択肢のうちどれを選ぶかは、ただ単に功利主義的な効率の問題だけではなく、倫理的な問題でもあるというのである。そして法理論的立場というのは、多くの先例を分析し、理論的な矛盾のないような説明のできる解決を見つけようとするものである。

§149　その論文集の諸議論を紹介することはしない。あまり簡潔に書き過ぎ

れば不正確になりがちであるし、読者の関心に従って、自分で読んでいただきたい。ここでは、本章で取り上げた判例をめぐってなされる substantive due process の議論は一般の読者には理解しがたいので、それについて解説するのみにとどめたい。

1930年代まで、合衆国最高裁判所は、due process 条項の解釈として、私有財産を制約したり、契約の自由を侵すような立法は適正なものであるとはいえないとして、さまざまな保護法を違憲無効として退けた[16]。First English Church および Nollan の多数意見は、土地所有権の基本的な特徴としてほとんど絶対的な排他性をあげており、その議論に類似した面をもっている。しかし、多数意見も土地利用規制は合憲であると認めており、それを違憲と考えた古い時代の理論とは違っている。その議論に対する批判が直ちに多数意見批判につながるものではない。

§150 第3に、nuisance の議論と結び付ける評釈にもふれておこう[17]。Police power を行使して土地利用規制を行うとき、nuisance を除去することが目的となっているならば、正当な補償をする必要はないとするのが通説的な見解であると思われる。この見解に従えば2つの事件はいずれも nuisance の除去とは関係のない事件であるから、直ちに正当な補償が認められるかといえば、単純にはそうであるとは言えない。この点と関連して、ブレナン裁判官の反対意見で引用されている Prune Yard Shopping Center 判決に注目したい。この事件のキャリフォーニア州最高裁判所判決は、現代社会において財産権がいかなる意味をもつかはそのときの憲法秩序に照らして解釈されるべきものであると述べている。この判旨に従うならば、「関連する諸要素を比較考量しながら具体的な事例ごとに判断する」ことになると思われる。

実際、本稿で紹介した2つの判決は多くの議論を呼び、アメリカの連邦および州の数多くの裁判所で引用され、財産権の現代的意義をめぐる

11 土地利用と正当な補償——ファースト・エヴァンジェリカル判決とノラン判決——

議論が繰り返されている。First English Church のこの判決を受けて再審理に当たったキャリフォーニア州の上訴裁判所は、本件では土地利用規制が住民の安全のために必要であったことが具体的事実から認定できるとし、そしてまた、本件では原告の土地またはその利用権が完全に奪われたとも認定できないと判決し、原告の主張を再び拒否した[18]。しかし、住宅の利用の仕方についての地方自治体による規制を Nollan などによって争う訴訟が、キャリフォーニアだけでなくニューヨークでも起こっている[19]。テキサスでも海岸のビーチに置かれた妨害物を取り除けという法務総裁の命令に対し正当な補償を請求する訴訟が起きている[20]。アメリカの裁判所で First English Church や Nollan の再検討を求められなかった裁判所の方がむしろきわめて少ないと言ってよい。

(14) 主要なものは、First English Church, *infra* note 18 に引用されている。ここで問題となっている財産権に関する一般的な著書として、R.A. EPSTEIN, TAKINGS: PRIVATE PROPERTY AND THE POWER OF EMINENT DOMAIN (1985); FREEDMAN, FREEDOM OF SPEECH ON PRIVATE PROPERTY (1988) も参照。

(15) 88 COLUM. L. REV. 1581-1795 (1988). このシンポジウムでは、ここで取り上げた2つの判例の他、Keystone, *supra* note 7 も併せてトリオロジーと呼んでいる。ちなみに、Michaelman, F., *Takings 1987*, 88 COL. L. REV. 1600 (1988) は、合衆国最高裁の流れは Penn Central, *supra* note 11 から変わったと観察している。

(16) Lawrence, N.S., *Means, Motives, and Takings: The Nexus Test of Nollan v. California Coastal Commission*, 12 HARV. ENVIRON. L. REV. 231, 235-39 (1988); Note, *Leading Cases*, 101 HARV. L. REV. 119, 248 n. 52 (1987).

(17) Kmiec, D.W., *The Original Understanding of the Taking Clause in Neither Weak nor Obtuse*, 88 COLUM. L. REV. 1660, at 1638-40 (1988). また、R.A. EPSTEIN, *supra* note 14, at 108-11 も参照（police power の行使と公用徴収との関係について、拙稿・前掲注(9)、177-80 頁も見よ）。

(18) First English Evangelical Lutheran Church of Glendale v. County of Los Angeles, 210 Cal. App.3d 1353, 258 Cal. Rptr. 893 (1989).
(19) Bach v. County of Butte, 215 Cal. App. 3d 294, 263 Cal. Rptr. 565 (1989)［単一家族用の住宅の中で弁護士実務を行うことが禁止された事例］; Seawall Associates v. City of New York, 74 N.Y.2d 2, 542 N.E. 2 d 1059 (N.Y. 1989)［ワン・ルーム住居の所有者が利用規制を争った事例］.
(20) Arrington v. Mattox, 767 S.W.2d 957 (Tex. 1989).

12 水利権
——ウィロー・リヴァ電力会社判決——

序　説

§151　1966年にキャリフォーニア大学バークレー校ロー・スクールの教授であったショー・サトー教授がフルブライト客員教授として来日され、東京大学法学部において初めての水法の講義が開講された。同教授の講義の主要な部分は、ショー・サトー（田島裕訳）「アメリカの水法——アメリカ合衆国における水資源の配分」法学協会雑誌83巻11・12号1491—1547頁（1967年）として記録されている。ここで取上げる判例（United States v. Willow River Power Co., 324 U.S. 498 (1945)）は、その講義で非常に重要視されたものである。

I　事実の概要

§152　この事件では公用徴収による補償が争点の中心になっているが、これと関連して水利権の性質が問題となっている。本件に関係のあるウィロー川（Willow River）は、連邦河川であるサン・クロワ川（St. Croix River）から取水しているウィスコンシン州の運河である。連邦政府は、サン・クロワ川の航行の便宜をはかるために河床の改良工事を行い、その結果、水位が従来よりも約3フィート高くなった。ところが、これにより、ウィロー川に建設されていた水力発電ダムの発電能力が著しく低下することとなり、従来どおりの発電を続けるためには、ダム施設を相

12 水利権——ウィロー・リヴァ電力会社判決——

当改築しなければならなくなった。ダムの所有者である原告(ウィスコンシン州の公益事業法人)は、合衆国憲法第5修正の「何人も、正当な補償なしに、私有財産を公共の用のために徴収されることはない。」という規定に基づき、合衆国政府を相手として訴え、損失補償を請求した。

連邦の請求裁判所（Court of Claims）は、原告の主張を認め、合衆国政府に対し2万5,000ドルの補償を命じた[1]。被告合衆国政府は、連邦最高裁判所にこの判決の破棄を求めて上訴し、同裁判所は裁量的上訴を認めた。本件では、損害の証明および補償額の相当性は問題となっていない。問題となったのは、最初にも述べたとおり、サン・クロワ川の水位を上げたことが公用収用とでもいうべき「徴用（taking）」に当たるかどうかという点、および、それと関連して、第5修正の文言である「私有財産」としての水利権とは、いかなる性質の権利であるかということである。

§153 本件の判旨は、次に説明するように歯切れの悪いものであるが、この判決が注目されたのは、ハーバード・ロー・スクールのフロイント（Paul A. Freund）教授[2]が被告の特別弁護人となっていたことにもよると思われる。フロイントの主張は、第1に、航行の便宜をはかることは連邦政府の憲法上の権限の正当な行使であって、ウィスコンシン州が運河を建設してサン・クロワ川から取水したとき、原告はその権限行使に伴う損失の危険を引き受けていたはずであるという点である。第2に、本件の損失は、連邦政府の適法な権限行使の結果として生じた損失であるから、「徴用」によるものではないとするものである。

(1) Willow River Power Co. v. United States, 101 Ct.Cl. 222 (1944).
(2) 1908年2月16日に生まれた。1958年から1976年まで、ハーバード・ロー・スクールの憲法の教授であり、当時、第1人者であると目されていた。

II　判決の要旨

§154　ジャクスン（Jackson）裁判官は、最高裁判所の意見を次のように述べている。

「廃水口の水の出方に〔経済的〕価値があり、かつ、当該の公社がサン・クロワ川の水位を低い状態で維持することに経済的利益を有していることは、もちろん明白である。しかし、全ての経済的利益が『財産権(property rights)』ではない。法律によって支持される経済的利得のみが『権利』であって、かかるものとして認められた場合に限り、裁判所はそれに対する侵害を止めるべく、あるいは侵害に対する補償をなすべく、強制することができる。」

「流水の沿岸権の基本原則は、些細な相違はあるが、合衆国の 31 州で採用されている。……この制度の根本原理は、河川の水を合理的に使用する平等権を各沿岸地所有者が有しているということ、しかし、この権利は、他の沿岸地所有者が同じように有している合理的使用の平等権に制約されるということである。」

「沿岸権の原則は、航行可能でない河川[3]で最大の威力を有する。〔そこでは、〕流水からの利益を最大限に取得せんとして生じた所有者間の争いを冷却させる優越的公共利益が存在しな〔いからである〕。」

「航行可能な河川では、別の権利が介在する。航行可能な河川の沿岸地所有者は、航行可能でない河川の場合と全く同様に、他の沿岸地の所有者から妨害を受けない権利を通常有しているのであるが、しかし、全ての沿岸権者の権利は、航行という優先的公共利益に従うことを前提としていることが当初から認められている。」

「権利、財産等で対世的に絶対的なものは確かに稀であり、水利権もそ

の例外ではない。沿岸地所有者等の平等な者の間では権利がいかなるものであったとしても、それは、航行可能な河川において、航行の便宜をはかるという連邦政府の機能に基づくところの沿岸権と対等にみなしうるものではない。かかる諸利益が抵触する場合には、それらは平等な者の間の諸利益として調整が行われるべきではなく、私的利益は上位の権利〔利益〕に従属させられなければならない、あるいは、その私的利益は、連邦政府との関係においては、全く権利ではないといった方がもっと正確であるかもしれない。」

最高裁判所はこのように述べて、請求裁判所の判決を破棄した。リード（Reed）裁判官もこの結論に同調したが、その理由としては、「合衆国は被上訴人の財産を徴収していない。」と述べている。

§155 これに対しロバーツ（Roberts）裁判官は、請求裁判所の判決を支持する United States v. Cress, 243 U.S. 316 (1917)が先例として本件に適用されることを認め、同判決は肯定されるべきであると判示した。ストーン（Stone）首席裁判官はこの反対意見に同調した。

　　(3) 航行可能な河川は連邦法の管轄の下にあった。従って、この表現は、「州法では」ということを意味する。

III　判例評釈

§156 この判決は、2つの重要な意味を持つ。第1は、従来絶対的権利であると考えられてきた沿岸権の原則の解釈に合理的使用の理論を導入したことである。第2は、法律上の「権利」を相対的利益の概念で説明していることである。以下、これらの2点について解説することにしよう。

　第1に、沿岸権の原則は、コモン・ローによれば、河川に接する土地

の所有者（沿岸権者）が水利用の権利を有していること、かつ、この権利は土地の権利と同じように絶対的なものであるということを意味する。但し、この権利は家事用、家畜用、園芸用など家庭生活上の目的のためだけに認められた権利であった。また、この権利には、水へのアクセス権として通常の水位を維持することを要求する権利も含まれていた。これは自然流水の理論と呼ばれており、請求裁判所が原告の主張を認めたのは、この理論によるものと思われる。

　キャリフォーニアを中心とする西部の諸州で専用権の原則が使われてきたのに対し、沿岸権の原則は、東部の諸州で古くから採用されてきたものである[4]。本判決はこの原則を否定したものではないが、重要な点は、その原則を合理的使用の理論で説明しなおしたことにある。合理的使用の理論は、水資源を有効に利用してより大きな利益を引き出すことの必要性とその妥当性を認めるものである。例えば、Harris v. Brooks, 225 Ark. 436, 283 S.W. 2d 129 (1955)は、本判決を引用し、他の沿岸権者の実際上の水利用を妨害しない限度で、工業、灌漑、リクリエーションに役立つ有益な水利用のために水位を下げることを認めた[5]。

§157　次に、法律上の「権利」を相対的利益の概念で説明している点についてであるが、このことには2つの論点が含まれている。

　第1点は、従来、権利性が認められていた諸利益間での利益調整が可能になると共に、権利性が認められていなかった種々の経済的利益（いわゆる環境権と呼ばれるものをも含む）にも一定の法的保護が認められるようになったことである。このことに伴い、石油、天然ガスの採掘権、最近では、地熱権なども、新判例理論によって再評価されるに至っている。

　他方、第2点として、経済的利益の調整に際し、公共利益を一般的に優先させたために、連邦政府によって私的権利が著しく制約されるに至ったことがある。本判決自体は、この制約について、事実の概要の最

12 水利権——ウィロー・リヴァ電力会社判決——

後の部分で紹介したフロイント特別弁護人の主張の第1点にみられるように、「最初の取水の際に引き受けられた危険」の範囲内の制約でなければならないと述べているものとも読みうる（上げられた約3フィートの平均水位は、最高水位と最低水位との間の枠内にあることを認定している）。しかし、役権 (servitude) に関する判例法が古くから確立している[6]。本判決は傍論の中でそれに関連のある諸判例に支持を与えているために、連邦政府の航行のための水利用による沿岸権の制限は、ほとんど無制約になされているようである。

§158　もっとも、連邦政府の役権の理論を厳格なものにしすぎたことに対しては、最近、反省が行われつつあるようである。特定の場合について補償を認めることを明示的に規定する立法の準備作業が進められているようであるし、また、本判決とは全く異なったところに基礎を持つものであるが、最近の判例によって展開された公共信託の理論[7]も、一定の限度で連邦政府に責任を負わせるために使われている。

　最初に述べた本判決の持つ2つの意味について、これ以上詳細に説明する余裕はないが、最後に、本判決の先例としての適用範囲に関して、一言述べておこう。本判決は、公用徴収の事例であると認められる場合には適用されない。例えば、United States v. Twin City Power Co., 215 F. 2d 592 (1954)の事件では、「徴収」は明白であり、損失の補償額が争われたのであるが、この判決は、類似した事件であるのに本判決と区別し、本判決で補償が否定された経済的利益の損失も補償額の算定基準に含まれることを判示した。

　(4)　アイダホ、アリゾナ、コロラド、キャリフォーニア、ネヴァダ、モントゴメリ、ニュー・メキシコ、ユータ、オレゴン、テキサスの諸州。
　　専用権の原則について、Pasadena v. Alhanbrg. 33 Cal. 2d 908, 207 P. 2d 17, *cert. denied*, 339 U.S. 671 (1950)参照。

[追 記]

(5) 沿岸権の原則について、詳しくは、ショー・サトー「アメリカの水法」法学協会雑誌83巻11・12号（1966年）1491頁、および、板橋郁夫『米国水法研究』48頁（成文堂・1966年）を見よ。
(6) Gibson v. United States, 166 U.S. 269 (1897); Scranton v. Wheeler, 179 U.S. 141 (1900); United States v. Chandler-Dunbar Water Power Co., 229 U.S. 53 (1913)の諸判例参照。
(7) 水や空気などは公共の財産であり、国や地方自治体は、この財産を信託財産として管理する義務を負わされているとする理論。

Huffman, *A Fish Out of Water: The Public Trust in a Constitutional Democracy*, 19 ENVIRONMENTAL LAW 527 (1989); Comment, *The Public Trust Totem in Public Land Law: Ineffective — and Undesirable — Judicial Intervention*, 10 ECOL. L.Q. 455(1982); Lazarus, *Questioning the Public Trust Doctrine*, 71 IOWA L. REV. 631(1986).

マサチューセッツ州の判例として、Gould v. Greylock, 350 Mass. 410, 215 N.E.2d 114(1966); Harrison-Halsted Community Group v. Housing & Home Fin. Agency, 310 F.2d 99(D.C. Cir. 1968).

また、キャリフォーニア州最高裁判所は、配分的水利権の法理および公共信託の理論の本件への適用を検討した(National Audubon Society v. Superior Court of Alpine Country, 33 Cal.3d 419, 658 P.2d 709. 189 Cal.Rptr. 346(1983), *cert. denied*, 464 U.S. 977(1983). ペンシルバニア州憲法1条7節も見よ）。

[追 記]

「英米法判例百選〈第2版〉」（別冊ジュリスト）の判例評釈

§159　最近、筆者の大学院生が、この判例評釈について若干の疑問を提示した。それは、『英米法判例百選〈第3版〉』では別の執筆者が評釈をしており、若干の食い違いに気付いたためであるという。

　第1に、内容的にほとんど完全に同じ評釈になっている場合に、先行研究に対する敬意を払うのが学問の正しい在り方ではないか、というこ

とであった。これは一般論としてはその通りであるが、実際には、先輩が執筆しておられ、わたくしの評釈を引用することは、心情的にできなかったのではないかと思われる。言葉の表現だけを変えればそれで正当化されるというものではないが、これは実質的には大きな問題ではない。

§160　第2に、takingという用語にわたくしが「徴用」という訳語を付けたのに対し、〈第3版〉の執筆者は訳語を当てておらず、大学院生は、あえて当てるとすれば「収用」という訳語を当てるべきであると主張した。この考えは日本国憲法29条3項の規定を念頭においたことから生まれたものであろうと思われるが、むしろ意図的にその訳語を避けた結果が「徴用」であったと答えておきたい。英米法研究者の間でいろいろ議論を重ねた末、takingという用語には「収用」以外の多くのものが含まれている、という結論がでているために、苦肉の策として選択された訳語である。

§161　第3に、一見、〈第3版〉には新しい考えが提案されているように見えるけれども、実際上は、何も新しいものはない。日本民法との比較、「裁定」という用語の使用など、多少違ったものがあるように思われる。他にも厳密さに欠ける部分があるように思われるが、これ以上のことは、読者の判断に委ねることにしたい。

13 不法行為法の相殺の原則と自動車事故
――ジェス対ハーマン判決――

序　説

§162　英米不法行為法は、日本民法の解釈にもかなりの影響を与えてきた。英米不法行為法については、数多くの論文が書かれている。それにもかかわらず、寄与過失 (contributory negligence) の法理については、ほとんど関心が寄せられていない。ここで取上げる Jess v. Herrmann, 604 P. 2 d 208, 161 Cal. Rptr. 87 (1979) は、アメリカでは多くの判例評釈が書かれた判例であるが、そのせいか、日本では誰も注目しなかった。この判例は、寄与過失の法理の厳格すぎる部分を、保険制度に関する場合に緩和し、同時に現在の保険制度の意義を再検討したものである。

I　事実の概要

§163　原告の自動車と被告の自動車がロス・アンジェルスのある交差点の近くで衝突した。この事故で原告と被告の両方が損害を被ったので、Superior Court における裁判では、被告側も原告に対し損害賠償を求める反訴を提起した。陪審はその事故を起こしたことについて原告側には40パーセントの責任があり、被告側には60パーセントの責任があったと認めた。そこで裁判所は、原告に対しては、10万ドルの損害額から40パーセント分を差引いた6万ドルの損害賠償請求権を認め、また被告に対し

ては、1万4千ドルの損害額から60パーセント分を差引いた5,600ドルの請求権を認めた。しかし、裁判所は、キャリフォーニア州最高裁判所がLi v. Yellow Cab Co.判決(1)（以下、Li判決という）によって過失相殺の原則を確立していたので、両方の請求権を相殺して、被告は原告に対し5万4,400ドルを支払え、という判決を下した。これに対し原告と被告の両方が、裁判所の法の適用に誤りがあると主張してキャリフォーニア州最高裁判所に上訴したのが本件である。

(1) Li v. Yellow Cab Co., 13 Cal. 3d 804, 532 P.2d 1226, 119 Cal. Rptr. 858 (1975).

II　判決の要旨

§164　トブリナ（Tobriner）裁判官が多数意見を書き、バード（Bird）首席裁判官、モスク（Mosk）裁判官およびニューマン（Newman）裁判官がこれに同調した。この多数意見の要旨は、次のようなものである。

たしかにLi判決は、キャリフォーニア州民事訴訟法典の規定(2)にもかかわらず、寄与過失（contributory negligence）の原則を廃止して比較過失（comparative negligence）の原則を確立し、過失相殺が行われるようになった。しかし、本件での相殺は、「当事者間での面倒な金銭の交換を省くだけ」の意味しか持たない。かかる場合に、もしその相殺によって責任保険に影響が及ぶ場合には、相殺は許されない。というのは、最近フレミング（Fleming）が説明したように、「責任保険の目的はただ単に責任を負うという不運な結果に対し保険者を保護するというだけでなく、被害者が判決で証明済みの被告から単なる空手形を受取る代わりに実際にその者の不法行為の損失について確実に補償が得られるようにするこ

とにある」からである⁽³⁾。

多数意見はこのように述べて、法の適用に誤りがあったことを認め、本件を原審裁判所に差戻した。

§ 165 　少数意見はマニュエル(Manuel)裁判官が書き、これにクラーク(Clark)裁判官およびリチャードソン(Richardson)裁判官が同調した。少数意見は、責任保険の問題は当該の裁判とは直接関係のないことであるから考慮に入れるべきことではなく、原審判決はLi判決に正しく従っている、と述べた。また、多数意見を積極的に批判し、「正義(equity)」および「公序(public policy)」の名の下に、立法権を侵害している、と主張した⁽⁴⁾。

(2) CAL. CIV. PROC. CODE § 431.70 および § 666 は、本件のような場合に裁判所が相殺をすることを義務付けている。

(3) ここで引用されているフレミング教授の理論は、Fleming, *Report to the Joint Committee of the California Legislature on Tort Liability on the Problems Associated with* American Motorcycle Association v. Superior Court, 30 HASTING L. J. 1464, 1470 (1979) による。

最高裁判所は、さらに同教授のもう１つの論文 Fleming, *Foreward: Comparative Negligence at Last — By judicial Choice*, 64 CALIF. L. REV. 239, 247 (1976) を引用しながら、「補償および損失の分散という見地から考えられる唯一の解決は、当事者が保険を掛けている場合には純粋な過失相殺を禁止することである」と述べている。

(4) 608 P.2d 215. もっとも、この批判は、後に解説の部分で述べるように、最高裁判所の一連の諸判決を評価した上でのものであることに注意する必要がある。

III 判例評釈

§ 166 　本件は自動車事故と相殺に関する事件であるが、この判決に至るまでに一連の判例がある。その最初の判例であり、Jess v. Harrmann 判決

13 不法行為法の相殺の原則と自動車事故——ジェス対ハーマン判決——

（以下、Jess 判決という）でも読み方が問題になっている、Li 判決から説明をはじめよう。

Li 判決は、Jess 判決と同じように交差点での自動車事故に関するものであるが、原告に寄与過失があった。コモン・ロー上、原告に寄与過失がある場合には、救済は認められない[5]。しかし、原告の側にほんの些細な過失があったというだけの理由で損害賠償を否定することは、原告にとって余りにも苛酷であり、被告に不当な利益を与えるものであることがいくつかの論文によって指摘され、若干の州では寄与過失の原則は既に廃止されていた[6]。従って、Li 判決の少数意見も、その原則を廃止することに異論があったのではなく、キャリフォーニア州のように法律の明文の規定[7]によってその原則を定めている場合には議会がそれをすべきである、とするものであった。

Li 判決の多数意見は、この判決が立法機能を果すべきものであることをはっきり認めている。そして、寄与過失の原則が正義に適うものでないことを認め、プロッサ（Prosser）などの研究[8]に頼りながら新しく採用すべき法原則を模索している。いくつかの法原則を比較検討した後、結論としては、フロリダ州法に近い過失相殺の原則を採用したのであるが[9]、キャリフォーニア州の原則の詳細が明らかにされるまでに、一連の判決をまたなければならなかった。

§167　Li 判決に続く American Motorcycle Association v. Superior Court of Los Angeles County[10]（以下、American Motorcycle 判決という）は、原告がその未成年の子供に代わってアメリカ大陸横断オートバイ競争の主催者らを相手に競技中の事故から生じた損害の賠償を求めた事件であった。最高裁判所は、被告側は全員が各々連帯して共同不法行為責任を負うが、原告が競争への参加に同意を与えたことなどの過失責任は、その共同不法行為責任と相殺される、と判示した[11]。

Daly v. General Motors Corp.[12]（以下、Daly 判決という）およびSafeway Stores, Inc. v. Nest-Kart[13]（以下、Safeway 判決という）では、製造物責任の場合における Li 判決の先例としての適用が問題となった。Daly 判決は、自動車の扉の部分に欠陥があったために自動車が道路中央の分離柵にぶつかったときに外へ放り出され、運転手が死亡した事件に関するものである。最高裁判所は、製造者の厳格責任は認めたけれども、損害賠償額の決定の際に当該運転手が飲酒運転していたことを考慮に入れ[14]、その過失相当分を減額した。もう１つの Safeway 判決は、スーパーマーケットに備え付けられた、客が買った物を運ぶ手押し車の欠陥に関する事件であるが、陪審は、客の怪我に対する被告側の厳格責任を認めた際にその事故についてスーパーマーケットに 80 パーセントの責任があったことも認定した[15]。スーパーマーケットは、共同不法行為責任は American Motorcycle 判決にならって折半されるべきであると主張したが、最高裁判所は、陪審によって認定された過失の割合に応じて負担されるべきであると判示した。

§168　これら２つの判決には、モスク（Mosk）裁判官による厳しい反対意見が付されている[16]。モスク裁判官の言葉を借りれば、誇りをもって確立されたキャリフォーニア州の製造物責任の原則[17]を「不可解にも 180 度転換させる」ものである、というのである。そして、ジェファスン（Jefferson）裁判官も、Daly 判決では、部分的に多数意見に同調しながらも、実質的にはモスク裁判官の反対意見を補強する見解を述べている。すなわち、製造物責任は、被害者に対する損害賠償にかかる経費を製造者に全面的に負担させることが社会的に公正である、という考え方に基づくものであることを再確認しているのである[18]。

§169　Associated Construction & Engineering Co. v. Workers' Compensation Appeals Board[19]（以下、Associated 判決という）では、過失相殺

の原則を使用者責任の場合にいかに当嵌めるかが問題となった。この事件では、使用者である原告は、その雇人である大工が被った損害に関し第三者によって支払われた損害額を差引いて原告の使用者責任保険料が算定されるべきである、と主張した[20]。最高裁判所では、これまで過失相殺の原則を適用することに積極的であったトブリナ裁判官が本件ではその適用に反対したが[21]、モスク裁判官がその適用に積極的に賛成したので[22]、原告の主張が認められることになった。

§170 これらの諸判例を背景として、Jess 判決の事件が起きた。これらの諸判例、特に Associated 判決から判断すれば、この事件でも過失相殺が認められるものと思われた。しかし、既に判旨の説明の中で述べたように、モスク裁判官が再び過失相殺を認めない立場に賛成したので[23]、トブリナ裁判官の Li 判決の適用を否定する意見が最高裁判所の多数意見となったのである。

これらの一連の諸判例の各々の結論は、およそ妥当なものであると思われるけれども、数多くの論文の素材となりうる種々の論点を含んでいる[24]。実際に書かれた全ての論文をここで紹介する紙面のゆとりはないので、マニュエル裁判官の「多数意見は立法権を侵害している」という批判に関係のあるもののみを紹介することにしたい。実際、カリフォーニア州では、数人の裁判官が議会による召喚を受け、審問に応じたのであるが、裁判所は何をすべきかという問題が改めて問われ、これが最近の著しく重要な法律問題となっているからである。

かかる立場からすれば、まず最初に、イングランド (I. England) の論文が読まれるべきである[25]。この論文は、Li 判決に焦点を当て、最高裁判所がカリフォーニア州民法典の制定過程にふれ、立法者意思が寄与過失の原則を州法にすることにあったことを確認しながら、しかも、裁判所による法の変更を認めないというもう1つの立法者意思をも無視し

てまで、判例による法改革を行ったことを非常に強く批判している[26]。つまり、当該の民法典の起草者であったフィールド（Field）自身が述べているように、不変性(inflexibility)が法の最も重要な価値である法的確実性（certainty）をもたらすのであるが、Li 判決はこの教訓にも従わなかったわけで、民法典の完全な死亡宣告をしたのに等しい、と結論している。

§171　次に、レヴィ（N.M. Levy）およびアーシン（E. Ursin）の「岐路に立つキャリフォーニア州の不法行為法」と題する論文を取り上げたい[27]。この論文は、Daly 判決でのモスク裁判官の反対意見に触発されたものであると思われるが、トレイナ（Traynor）裁判所の伝統と先に紹介した一連の諸判決との間に一貫性があることを論証することが主題となっている。両教授によれば、キャリフォーニア州の最近の不法行為法に関する判例法は一見混沌としているように見えるけれども、責任の有無に関する議論と損害賠償額の算定に関する議論とを区分して分析すれば、Escola v. Coca Cola Bottling Co.判決[28]で同調意見として述べられたトレイナ裁判官の不法行為法理論（これは後に Greenman v. Yuba Power Products, Inc.[29]判決で最高裁の法廷意見となった）は今日でも一貫して基調となっているという。この論文は、本稿で紹介したもの以外にも数多くの諸判例を類型別に分析しており、興味深い論文であるが、結論には直ちに賛成しがたい。

§172　筆者の分析によれば、レヴィおよびアーシンが述べている通り、ジェローム・フランク流のリアリストであったトレイナ裁判官[30]を支持したのはモスク、ピータース（Peters）、サリヴァン（Sullivan）、トブリナおよびライト（Wright）の5人の裁判官であったが、Daly 判決以後に残っているのはトブリナおよびモスク両裁判官だけであり、しかも両裁判官がしばしば対立する意見を述べていて、これをどのように説明するかは

13 不法行為法の相殺の原則と自動車事故——ジェス対ハーマン判決——

容易な問題ではない。既に判旨の説明の中で述べたように、Jess 判決におけるトブリナ裁判官の多数意見は、フレミング教授の研究[31]に頼っているのであるが、もしフレミングの理論を一般的に支持していると考えてよいとすれば、Jess 判決は不法行為を一種の社会保険法に変質される過渡的な判例であると見ることもできる。もしこのような見方が許されるならば、一方ではそれに賛成する新しい裁判官が登場してきているのに対し、他方、モスク裁判官のように、トレイナ裁判所の伝統を忠実に維持しようとしている裁判官もいる、というのが現状なのではあるまいか。

§173 最後に、最近の最高裁判所に対する非難の矢面に立っているトブリナ裁判官自身の弁明を聞くことにしよう[32]。トブリナ裁判官は、ロヨラ・ロー・スクールでの特別講演の中で、今日の社会の正義は平等（機会の均等）の理念によって意味づけれられているが、結果の平等こそ重要なことである、と主張する。Jess 判決にこれを当嵌めれば、自動車事故の被害者が結果として救済されることが最も重要なことであって、自由競争の原理に基づく法の諸理論はその限りで修正されるべきである、ということになると思われる。かかる理論は、トブリナ裁判官自身も認めている通り、一種の自然法論であるが、今日のアメリカ社会には、なぜかこれに共鳴する者も少なくない。

　　(5) Butterfield v. Forrester, 11 East 60, 103 Eng. Rep. 926 (1809)によって確立された準則であると言われている。
　　　ちなみに、この事件は、パブでお酒を飲んでから馬に乗って帰宅中の貴族が道路に放り出してあった農具につまずき、怪我をした事件である。首席裁判官エレンバロ卿 (Lord Ellenborough) は、原告である当該貴族にも過失があったことを認定して、救済を認めなかった。
　　(6) サリヴァン裁判官の多数意見は、アーカンソー、コロラド、コネティカッ

ト、ジョージア、ハワイ、アイダホ、メイン、マサチューセッツ、ミネソタ、ミシシッピ、ネブラスカ、ネヴァダ、ニュー・ハンプシャ、ニュー・ジャージ、ノース・ダコタ、オクラホマ、オレゴン、ロード・アイランド、サウス・ダコタ、テキサス、ユータ、ヴァモント、ワシントン、ウィスコンシン、ワイオミングの25州 (V. Schwartz, Comparative Negligence 367-69 (1974) 参照)、および1908年の Federal Employers' Liability Act, 45 U.S.C. § 53 や1920年の Death on the High Seas Act, 46 U.S.C. § 766 などの連邦法が、既に寄与過失の原則を放棄していることを述べ、さらに、後掲注(8)に引用する論文にも頼りながら、《純粋に》過失の度合いに応じた責任を認めるものとそうでないものとに大別している。ちなみに、最近のドゥリー (Dooley) の研究によれば、後者はさらにウィスコンシン型とネブラスカ型とに分類されている (J. Dooley, Modern Tort Law: Liability & Litigation 121-50 (1977))。

(7) Cal. Civ. Code § 1714 (1872). この規定は次のように定めている。
「全ての者は、その者の故意による行為の結果に対してだけでなく、その者の財産または身体の管理について通常の注意または技術を用いなかったことから他人に与えた損害に対しても、賠償の責を負う。」
この規定の歴史的意味や解釈について、詳しくは、後掲注(25)の論文を見よ。

(8) Prosser, *Comparative Negligence*, 41 Calif. L. Rev. 1-37 (1953). また、V. Schwartz, *supra* note 6; F. Harper & F. James, The Law of Torts (1956) を随時参照している。

(9) 実質的には、Hoffman v. Jones, 280 So.2d 431 (1973) に従ったものと思われる。この結論に対し、クラーク裁判官は、民法典の明文を無視したこの判決は、「再び司法的利己主義を犯した」ものである、と厳しく批判している (Li. v. Yellow Cab. Co., 532 P.2d 1226, at 1247)。かかる批判にもかかわらず、多数意見が積極的な判決を下したのは、前掲注(8)のプロッサー教授の論文やR. Keeton, Venturing To Do Justice 45-53, 85-89 (1969) など、学界からの強力な支持があったからであると思われる。

(10) American Motorcycle Ass'n. v. Superior Court, 20 Cal. 3d 578, 578 P. 2d 899, 146 Cal. Rptr. 182 (1978).

(11) これはトブリナ裁判官の多数意見によるものであるが、これに対しクラーク裁判官が反対意見を書いている (前掲注(9)も見よ)。

13 不法行為法の相殺の原則と自動車事故——ジェス対ハーマン判決——

(12)　Daly v. General Motors Corp., 20 Cal. 3d 725, 575 P.2d 1162, 144 Cal. Rptr. 380 (1978).

(13)　Safeway Stores, Inc. v. Nest-Kart, 21 Cal.3d 322, 579 P.2d 441, 146 Cal. Rptr. 550 (1978).

(14)　もしシートベルトを締めて普通に運転していた場合には、扉の部分の欠陥は問題とならなかった事例である。なお、減額する金額の実際の算定基準は、この判決では明らかにされていない。

(15)　本件では、初めての試みとして、裁判所は陪審に対し次のような質問に答えさせている。

　　A問：被告に責任があるとすれば、過失、厳格責任、保証違反のうちいずれの理論によるか。

　　B問：3人の被告は各々何パーセントの責任を負うか。

　　陪審は3人の被告のうち、問題の手押し車の修理を随時受けていた Technibilt Corporation には責任はないと認定した。

(16)　Daly v. General Motors Corp., 575 P.2d 1162, at 1181; Safeway Stores, Inc. v. Nest-Kart, 579 P.2d 441, at 448.

(17)　具体的には、後掲注(28)および(29)に引用する判例を指している。

(18)　モスク裁判官は、後掲注(29)の Greenman 判決の次の部分を繰返し引用している。

　　「その責任の目的は、欠陥のある製造物から生じた損害の費用をその製造物を市場に出した生産者に確実に負担させることにある。」(377 P.2d 897, at 901)。

　　つまり、製造物責任が問題になる場合には、製造物から怪我が生じたことだけの立証によって生産者が厳格責任を負うのであり、生産者以外の者の過失の度合いなど、そもそも問題となりえない、というのであろう（後掲注(29)参照）。

(19)　Associated Constr. & Eng'r Co. v. Workers' Compensation Appeals Bd. 22, Cal.3d 829, 587 P.2d 684, 150 Cal. Rptr. 888 (1978).

(20)　少し詳しく説明すれば、これは次のような事案である。

　　原告の雇人である大工が工事中に右足首に怪我をし労災補償を受けた。その後に当該の大工は、第三者から和解により一定額の損害賠償金を受領した。そこで原告は、その将来の保険料について CAL. LAB. CODE § 3861 により当

該賠償金総合額の割引を求めたが、Witt v. Jackson, 57 Cal.2d 57, 366 P. 2d 641, 17 Cal. Rptr. 369 (1961)で使用者にも過失があった場合にはその割引を認めないという準則が確立されていたので、労働者災害補償不服審査委員会は申告の申請を認めなかった。

(21) 上掲注(20)で引用した労働法の条文の解釈として、「和解」による賠償金の場合には、割引が認められないとするジェファスン裁判官の反対意見に同調すると一言述べたにすぎない。しかし、トブリナ裁判官は、Jess 判決の場合と同じように、この事件が保険に関係するものであることを考慮に入れていたのではあるまいか。

(22) モスク裁判官が多数意見を書いている。

(23) 多数意見に同調する理由は一言も述べられていないが、モスク裁判官は厳格責任の場合だけを Li 事件と区別する立場をとっていると思われる。

(24) 重要な論点の1つとして retroactivity の問題も含まれているが、これについては、わが国でも十分に論じ尽されている（例えば、田中英夫「判例の不遡及的変更」法学協会雑誌 83 巻 7・8 号（1966 年）1005 頁）ので、ここでは説明を省略した。

(25) England, Li. v. Yellow Cab Co. — *A Belated and Inglorious Centennial of the California Civil Code*, 65 CALIF. L. REV. 4-27 (1977).

(26) もっとも、大陸法の国の裁判官がするように、民法典の自由な解釈によって過失相殺の原則を導き出すことが可能であったことを認め、そうすることに反対しているわけではないから、Li 判決の結論に反対するものではなさそうである。

(27) Levy & Ursin, *Tort Law in California: At the Crossroads*, 67 CALIF. L. REV. 497-545 (1979).

(28) Escola v. Coca Cola Bottling Co., 24 Cal. 2d 453, 461, 150, P.2d 436, 440 (1944)（トレイナ裁判官の同調意見）．

(29) Greenman v. Yuba Power Prods., Inc., 59 Cal. 2d 57, 377 P.2d 897, 27 Cal. Rptr. 697 (1963).

この判決は、契約法上の保証責任を否定し、製造者の厳格責任のみを認めたことに重要な意義がある。また、アメリカ法全体に大きな影響を与え、リステイトメントでも採用されている（RESTATEMENT (SECOND) OF TORTS § 402 A. 但し、リステイトメントに関しては、§ 463 および § 467 も参照）。

13 不法行為法の相殺の原則と自動車事故——ジェス対ハーマン判決——

(30) トレイナ裁判官の法というものの考え方は、Traynor, *Fact Skepticism and the Judicial Process*, 106 U. PA. L. REV. 635 (1958); do, *Sadlands in an Appellate Judge's Realm of Reason*, 7 UTAH L. REV. 157 (1960); do, *Who Can Best Judge the Judges?* 53 VA. L. REV. 1266 (1967)によく表われている。

(31) フレミングの前掲注(3)に引用した論文が引用されているが、同教授の不法行為法についての基本的な考え方は、Fleming, *The Role of Negligence in Modern Tort Law*, 53 VA. L. REV. (1967)でもっと明解に説明されている。1973年のニュージーランド法がフレミング教授の1つの理念型を示していると思われる（J. FLEMING, THE LAW OF TORTS, 390-91 (5th ed. 1977))。

(32) Tobriner, *St. Thomas More and Natural Law*, 11 LOY. L.A.L. REV. 1-6 (1978).

14 キャリフォーニア州最高裁「死刑は違憲」判決
──アンダースン判決──

はじめに

§174 「生命」の価値は最も重い。しかし、アメリカでも長い間、死刑は合憲であると考えられてきた。1970年代になると死刑を廃止する声が高まった。

People v. Anderson, 493 P.2d 880, 100 Cal. Rptr. 152, 6 Cal.3d 628 (1972)の判例では、キャリフォーニア州最高裁判所は、死刑を「残酷で異常な」刑罰であると判決し、それを廃止した（同事件の最初の死刑判決、People v. Anderson, 70 Cal.2d 15, 73 Cal. Rptr. 550, 447 P.2d 942 (1968) も参照）。

連邦裁判所も、適正手続条項の解釈によって死刑判決を実質的に廃止する傾向をみせていたが、Gregg v. Georgia, 428 U.S. 153, 96 S. Ct. 2909 (1976)では、合衆国最高裁判所は、明確な判断基準を制定法によって示されている場合には、死刑判決は合憲であると判示した。

この死刑の問題は政治問題になり、キャリフォーニア州でも制定法によって一部復活させている。それでも、今日でもアンダーソン判決の意義は失われていない。死刑廃止論者の諸理論が明確に整理して説明されているからである。

I 序 説

§175 1968年2月18日の朝日新聞ですでに報道されたように、州民対アン

14 キャリフォーニア州最高裁「死刑は違憲」判決——アンダースン判決——

ダースン事件において、キャリフォーニア州最高裁判所は、死刑は州憲法が禁ずる残酷で異常な刑罰であるとして違憲判決を下した[1]。今日では、かなり多くの州において、また諸外国において、死刑を廃止したり、著しく制限する傾向が見られるので[2]、この判決は必ずしも予測がつかなかったわけではない。しかし、死刑の制度は長い歴史の重みに支えられてきたものであって、その存続に賛成する議論は今日でも有力であるし、ことにキャリフォーニア州は、それを支持する有力な砦であったのであるから[3]、この判決で死刑を廃止したことは大きな意義を持つものと思われる。

§176　死刑に関する議論は、大きく分けて3つに分けることができると思う。第1は、手続の面に関するものである[4]。死刑の執行によって生命が奪われた場合、たとえその後に死刑判決が誤っていることが分ったとしても、失われた生命を再び取り戻すことは不可能であるので、誤審が絶対にないという保障がない以上、生命のような重要なものを奪う手続としては裁判は適正な手続であるとはいえないのではないかという議論である[5]。第2に、いわば死刑の本質論ともいうべきものがある。これは、「人を殺すことはなぜ悪いか」、もし人を殺すことが悪であるとして、「殺し屋を殺すことは許されるか」という法哲学の問題につながるものである[6]。第3に、死刑の法社会学的効果を論じる議論がある。例えば、死刑は一般予防効果（威嚇力）を持ちうるかがそれである[7]。

アンダースン判決の背景を理解するために、上に述べた3つの側面からの死刑に関する議論が、これまでの連邦裁判所およびキャリフォーニア州の諸判例の中で、どのように展開されてきたかを分析しておくことが好ましい。しかし、紙面の制約もあり、ここでは、上のそれぞれの議論に関連する注の中で、また、後の「アンダースン判決の意義」と題する節の注の中で、それに役立ちそうな文献を紹介するだけにとどめたい。

I 序　説

(1) People v. Anderson キャリフォーニア州最高裁判所判決第13617号事件、1972年2月18日判決。ジュリストの評釈は、METROPOLITAN NEWS, Feb. 25, 1972の判決速報に基づいて書いたが、正式の判決引用は、後掲注(8)に示す。なお、朝日新聞、昭和47年2月19日（夕刊）、第8面を見よ。

(2) 死刑を廃止した州は、アラスカ、ハワイ、アイオワ、メイン、ミシガン、ミネソタ、オレゴン、ウェスト・ヴァジニア、ウィスコンシンの9州（さらに、プエルト・リコおよびヴァージン・アイランズ）。

但し、ウェスト・ヴァジニアでは死刑を復活させる法案が、最近、州議会に提出され、1972年2月中旬に上院を通過した。

ニュー・メキシコ、ニュー・ヨーク、ノース・ダコウタ、ロード・アイランド、ヴァモントでは、死刑を著しく制限している。

世界各国の死刑の実態については、田宮裕「犯罪と死刑」荘子・大塚・平松編『刑罰の理論と現実』158—65頁（岩波書店・1972年）参照。なお、ヨーロッパ人権規約は、死刑を廃止している。

(3) 矯正不可能な場合の死刑の適用については、プラトン以来、ボーダン、グロチウス、モンテスキュウ、ホッブス、ルソー等多くの者が説いてきたところである。また、聖書の中にも死刑を支持していると思われる部分があり、これまでのキャリフォーニア州の諸判例も死刑は合憲であると判示しており、学説の中にもその見解に賛成する者があるが、それらは、後に紹介するマッコム判事の少数意見の中に引用されているので、その部分の注で引用することにする。（後掲注(28)参照）。

(4) アメリカ合衆国憲法第5修正および第14修正は、「何人も、適正な法の手続によることなしに生命……を奪われない。」と規定している。キャリフォーニア州第1編第13条に同じ規定がある（以下、デュー・プロセス条項と呼ぶ）。

(5) 最近のデュー・プロセス条項に基づく議論は、陪審による公正な裁判と死刑との関連を問題とするものが多い。

例えば、陪審に対して死刑の適用基準を説示しなかったこと自体は合憲であるとする McGautha v. California: Crampton v. Ohio, 402 U.S. 183 (1971)(但し、3人の裁判官の有力な反対意見が付いている)、冒頭手続の際に被告人が有罪の答弁をし、積極的に弁護しなかったために窃盗罪に対して陪審が死刑評決をした場合、その答弁が陪審との関係で実際上何を意味する

14 キャリフォーニア州最高裁「死刑は違憲」判決——アンダースン判決——

か十分理解して任意にその答弁をしたことが記録から明らかでなければデュー・プロセス違反であるとする Boykin v. Alabama, 395 U.S. 238 (1969) 参照。

また後掲注(9)に引用する Witherspoon v. Illinois, 391 U.S. 510 (1968); Maxwell v. Bishop, 395 U.S. 711 (1969), *remanded to D.C.*, 398 U.S. 262 (1970) もこのカテゴリの事件である。

(6) アンダーソン判決（前掲注(1)）の中心問題である「死刑は残酷な刑罰であるか。」という問題は、このカテゴリに属するものである。

(7) 後に述べるように、アンダースン判決（前掲注(1)）もこのような経験的なアプローチをある程度採用している。

なお、死刑の役割、機能等を経験的に観察し、死刑論を展開する最近の文献として、SELLIN (ed.), CARITAL PUNISHMENT (1967) および、同書 275—79 頁の諸文献が参考になる。

II アンダースン事件の経過

§177 第1回目の裁判では、陪審は、被告人が客を装い質屋兼質流品小売商店に立ち入り、商品の小銃を手に取って店員の1人を殺害したことに対して第1級殺人で、もう1人の店員と通行人を射とうとしたことに対して殺害未遂で、さらに小銃を奪ったことに対して第1級窃盗で、有罪とし、死刑の評決をした。1966年には、キャリフォーニア州最高裁判所も、被告人の種々な主張を退けて、第1審の死刑判決を支持した[8]。しかし、その後、連邦最高裁判所がウィザスプーン対イリノイ判決において、宗教上の理由などに基づいて死刑の評決に賛成しないことがあらかじめ分っている者を除外して構成された陪審によって出された死刑評決に基づいた判決は、偏見を持った陪審によるものであって、手続的違反があると判示した[9]ために、キャリフォーニア州最高裁判所は、人身保護令状に基づく再審理の請求を認め、ウィザスプーン判決の準則に従って陪審

182

の量刑に関する評決の部分だけのやり直しを命じた⁽¹⁰⁾。

§178　第2回目のアンダースン事件の裁判は、死刑とするか無期懲役とするかという点が当然論争の中心となっている。被告人側は、死刑はアメリカ合衆国憲法第14修正、同第8修正、およびそれに対応するキャリフォーニア州憲法の規定によって禁止される「残酷かつ異常な刑罰」であると主張した⁽¹¹⁾。キャリフォーニア州最高裁判所は、これに対し、結論としては被告人側の主張を認めながら新しい憲法解釈を示した。判決自身がその中で述べているように、この判決はただ単に本件の被告人だけを死刑にするかどうかが争点なのではない。現在死刑の判決を受けその執行を待っている104人の囚人⁽¹²⁾と、将来死刑判決を下される者にも直接影響を及ぼすものである。さらには、間接的にではあるが、キャリフォーニア州と同じような憲法を持っている州、その他の州にも影響を及ぼすことが考えられる⁽¹³⁾。これらの諸観点に立って、アンダースン事件をここに紹介することにしよう。

(8)　People v. Anderson, 64 Cal.2d 633, 51 Cal. Rptr. 238, 414 P.2d 366 (1966).

(9)　Witherspoon v. Illinois, 391 U.S. 510 (1968).

(10)　*In re* Anderson, 69 Cal.2d 613, 73 Cal. Rptr. 21, 447 P.2d 117 (1968).

(11)　アメリカ合衆国第8修正は、「……また残酷かつ異常な刑罰を科してはならない。」と規定する。同第14修正のデュー・プロセス条項を通じてその保護が州にも及ぶという主張である。(なお、それに対応するキャリフォーニア州憲法の規定は、後掲注(14)および注(18)に訳出する。)

(12)　正確には107人のようである。後掲注(31)に引用するダショウィッツの論評およびタイム誌のノートを見よ。

(13)　この点の判断に役立つ1つの資料として、Bedeau, *The Death Penalty in America: Review and Forecast*, 35 Fed. Prob. 32 (1971)が参考になる。
　　　ちなみに、キャリフォーニア州と同種の州憲法の規定は、アラバマ州憲法第1編第15条、デラウェア州憲法第1編第11条、ケンタッキ州憲法第17条

14 カリフォーニア州最高裁「死刑は違憲」判決——アンダースン判決——

[「残酷な刑罰」のみを禁止している]、メアリーランド州憲法第25条、ミシガン州憲法第1編第16条、ペンシルヴァニア州憲法第1編第13条[「残酷な刑罰」のみを禁止している]、ロード・アイランド憲法第1編第9条[「残酷な刑罰」のみを禁止している]、サウス・キャロライナ州憲法第1編第19条[「残酷かつ異常な刑罰」を禁止しているが、すぐ次の文章が体刑(corporal punishments)を禁止しているので、それと合わせて解釈して、同種の規定に含めた]がある。

III カリフォーニア州最高裁判決の概要（州憲法の解釈）

§179 ライト首席裁判官、ピータース裁判官、トブリナ裁判官、モスク裁判官、バーク裁判官、サリバン裁判官による多数意見は、はじめに本件はカリフォーニア州憲法だけで解釈のできる問題であるとし、カリフォーニア州憲法第1編第6条の「残酷または異常な刑罰」条項[14]の解釈が求められているのであると説示している。アメリカ合衆国憲法の適用の問題は考える必要はないと断わっている[15]。これまでいくつかの判例の中で、連邦最高裁判所もカリフォーニア州最高裁判所も死刑は「残酷かつ異常な刑罰」にあたらないと判示してきた[16]。しかし、本件では、死刑が残酷でかつ異常であるかという判断ではなく、死刑は残酷であるか、また死刑は異常であるかという二つの問題が問われており、それらの問題は、新しい問題であって、従来の基準では判断できないとしている。

§180 カリフォーニア州憲法の立法の経過を歴史的に調べてみると、カリフォーニア州では、連邦の「残酷かつ異常な刑罰」条項の判断基準とちがったものを考えていたと言えるかもしれない[17]。しかし、同州憲法の他の諸条項、例えば、第1編第13条は、「法の適正な手続(due process of law)によることなく生命……を奪ってはならない」と規定しているか

III　キャリフォーニア州最高裁判決の概要（州憲法の解釈）

ら、適正な手続によりさえすれば生命でも奪うことができるとも解釈され、死刑を間接的に肯定しているとも読める[18]。そこで、第1編第6条が死刑を禁止しているとする解釈には矛盾があるという訴追側の主張が出てくる。この点に関して、キャリフォーニア州最高裁判所は、州憲法が最初に制定された当時には西部劇に見られるような絞首刑すら行われていたことが記録に残っているから[19]、その当時では、死刑は、残酷または異常な刑罰とは考えられていなかったが、後に示すように今日ではそうではないという。訴追側が指摘する憲法の諸条項は、それぞれ異なった目的を持っているものであって、第1編第6条が死刑を残酷または異常な刑罰であるとして禁止していると解釈しても、他の諸条項のそれぞれの目的がさまたげられることはなく、本件ではそれらについて検討する必要はないと判示している。

(14)　キャリフォーニア州憲法第1編第6条の第二文は、「過大な保険金は要求されず、過大な罰金が科されることもないし、また残酷または異常な刑罰が科されることもない。」と規定する。

(15)　たとえ連邦最高裁判所が異なった判断を示そうとも、キャリフォーニア州では死刑を何としても廃止させるという裁判所の態度が、ここに表われている。前掲注(11)の主張に対して判断しなかったのも、連邦裁判所への上訴の道を鎖す意図があったものと思われる。

　　現在、連邦最高裁判所がサーシオレアライを認め、近くその判決が出されるものと予測される同じくキャリフォーニア州の事件、People v. Aikens, 70 Cal. 2d 369, 74 Cal. Rptr. 882, 450 P.2d 258 (1969), *cert. granted*, 403 U.S.952 (1971) と対比せよ。

(16)　後掲注(28)に引用するキャリフォーニア州の諸判例参照。

(17)　連邦最高裁判所は、古い先例である O'Neil v. Vermont, 144 U.S. 323, 340 (1892); *In re* Kemmler, 136 U.S. 436, 447 (1890) に示されるように、死刑が残酷で異常な刑罰であるかどうかの判断基準は、死刑は野蛮な方法によるものであるか、また、過度の刑罰を科するものではないかであるという

185

見解をとってきた。これは、1689年のイギリスの権利章典（Bill of Rights）の誤まった解釈に基づくものであると最近の論文は指摘している。Granucci, *"Nor Cruel and Unusual Punishments Inflicted": The Original Meaning*, 57 CAL. L. REV. 839-65 (1969).　これに対し、州憲法制定の経過から判断して、キャリフォーニア州憲法は別の系類に属し（前掲注(13)参照）、その基準を意識的に採用しなかったのではないか、という考え方である。この場合、基準となるものは、死刑の宣告から執行に至るまでの過程が個人および社会に与える効果を総合的に評価して残酷であるといえるかどうかである。

(18)　関連のある条文は、キャリフォーニア州憲法第1編第6条「総ての者は、死刑犯罪の場合を除いて……十分な保証金をつんで保釈されうるものとする。」、同第8条「訴追されている重罪（felony）が死刑によって処罰できないものである場合、治安判事は、被告人の弁護人が出頭したときに直ちに被告人に対する告訴状を読みあげ、訴追されている犯罪に対して有罪の訴答をするか無罪の訴答をするかを尋ねなければならない。」同第13条「何人も、適正な法の手続によることなく生命……を奪われない。」、同第5編第8条「知事は、適切であると思慮するならば、死刑執行の猶予を認めることができる。」、同第6編第11条「死刑判決が宣告された場合、〔州〕最高裁判所が上訴管轄権を持つ。」（傍点は筆者）。

(19)　1849年に最初の憲法制定、1869年に再編成の後、今日に至る。憲法制定当時のキャリフォーニア州の社会について、3 HITTELL, HISTORY OF CALIFORNIA (1898)を引用している。

IV　キャリフォーニア州最高裁判決の概要・裁判所の機能と先例の意味

§181　次に、死刑が残酷または異常な刑罰であるかどうかの判断は、立法部に任せられるべきであるとの主張について見解を述べている。キャリフォーニア州最高裁判所は、立法部は処罰に関する立法をする権限を持っているが、裁判所はそれが「権利宣言（Declaration of Rights）」に違反していないかどうかを判断する責務を負うとの見解をとっている[20]。キャリフォーニア州裁判所は、これまで死刑は合憲であるという

V キャリフォーニア州最高裁判決の概要・死刑は残酷または異常な刑罰

判断を示してきたが、それは、憲法の「残酷かつ異常な刑罰」の判断と同じ観点から見てきたものであって、州憲法第1編第6条の解釈としてではなく、また、同条の下でフィンリー判決は「死刑は残酷な刑罰ではない」と判断してはいるが[21]、悪意暴行 (malicious assault) に対して死刑を科することが法の下の平等に反するという主張に対してなされた判決であって、その判決の準則である「刑の均衡」の基準は、本件では使うことができないと判示している。しかし、本件の主要な問題である「死刑それ自体（per se) が残酷または異常であるか」の判断にあたっても、それらの先例に示されている「現時点における文化的な市民の道徳感情を基準にする」という準則は有効であって、その点についての独自の判断がここでもなされなければならないと判示している[22]。

(20) この点の根拠となる判例として、Bixby v. Pierno, 4 Cal.3d 130, 141 (1971)。さらに、連邦憲法第8修正に関する Trop v. Dulles, 356 U.S. 86, 100 (1958) (州は処罰する権限を持っているが、〔第8〕修正は、その権限が文化的諸基準の限界内において行使されることを保障するために置かれている）。また、Weems v. United States, 217 U.S. 349, 379 (1910)参照。
(21) *In re* Finley, 1 Cal. App. 198, 201, 81 Pac. 1041, 1043 (1905); People v. Finley, 153 Cal. 59, 94 Pac. 248 (1908). また、同趣旨の判例として、People v. Oppenheimer, 156 Cal. 733, 106 Pac. 74 (1909).
(22) この点については、People v. Clark, 389 Cal. Rptr. 253, 473 P.2d 997 (1970)、前掲注(20)に引用した連邦の判例、さらに Robinson v. California, 370 U.S. 660, 666 (1962)が先例となっている。

V キャリフォーニア州最高裁判決の概要・死刑は残酷または異常な刑罰

§182 キャリフォーニア州最高裁判所は、まず死刑が残酷であるという認定をするために、死刑の心理学的影響に関するデータを主な証拠として取

り上げた[23]。死刑の判決が下されてから死刑の執行までかなりの期間がおかれるのが通常であるが、たとえその間に非人道的な肉体的苦痛が与えられなくとも、生きることのすべての可能性を失った者にとっては、死刑執行の日が近づくとともに恐怖と失望は極限にまで到達するのであり、死刑を執行する者にとってすら——まして、一般市民にとってはなおさら——それは見るに堪えない残酷なものであると結論している。

　この点に関して、訴追側は、たとえ残酷であっても必要性により死刑は正当化されると主張し、死刑には社会更生機能はないが、死刑は極めて重い犯罪に相応な刑罰であり、治癒不可能な犯罪者を社会から隔離するのに役立ち、また死刑には犯罪の予防効果があると説明している。しかし、キャリフォーニア州最高裁判所は、訴追側のこの主張を退け、州のいかなる目的にとっても死刑は必要であるという立証は不十分であるとした。そして、今日では、報復のために生命を奪うことは文化社会の尊厳を傷つけるし[24]、犯罪者の隔離が必要であることが一般的には認められても、死刑を正当化するほどその必要性は大きくなく、また死刑の予防効果についても、経験的資料によれば、疑わしい[25]と判示した。

　さらに、死刑は異常であるかどうかについて検討している。この点に関しては、1930年以降、死刑の処刑数が年々減少し[26]、1968年から今日までゼロとなっている事実、また世界の多くの国が死刑の廃止に踏み切った事実を表にして示し、フィンリー判決が示したように「死刑それ自体は残酷でない」という考え方は、もはや今日の社会では妥当せず、文字通り死刑は異常であると判示した。

(23)　PRESIDENT'S COMMISSION ON LAW ENFORCEMENT AND ADMINISTRATION OF JUSTICE, REPORT (1967). ここで再び Robinson v. California, 370 U.S. 600 (1962) や Trop v. Dulles, 356 U.S. 86 (1958) にふれているが、それらの判決の重要な点は、その当時において死刑は許されると判断したことではなく、

第8修正の背後にある基本的な思想は人間の尊厳を尊重しようとするものであるとする法理にあることを強調している。

(24) 応報刑理論を示す先例として、Williams v. New York, 337 U.S. 241, 248 (1949)を引用しているが、キャリフォーニア州ではそれを採用していないことは、*In re* Estrada, 63 Cal.2d 740, 48 Cal. Rpter. 172, 408 P.2d 948 (1965)から明らかであると判示している。

(25) キャリフォーニア州では、死刑による予防効果はないという見解は、People v. Ketchel, 59 Cal.2d 503, 30 Cal. Rptr. 538, 381 P.2d 394 (1963)およびPeople v. Love, 56 Cal.2d 720, 16 Cal. Rptr. 777, 366 P.2d 33 (1961)によって確立されていると述べているが、さらにその見解の正当性を強調するものとしてヨーロッパ人権規約第6付属議定書（田島裕『イギリス憲法典』（信山社、2001年）44頁、72頁参照）、イギリスの立法資料、前掲注(7)に引用した SELLIN の編書、BEDEAU (ed.). THE QUESTION OF DETERRENCE: THE DEATH PENALTY IN AMERICA (1964)をあげている。

(26) 先例の執行が全く行われなかった州の数は、1960年以後には14州、1961年以後には19州、1962年以後には21州、1963年以後には30州、1961年以後には35州、1967年にはキャリフォーニア州およびコロラド州（それぞれ1件ずつ）のみとなり、それ以後には、死刑の執行は全米のどこにもほとんど見られない。なお、死刑を廃止した州については、前掲注(2)参照。

VI　キャリフォーニア州最高裁判決の結論

§183　最後に、多数意見は以上のことから、結論として次のように述べている。

「我々は、死刑は許すことのできない残酷なものであると結論する。それは、その過程にたずさわる全ての人間を堕落させ、非人間的にする。それは、州のいかなる合法的目的にとっても不必要なものであり、人間の尊厳および司法過程と相容れないものである。我々の憲法第1編第6条と矛盾することなくキャリフォーニア州において死刑を科されること

はもはやありえないとする我々の結論は、暴力犯罪を犯す者たちに対する同情に基礎を求めるものではなく、社会の構成員の1人の生命を奪う時にはそれ自身の尊厳を傷つけるということにいての社会のための利益を基礎とするものである。……」[27]。

このように述べて、本件の死刑に関する刑法第190条および190・1条の一部を違憲であるとし、刑を無期懲役とする判決を下した。

上に紹介した多数意見に対し、ただ1人、マッコム判事が短い少数意見を述べている。死刑の本質論に関して意見を表明することは、連邦裁判所の判決が出されるまで留保すること、第2に、長い間蓄積されてきたキャリフォーニア州の諸先例は死刑を合憲であるとしていること[28]、第3に、死刑には予防効果があること[29]、第4に、たとえ死刑が廃止されるべきであるとしても、その判断は立法部がなすべきであること[30]を述べている。

(27) METOROPOLITAN. NEWS 前掲注(1)、7—8頁から訳出した。訳文の最初の文章の中の「許すことのできない残酷なもの」という部分は、原文では impermissible cruel となっているが、これは impermissibly cruel の誤植であろうと思われる。

(28) 先例として、

People v. St. Martin, 1 Cal.3d 524, 83 Cal. Rptr. 166, 463 P.2d 390 (1970);

In re Hill, 71 Cal.2d 997. 80 Cal. Rptr. 537, 458 P.2d 449 (1969);

People v. Williams, 71 Cal.2d 614, 79 Cal. Rptr. 65, 456 P.2d 633 (1969);

People v. Pike, 71 Cal.2d 595, 78 Cal. Rptr. 62, 455 P.2d 776 (1969);

People v. Quicke, 71 Cal.2d 502, 78 Cal. Rptr. 683, 455. P.2d 787 (1969);

People v. Mabry, 71 Cal.2d 430, 78 Cal. Rptr. 655, 455 P.2d 759 (1969);

People v. Vaughn, 71 Cal.2d 406, 78 Cal. Rptr. 186, 455 P.2d 122 (1969);
          People v. Nye, 71 Cal.2d 356, 78 Cal. Rptr. 467, 455 P.2d 395 (1969):
          In re Arguello, 71 Cal.2d 13, 16, 76 Cal. Rptr. 633, 452 P.2d 921 (1969);
          People . Hill, 70 Cal.2d 678, 76 Cal. Rptr. 225, 452 P.2d 329 (1969);
          In re Anderson、前掲注(10)、629—32頁
          を引用している。
          なお、ちなみに、聖書、創世記第9章第6節も引用している。
- (29) この点の論拠として、Zoll, *A Wistful Goodbye to Capital Punishment*, NATIONAL REVIEW, Dec. 3, 1971, 1351-54 を引用している。
- (30) この見解を支持するものとして、*In re* Anderson 前掲注(10)、616頁、632頁、および People v. Tanner, 3 Cal.2d 279, 44 P.2d 324 (1935)を引用している。

VII　キャリフォーニア州知事の批判

§184　ところで、この判決が出た時、キャリフォーニア州のロナルド・リーガン知事（後に大統領）は、非常に腹を立てて、この判決は国民の意思の上に裁判所を置くものであると批判したと伝えられている。さらに、その判決は、法を遵守する市民およびその家族を暴力と犯罪から守る社会の権利に対して致命的な打撃を与えるものであって、たった一言（「残酷または異常な刑罰」条項の「または」を指すものであろう）の技術的な解釈によって、社会にとって著しく重要な問題に決定を下したことに驚くとともに、失望を感じると述べたといわれている（注(1)に引用した記事）。

　この批判の中には、民主的な社会における裁判所の役割を考えていく上に、非常に重要な問題を含んでいる。その問題は、別に詳しく検討する必要があるが、国民の意思はただ単に死刑を規定する刑法の諸条文に

表われているだけでなく、憲法の「残酷または異常な刑罰」条項にも表明されているはずであり、また、憲法の効力によって刑法を無効にできることは違憲審査制をとる社会では常識であって、アンダースン判決は国民の意思の上に裁判所を置くものであると言いきってしまってよいかどうかは問題がある。キャリフォーニア州最高裁判所が「または」という一語を重視したことについても、憲法解釈の技術については、最高裁判所の判事が最もすぐれているということが裁判所制度の前提として当然のことであるという考え方もありうるのではなかろうか。

VIII　アンダースン判決の意義

§185　筆者には、この判決がアメリカ法全体の中で、どのような意義を持つものか、正しく判断する能力はない[31]。しかし、その判決自身が述べているように、近く同じ問題について連邦最高裁判所の判決が出される[32]ことを十分に考慮に入れて判決が書かれており、従来の連邦判例に対する一つのチャレンジと見てよいであろう。この判決は、キャリフォーニア州憲法の「残酷または異常な刑罰」条項の解釈のみに限定してはいるが、「死刑は残酷」であり、かつ「死刑は異常」であると両方の点について肯定しているのであるから、連邦憲法の「残酷かつ異常な刑罰」条項を解釈させたとしても、同じ結論になるはずである。そこで、連邦最高裁判所が、そのチャレンジに対し、どのように答えるかが非常に興味深い[33]。

　また、日本国憲法第36条に「残虐な刑罰」を禁止する規定がおかれているが、わが国で死刑の合理性や相当性の問題をその条項との関連で考えていく上に、本章で紹介したキャリフォーニア州最高裁判決および近く予想される連邦最高裁の判決は、参考になるところがあろうと思われ

る[34]。

むすび

§186 この事件で興味深いことは、裁判所が「死刑が違憲であるかどうか」について独自の判断ができるとした上で、連邦最高裁判所が何を証拠として採用し、どのような結論を下すかである。キャリフォーニア州最高裁判所が採用した証拠は、不十分であるにしても、経験的に集めた科学的・数量的なデータであって、連邦最高裁判所が「死刑は残酷で異常でない」という判決を下すためには、それと異なったデータを証拠として採用せざるをえないのではなかろうか。マッコム裁判官の少数意見にほのめかされているような古典的な応報刑の理論を展開することもできなくはないが、批判はまぬがれえないであろうし、おそらく、説得力の足りない判決となろう。

(31) 研究の手がかりとしては、田宮裕、前掲注(2)、172頁の注(15)に引用されている諸文献の他、Goldberg and Dershowitz, *Declaring the Death Penalty Unconstitutional*, 83 HARV. L. REV. 1773 (1970); Comment, *The Death Penalty Cases*, 56 CAL. L. REV. 1268 (1968)が役立ちそうである。

また、今度のアンダースン判決に対する短い論評として、Dershowitz, *Death Penalty: A Decision That May Reach Far Beyond California*, N.Y. TIMES [In'l Ed.] Feb. 20, 1972, at 3; Note, *Life in California*, TIME vol. 99, no. 9, Feb. 28, 1972, at 14.

これらの論評は、アメリカ法におけるキャリフォーニア州の重要性を指摘し、今度の判決のアメリカ法全体への影響を（前者は控え目にではあるが）大きく見ている。

(32) 判決当時、連邦最高裁判所で繋属中の事件は、Aikens v. California, No. 5049; Furman v. Georgia, No. 5059; Jackson v. Georgia, No. 5133である。

14 キャリフォーニア州最高裁「死刑は違憲」判決——アンダースン判決——

これらの事件は、「死刑は第8修正および第14修正に違反する残酷な刑罰であるか」という問題だけを審理するためにサーシオレアライが認められた。

それらの事件のこれまでの経過を知るために、People v. Aikens 前掲注(15)、Furman v. State, 225 Ga. 253, 167 S.E. 2d 628 (1969), cert. granted, 403 U.S. 952 (1971); Jackson v. State, 225 Ga. 790, 171 S.E.2d 501 (1969), cert. granted, 403 U.S. 952 (1971)参照。

(33) ちなみに、9人の連邦最高裁判所裁判官の中で、ブラック裁判官は死刑は第8修正違反でないという見解、ダグラス、ブレナン、マーシャルの各裁判官はその逆の見解をすでに表明しているが（前掲注(5)に引用したMcGautha判決におけるブラック裁判官の結果についての同調意見、ダグラス裁判官の反対意見参照）、その他の裁判官は、これまでのところ自己の見解の表明を留保している。

また、Rudolph v. Alabama, 375 U.S. 889 (1963)のゴウルドバーグ裁判官の反対意見参照。

(34) 田宮裕は、日本国憲法第36条によって禁止される「残虐な刑罰」の意味を明確にするために、死刑の相当性——第1に、死刑は合理的であるか、第2に、威嚇力があるか——に学問的関心が向けらるべきであると述べて、エンピリカルな事実の有無が死刑の問題の決定的要因となると結論している（田宮裕、前掲注(2)、特に169—71頁）。

アンダースン判決は、一定の限界があるとしても、裁判所がそのようなアプローチをとりうることを示すよい例である。なお、日本において、死刑の問題について経験的アプローチをとる先駆的論文として、平野竜一、『死刑〔法律学体系第2部、法学理論篇127〕』（日本評論社・1951年）参照。

[追 記]

「死刑」をめぐる法律の変遷

§187　第1に、この判決後、「死刑」に関する判例は、廃止の方向へ動いた。連邦最高裁判所も、McGautha v. California, 402 U.S. 183(1971); Furman v. Georgia, 408 U.S. 238(1972); Gregg v. Georgia, 428 U. S. 153(1976); Woodson v. North Carolina, 428 U.S. 280(1976);

むすび

Coker v. Georgia, 433 U.S. 584(1977) などの一連の判例によって、死刑の適用を制約する法理を発展させてきた。しかし、この問題は非常に政治的な関心の強い問題であり、激烈な議論が今日まで続けられている。「死刑」に関する法律は、決して安定した状態にない。

§188　第2に、本章のアンダースン判決に対する連邦裁判所の最初のリアクションは、積極的にそれを支持するものではなかった。1972年のマクガーサ判決では、「デュー・プロセスは法の支配と同じ原理である」と述べて、第8修正の争点を回避し、デュー・プロセスの理論によって恣意性のある死刑判決を違憲とした。判断基準を明確に示さないで、陪審に死刑か否かを判断されることはデュー・プロセスに違反すると判決した。しかし、その翌年のファーマン判決では、第8修正の問題に判断を示し、ジョージア州刑法は死刑判決を下すべきか否かについて判断する指針を定めておらず、これによる刑罰は「残酷なものである」と判示した。反面、この判決は、有罪・無罪の審理のプロセスと情状酌量の審理のプロセスを区別すべしとしたマクガーサの法理には合理性がないと判示して、一部修正した。もっとも、死刑の執行の方法や量刑が争点となっている事件では、マクガーサ判決は、なお生きている。例えば、Bonin v. Calderon, 59 F.3d 815 (9th Cir. 1995) では、死刑執行が同判決の法理に照らして争われている。

§189　第3に、上述の第3の合衆国最高裁判所判決であるグレッグ判決では、マクガーサ判決の法理に従って改正されたジョージア州刑法が違憲審査されており、同裁判所はこれを合憲と判決した。同様に、Proffitt v. Florida, 428 U.S. 242(1976) では、フロリダ州の改正刑法を合憲とし、また、Jurek v. Texas, 428 U.S. 262(1976) ではテキサス州の改正刑法を合憲とした。しかし、上述のウッドソン判決では、州刑法の基準が明確であっても、法律に該当する場合には自動的に死刑判決を下すべし

とするノース・キャロライナ州刑法は、裁判官が情状を酌量して死刑を減刑する裁量を奪うものであり、正義に反する場合があるので第8修正に違反する「残酷なもの」であると判決した。

§190　第4に、上述のコーカ判決は、制定法の定める判断基準は明確であるとしたうえで、犯罪の性質と死刑との釣り合いを問題にして、第8修正に違反するとした判決である。この事件では、成人の女性に対する強姦罪に対し死刑の判決を下すのは「残酷である」と判決した。その後の判決でも、均衡論が論議された事件が多くあるが、Thompson v. Oklahoma, 487 U.S. 815 (1988) では、16歳以下の少年に死刑を科するのは第8修正に違反した「残酷で異常な」刑罰を科するものであると判決した。また、McCleskey v. Kemp, 481 U.S. 279 (1987) では、死刑の適用に見られる人種差別を問題にし、Penry v. Lynaugh, 492 U.S. 302 (1989) では、精神異常者への死刑の適用を問題にした。

§191　第5に、アンダーソン判決後のキャリフォーニア州の立法の動向を説明しておこう。キャリフォーニア州憲法第1編第6条の「残酷または異常な」刑罰を禁止する規定は、1972年に同条から切り離され、同編第27条に死刑に関する憲法条項が新たに追加された。その規定は、次のように定めている。

　「1972年2月17日に実施される本州の全ての法律であって、死刑を要求する、授権する、科する、または関係するものは、法律、イニシアティブ、またはレファレンダムによる立法的修正または廃止には従うが、完全に有効であり、かつ実施される。

　それらの法律により規定される死刑は、第1編第6条の意味でいう、残酷または異常な刑罰を科するものであると、あるいはそのような刑罰を構成するものとみなされてはならず、またそのような犯罪に対するそのような刑罰が、この憲法の他のいかなる規定にも違反するものである

むすび

とみなされてはならない。」

　この規定を受けてキャリフォーニア刑法もたびたび修正され、1998年の修正後の規定（第190条）によれば、「第一級殺人で有罪とされたすべての者は、死刑、無期懲役、または25年以上の懲役」に処せられることになっており、この規定を受けて第190条2は、死刑が科せられるべき特別な情況を制限列挙している。ここに列挙された「特別な情況」は、21あげられているが、「銃による殺人」がその例である。そして、死刑が求められる裁判について、第190条1は、その手段を規定している。この規定によれば、次の順序で裁判が進められる。(1)被告人の有罪の問題が、最初に決定される。(2)もし被告人が第一級殺人で有罪とされ、第190条2に列記される特別な情況があると思われる場合には、その特別な情況の真実性に関する審理が進められる。(3)もし被告人が第一級殺人で有罪とされ、第190条2に列記される特別な情況があると証拠によって認められた場合、責任免除の事由が存在したか否かが審理される。

§192　最後に、今日の現状を多方面にわたって詳細に論じた著作として、H. A. Bedau (ed.), The Death Penalty in America: Current Controversies (4 th ed. 1997); V.L. Streib (ed.), A Capital Punishment Anthology (1993); J. Goreski, Capital Punishment (1983) がある。これらの著作は、「死刑」に関する多数の資料を掲げ、多くの法律問題を多面的に検討している。最初に述べたように、死刑の問題は多方面にわたって論じられており、ここで述べたことだけですべてが尽くされているわけではない。例えば、上述の諸著作でもふれられていない問題として、バード（Bird）首席裁判官の国民審査による罷免の問題も、それにかかわっている。これについて、拙稿「イギリス・アメリカの弾劾制度」裁判官弾劾裁判所事務局＝裁判官訴追委員会事務局編『裁判官弾劾制度の50年』(1997年) 204—223頁を見よ（著作集第3巻）。

197

I 判決の概要

15 ヨーロッパ人権規約とイギリス法
—— ゴルダー判決 ——

序　説

§193　最後に本章で取上げる判例はヨーロッパ裁判所の判例であるが、このゴルダー判決[1]がイギリス法に与える影響は大きい。もっとも、後にも説明するように、判決が下された時には事件そのものは解決していたし、理論的にも直ちに国内法上の効力を持つものではないから、それは無視されうるものであるかもしれない。しかし、その影響力は潜在的なものであるとはいえ、その持つ現実の意味は重要であると思われるので、それについて検討しておきたい。

> (1) ストラスブールのヨーロッパ人権裁判所による1975年2月21日判決。ちなみに、この裁判所は、1950年11月4日に採択され、1953年9月3日から施行されているローマ条約に基づくヨーロッパ会議（Council of Europe）の司法機関として設置されたものであって、1959年2月23日に最初の裁判が開かれて以来、同裁判所は数多くの判決を下している。
>   同裁判所の機能について、Y. Tajima, *Protection of Freedom of Expression by the European Convention*, REVUE DES DROITS DE L'HOMME, Vol. 2, No. 4, pp. 658-695 参照。

I　判決の概要

§194　最初にゴルダー事件の概要を説明しておこう。

199

15　ヨーロッパ人権規約とイギリス法——ゴルダー判決——

　1969年10月24日夜、イングランドのホワイト島監獄内で暴動が起ったが、それは未遂に終った。その後、監獄吏の報告書等により、暴動に関与したと思われる受刑者の処分が行われた。ゴルダーは、その当時、強盗罪（1965年判決）で15年間の懲役に服役中の囚人であったが、一監獄吏の報告書の中にゴルダーもその暴動に加わっていたかもしれないと記録されていた。日頃の成績は非常に良く、また、アリバイを証明する情報が他の報告書の中に見られたことから、ゴルダーは処分を受けなかった。しかし、関与した疑いが持たれたことは監獄記録に残された。

　イギリスではパロールの制度が行われており、通常、3分の1の刑期を終えたところで保護観察の処分に付される[2]。ゴルダーは、この処分を拒否された。そこでゴルダーは、虚偽の報告をした官吏を相手とする訴訟を提起することについて弁護士と相談したい旨を内容とする手紙を国会議員と警察署長に宛てて書いた。しかし、その手紙は、監獄法に基づく監獄規則に従って、送付を拒否された。国務大臣に対する不服申立も、簡易手続により棄却された。

　国内法による司法的救済は望めないので、ゴルダーは直接ヨーロッパ裁判所に提訴した。事件がヨーロッパ裁判所により受理されると人権委員会が最初の審理を行う（人権規約25条参照）が、同委員会は、ゴルダー事件については人権規約6条1項（公正な裁判を受ける権利）および8条（通信の自由）の違反を認めた。この人権委員会の決定は、人権規約31条に基づいて閣僚委員会に通知されることになっており、3月以内であれば政治的解決の可能性があった。しかし、イギリス政府は、政治的解決よりも司法的解決を選び、ゴルダー事件は、ヨーロッパ裁判所で争われることになった。

§195　実際に事件の審理に当たったのは、イギリス国籍の裁判官（最初はウォルドック、後にフィツモーリス）の他、抽選で選ばれたルネ・カッサン等7

名の裁判官である⁽³⁾。人権規約8条の通信の自由に関しては、判例法が固まっており、全員一致で違反が認められた⁽⁴⁾。しかし、6条1項の公正な裁判を受ける権利に関しては、意見が著しく対立した。これには興味深い二、三の問題が含まれているので、それについてもう少し詳しく説明しておこう。

§196　人権規約6条1項の関連部分は、次のように規定している。

「すべての者は、自己の市民的権利義務の決定又は自己に対する刑事責任の決定について、法律によって設置された独立、かつ、公平な裁判所による公正な公開審理を合理的期間内に受ける権利を有する。」

ゴルダー事件に関し、右の規定の解釈で最初に問題となる点は、その事件には「刑事責任の決定」はもちろんのこと、「市民的権利義務の決定」も含まれてはいないのではないかということである。この点について、裁判所の多数意見は、当事者の主張はなかったにもかかわらず、問題の報告書に虚偽の情報が含まれていることを裁判所によって確認してもらうことは原告の市民的権利である、ということを職権によって認定した。

§197　第2の問題点は、6条1項が、いわゆる《アクセス権》⁽⁵⁾を保障しているかどうかである。同項が「審理が公正に、公開で行なわれること」、「合理的期間内に行なわれること」、また「審理に当たる裁判所は法律によって設立されたものであって、しかも、独立で公正なものであること」を要求していることは明らかである。しかし、審理に付される以前のこと（例えば、いかなる事件が審理に付されるべきか）については、同項は何ら規定していない。

この点に関し、多数意見は、6条1項は事件 (cause) について公正な審理を保障するものであって、cause とはフランス語の proces qui se plaide を意味するものであるから、具体的事案について法律問題が含まれるかどうか相談することもそれに含まれると解釈した。また、ゴルダー

事件のように、裁判が行われる前に行政機関が事件の有無を最終的に決定することを許すことは、恣意的な行政を助長する効果を持つので、6条1項の立法趣旨にも反すると判示した。

　右の点に関し、フィツモーリス裁判官は、多数意見は「フランス国王の頭の禿」という有名なファラシーの倫理に陥っていると反論している。つまり、フランスには国王は存在しないのでその頭の禿についての議論それ自体が無意味であるのと同じように、イギリス法によれば裁判の対象となりえない事件について6条1項を議論することは無意味であるというのである。

§198　結論としてはフィツモーリス裁判官と同じように6条1項の違反を認めない立場をとっているが、ウェルドロス裁判官およびゼキア裁判官は、それぞれ異なった理由を述べている。ウェルドロス裁判官は、ヨーロッパ裁判所には一般的裁判管轄権は認められておらないから、明示的に保障される権利の侵害についてのみそれを行使すべきであると判示した[6]。また、ゼキア裁判官は、一方において、今日の文化的民主国家においては国内裁判所へのアクセス権は当然認められるべきであるとしながらも、他方、条約法に関するウィーン条約の解釈の点で多数意見と見解を異にし、6条1項の違反を認めるべきでないと結論した。同裁判官によれば、同条約31条は、「条約の目的に照らして」法解釈が行われることも要求してはいるが、同条の主要原則は「条約の文言に与えられる通常の意味に従って誠実に解釈されること」にあり、6条1項をアクセス権まで含むものと解釈することはできないものとされる[7]。

　ゴルダー判決のより詳細な紹介はバランスを失することになるので、別の機会に譲る以外にない。要するに、ヨーロッパ裁判所は、主として右に述べた諸理由によって、8条については全員一致で、また6条1項については9対3で、人権規約の違反を認め、イギリス敗訴の判決を下

(2) この制度の運用は、1967年のCriminal Justice Act, s. 59 (1)に基づいて設立されたParole Boardに委ねられているが、この制度自体は、高く評価されている。(H.L. Deb., vol. 315, col. 640, 17th Feb. 1971 を見よ)。また、その制度について詳しくは、West, *Parole in England*, in THE FUTURE OF PAROLE (West ed. 1972) pp. 23 ff. 参照。

(3) 事件の直接の審理に当たった他の5人の裁判官は、ローデンブルグ、ファヴル、ウィリヤルムソン、ミアシュおよびパリーリである。更に、最終判決の時点で、モスラー、ウェルドロス、ゼキア、クレモナ、ペダースン、リスダルおよびボザーの7人が加わっている（ルネ・カッサンおよびファヴルは判決に加わっていない）。

(4) 8条の解釈について、FAWCETT, THE APPLICATION OF THE EUROPEAN CONVENTION ON HUMAN RIGHTS 195 (1969)および、JACOBS, THE EUROPIAN CONVENTION ON HUMAN RIGHTS 138-143 (1975)参照。

(5) 《接近権》とでも訳すべき用語であるが、ここでは、裁判を提起するかどうかについて弁護士と相談する権利をさしている。

(6) 《アクセス権》の有無は国内法に照らして判断されるべきであって、裁判所が独自の解釈を示すことは一種の国内問題への不当な介入であると考えているようである。

(7) 人権規約は、英文と仏文の両方が正文とされているが、異なった解釈が可能である時は、狭い方を選択すべきであるという見解による。ちなみに、多数意見は、広い解釈の可能な仏文に頼っている。

II 事件の背景の説明

§199 判決文には具体的な事情は明らかにされていないが、事件がヨーロッパ裁判所に移されてから間もなく、暴動に関与した疑いについての記録は抹消され、ゴルダーは希望通り釈放された。従って、判決時には、なされるべきことは何も残されていなかった[8]。それにもかかわらず先に

15　ヨーロッパ人権規約とイギリス法——ゴルダー判決——

説明したような判決が下されたことには、それなりに意味があるのであるが、この点を理解するためにイギリス法の現状を知る必要があると思われるので、まずそれについて若干述べておくことにしよう。

　第1に、「憲法が通常法の結果である」というイギリス法の伝統的な考え方に疑問が持たれはじめたこと。19世紀後半のベンタム思想に対する一種のリアクションとして、先例拘束の原則が厳格になりすぎ、通常法に一種の硬直現象を生ぜしめた。その厳格性は1966年の実務通達によってある程度緩和されたものの、デヴリンのいうコモン・ローの老化の現象は今でも認めざるをえない面がある[9]。ゴルダー事件もその一例であるが、最近の福祉行政法の展開に伴い、伝統的なコモン・ローでは恣意的な行政をコントロールしきれなくなってきており、スカーマン講演に見られるような成文憲法の制定を望む声が聞かれるようになり、本書53頁でのべたように、ヨーロッパ人権規約を国内法化した人権法（Human Rights Act）が2000年10月2日から実施されることとなった[10]。

§200　第2に、イギリスの社会的、経済的諸事情の変化に伴い、イングランドとコモンウェルズ諸国、並びにスコットランド、ウェイルズおよび北アイルランドとの諸関係を法的に再構成しなおす必要が出てきていること。この事実は、成文憲法や地方分権法の制定の動きと絡んで、最近の法改革全般にわたり、微妙な影響を与えていると思われる[11]。

§201　第3に、ヨーロッパ諸国との協力関係を強めなければならない諸事情が起きている。1972年のヨーロッパ共同体法は、ヨーロッパ共同体の基礎となる1957年のローマ条約に基づく立法、司法、行政は、国内法化の手続なしにイギリス法の一部となることを定めており、これによってイギリス法の堰に穴をあけたような現象が生じた[12]。1975年のレファレンダムは、その現象を是認するか否かを直接国民に問うものであったが、イギリス国民はそれを肯定したので、この面からもイギリス法の見直し

が必要となってきた。

　最近の法改革の動向については、我国でもかなり研究されているところなので[13]、改めて説明する必要はないと思われるが、その動向が、右に述べた3つの異なったモメントを持った動きと直接関係があることに注意する必要がある。最近の法改革は、ロー・コミッションズを中心として行われているが、1965年法の規定からも明らかなように、「全部の法律の組織的な発展および改革のために、特に、法の法典化、変則の除去、古くなった不要な法律の廃止、個別的な法律の数の減少、並びに法の単純化および近代化」を目的としている。いかなる法改革がその目的に適合するかは、必ずしも明確に具体的な判断を下すことができないが、その決定の際に、右に述べたことが重要な意味を持ってくるのである。

§202　ところで、ゴルダー判決は、上述したようなイギリス法の現状に対して、いかなる意味を持つものであろうか。法改革の動向は、家族法や契約法など、ある程度まで方向の定まった分野もあるが、アンビバレントな要素が依然数多く残っている。ゴルダー判決は、法改革に一つの方向付けを意図したものと思われる。この点について、次に節を改めて説明することにしよう。

　　(8)　人権規約50条によれば、判決により「適切で正当な満足」を与えるものとされているが、本件では、違憲であることの宣言それ自体がそれに当たると判示している。これについては、本著作集別巻2で説明する。
　　(9)　この点については、別稿で説明する予定であるが、とりあえず、「著書紹介」アメリカ法〔1973〕235-238頁参照。
　　(10)　SCARMAN, ENGLISH LAW—THE NEW DIMENSION (1974)は、具体的に詳しく本文で述べた点を説明している。このスカーマン裁判官によるハムリン講演に対する批判は強く、スカーマン裁判官自身、その見解を後に修正したが、本文でも述べたように、法律が制定された。
　　(11)　これについても、詳細な説明を必要とするが、ここでは、スコットランド

15 ヨーロッパ人権規約とイギリス法——ゴルダー判決——

法はイングランド法と全く異なり、大陸法に近い特質を持つが、最近では、その影響がイギリス法に見られるようになってきていることを指摘するにとどめる。

(12) 例えば、R.v. Home Secretary, *ex parte* Phansopkar, [1975] 3 All E. R. 497, at 510-511（スカーマン裁判官）およびR.v. Miah, [1974] 1 W. L. R. 663（リード裁判官）を見よ。

(13) 特に内田力蔵を中心とするグループの人たちにより精力的に研究が進められているが、最近の文献として、比較法研究37号に発表された堀部政男および及川光明による研究報告、並びに、比較法研究31号（1970年）に発表された下山瑛二による研究報告参照。

III ゴルダー判決がイギリス法において持つ意味

§203 最初にも述べた通り、ゴルダー判決がイギリス政府を拘束することには疑いないが、人権規約については国内法化の手続がとられていないので、理論上は、ゴルダー判決はイギリス法上何ら意味を持つものではない[14]。ヨーロッパ裁判所が直接判決を執行することは条約の解釈上可能ではあるが、ゴルダーは既に釈放されているので、なされ得ることは何もない。それにもかかわらず、現実にはそれを無視できないのは、以下に説明するような意味を持っているからである。

第1に、この判決は、一種の違憲審査の道を一定の枠内で開くものである。イギリス憲法の基本原則である「議会主権の原則」にも動揺をもたらす可能性を持っているとも思われる[15]。

第2に、ヨーロッパ裁判所は、間接的に行政訴訟法の制定を促しているものと思われる。ダイシーがフランス行政法を嫌ったことから、この面での法改革がヨーロッパ諸国に比べて著しく遅れているが、最近、その立法の動きが見られるようになった[16]。ゴルダー判決は、抽象的な表

現ではあるが、行政の恣意性の審査を求める訴訟を提起することを許す法制度の必要性を説いているので、それに文字通り従うとすれば、司法審査の道を一般的に開く法律の制定が必要となる[17]。

　第3に、囚人の処遇に関する紛争の処理の仕方について再検討を促した。バーミンガム大学のボーリ教授〔現在は、女王の叙勲を受けてボーリ卿（貴族）となっている〕は、保護観察の決定過程に公正な通知と聴聞の機会が保障されていたらゴルダー事件は起こらなかったであろうと指摘したが[18]、この面での改正は、既に行われているようである。

　第4に、法解釈の方法にも多少の影響を与えた。イギリスには違憲立法審査の制度は認められていないので、前述のスカーマン講演の中でその必要性が説かれた時、イギリス法曹界は驚きの表情を示した。また、「明白な意味」解釈の原則を一般原則とするイギリス法にあって、ヨーロッパ裁判所が人権規約6条1項の解釈で示した目的論的解釈は、フィツモーリス裁判官の意見に示されている通り、異例なものである[19]。

　ゴルダー判決がイギリス法において持つ意味は、以上のことだけに限定されるものではない。しかし、本稿では、さらに詳細な説明をする余裕はないので、それは別の機会に譲ることにして、最後に、以上のことを踏まえた上で、最近のイギリス法の動向についての感想を述べ、本稿を結ぶことにしたい。

　　(14)　高野雄一『憲法と条約』（東京大学出版会・1960年）118—119頁、および畝村繁『英米における国際法と国内法の関係』（法律文化社・1969年）125頁参照。
　　(15)　これについては、別の機会に詳しく論じたいと思うが、結論の部分でも述べるように、現在のところこの原則を修正することはなかろうと思われる。例えば、前ロード・チャンセラーのヘイルシャム卿は、「議会は最高のものであり、厳密にいうと『共同市場』法の下においてさえも、裁判官は議会の法

律が無効であると宣言することはできない。」と、述べている（LORD HAILSHAM, THE DOOR WHEREIN I WENT, 245 (1975)）。

(16) 最近の動きについて、下山瑛二「イギリスにおける戦後の行政法・行政法学の発展」公法研究38号（1976年）40頁以下参照。

(17) 1976年3月にロー・コミッションによる「司法審査手続法案」が公表されたが、おそらくこれは近く法律となるであろう。この法案の全訳は、島田一生「イギリス行政訴訟法の改革（紹介）」大阪市大法学雑誌23巻3号（1977年）127頁以下に出ている。また、その背景について、岡村周一「イギリス行政訴訟法の改革」別冊判例タイムズ2号（1976年）44頁以下を見よ。

(18) Borrie, *The Membership of Boards of Visitors of Penal Establishments*, [1976] CRIM. L. REV. 281, at 298.

(19) 法解釈についての影響は、既に前掲注(12)に引用した判例などにも見られる。なお、この点の重要性を指摘するものとして、*The Golder Case*, 125 N.L.J. 886 (1975) を見よ。

IV　むすび

§204　ジュリストにこの論稿を書いたとき、次のような結論をのべた。現在、ヨーロッパ裁判所に係属中のサリドマイド事件[20]の判決をまって、イギリスにも成文憲法が作られ、スカーマン講演で提案されたような違憲立法審査制が採用される可能性が、全くないわけではない。少なくとも、行政法（殊に行政訴訟法）は、近い将来、制定されるであろう。ロー・コミッションズを中心とする立法準備作業は着々と進められ、ほぼ各立場からの諸提案が出そろったと聞いている[21]。学界における討論も、かなり活発に行なわれているようである。議会において、それらの諸提案（立法否定案も含め）のうちいずれを選択するかが決定される時は、それほど先のことではあるまい。」

「しかし、いずれの提案が採用されるとしても、イギリス法の伝統か

IV　むすび

ら大きく離脱したものとはならないであろう。たとえ成文憲法が制定されても、その施行またはその持つ現実の意味は、大陸諸国のそれとはかなりちがったものとなるにちがいない。イギリスは不文憲法の国であるといわれながら、実際には、マグナ・カルタ等のいくつかの基本法典が存在していることが想起されるべきである。憲法典が新たに作られるとしても、それは、entrenched constitution であることが忘れられてはならない(22)。

　最近のイギリスの法改革の動きには、表面上は激しいものが感じられるのに、その底流を流れる「議会主権の原則」とか「法の支配の原則」などの一般原則のレベルで観察してみると、イギリス法の伝統はこれまでも維持されてきたし、また、今後も維持されていくであろうと思われる。ゴルダー判決も、本章で説明したようなイギリス法に投げかけるその潜在的意味の重要性にもかかわらず、パロール制度の改革や行政手続法の制定などの具体的措置によって処理され、イギリス法の底流にまで影響を及ぼすものとはならないであろうとも思われる。」

§205　本書第3章で既にのべたように、このことは実現のものとなった。現在では、司法審査を求める訴えは制定法によって認められており、人権法（Human Rights Act 1998）は2000年10月2日から実施されている。（この法律を全訳し、解説を加えたものとして出版。田島裕著作集別巻2『イギリス憲法典─1998年人権法』（信山社・2001年））。

　　　⑳　タイムズ紙による報道の自由と裁判所侮辱が問題となった事件。この事件に関連する人権規約の規定は、10条の規定であるが、裁判所侮辱に関する同条の解釈につき、田島・前掲注(1) 670頁参照。なお、この事件のイギリス最高裁による判決は、Attorney General v. Times Newspapers, [1973] 3 All E.R. 54 である。この判決は、内田力蔵により詳しく紹介され、また、それに含まれる諸問題が検討されている（比較法研究36号（1974年）184頁以

209

15　ヨーロッパ人権規約とイギリス法——ゴルダー判決——

下、ジュリスト557号 (1974年) 85頁、559号 (同年) 104頁、560号 (同年) 126頁、561号 (同年) 99頁、562号 (同年) 85頁および564号 (同年) 103頁）。

(21)　WALLINGTON AND MACBRIDE, CIVIL LIBERTIES AND BILL OF RIGHTS (1976)には諸起案が要領よくまとめられている。なお、この本の最後に成文憲法制定の動きに関係ある文献と判例のリストが添付されていて参考になる。

(22)　ロー・コミッションズの委員長であったサミュエル・クックによる「ロー・コミッション最初の10年」と題する公演を見よ（N.L.J. 1975. 10. 30. P. 1037）。前掲注(15)に引用したヘイルシャム卿の言葉にも、その見解を支える思想が見られる。

付録 A

英米の裁判制度

(以下の裁判所に［*］の付されたものは、本書で取り上げた判決の流れを示している。ゴチックの数字は本書で関連する章。)

1　1875年以前のイギリスの裁判所

Curia Regis［王会］　ノルマン王朝において、重要な問題について国王が直属の側近を召集して開いた会議であって、重要な裁判もまたこの評議会によって行われた。この王会から各裁判所や各行政機関へと分化していくことになる。

Common Pleas［民事訴訟裁判所］　1170年頃から12世紀末までに成立した裁判所で、コモン・ローの民事事件のほぼ全部の裁判に当たった中世の主要な裁判所である。その裁判管轄は、King's Bench や Exchequer と競合することもあったが、不動産権に関する訴訟は、この裁判所の専属管轄に属した。1875年に司法制度が近代化されたときに、高等法院に統合された。

King's Bench［王座裁判所］　13世紀に王会から分化したコモン・ローの裁判所で、刑事事件の他、Common Pleas や Exchequer と競合する民事管轄権をもっていた。下級裁判所を監督する義務を負っており、mandamus, prohibition, certiorari, habeas corpus の救済はこの裁判所が生んだものである。1875年に司法制度が近代化されたときに、高等法院に統合された。

Exchequer［財務裁判所］　Exchequer は大蔵省 (Treasury) を意味す

付録A　英米の裁判制度

るが、王室の財務関係の紛争を処理するために、1357年に writ of error（誤審令状）のよる訴訟を審理する裁判所（Court of Exchequer Chamber）として独立した。[2章]

その他の裁判所　　**Commune Concilium**［評議会］、**Palatine Courts**［王直轄地裁判所］、**Statutory Courts**［制定法による裁判所］があった。評議会は、13世紀頃から王会から分離したもので、村落共同体裁判所である。国王が主権する評議会は **concilius regis**［国王評議会］と呼ばれ、やがて枢密院を生み出す。王直轄地裁判所は、**Chester**、**Lancaster**、**Durham** の3つであったが、1971年の裁判所法によって明示的に廃止された。制定法による裁判所は、それぞれ個別的法律によって設置された裁判所で、1875年の司法改革のときにすべて近代化され、新しい司法制度に組み込まれるか、廃止された。

2　現在のイギリス裁判所制度

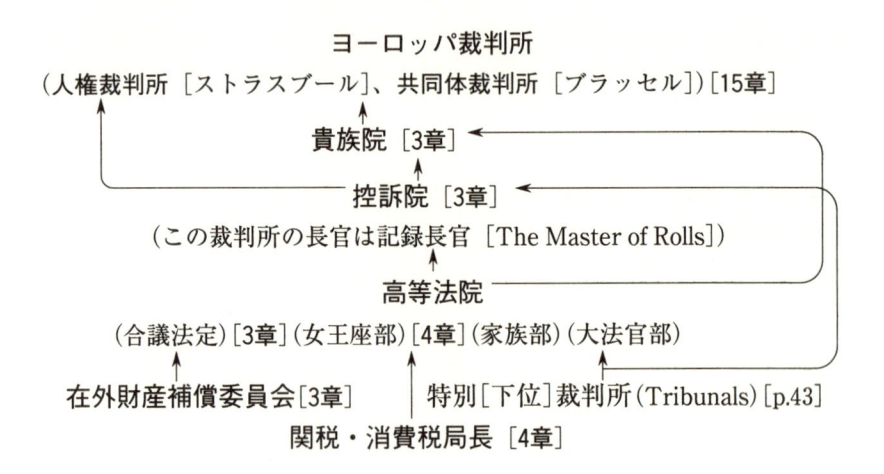

ヨーロッパ裁判所
（人権裁判所［ストラスブール］、共同体裁判所［ブラッセル］）[15章]

貴族院［3章］

控訴院［3章］
（この裁判所の長官は記録長官［The Master of Rolls］）

高等法院
（合議法定）[3章]（女王座部）[4章]（家族部）（大法官部）

在外財産補償委員会[3章]　　特別［下位］裁判所（Tribunals）[p.43]

関税・消費税局長　[4章]

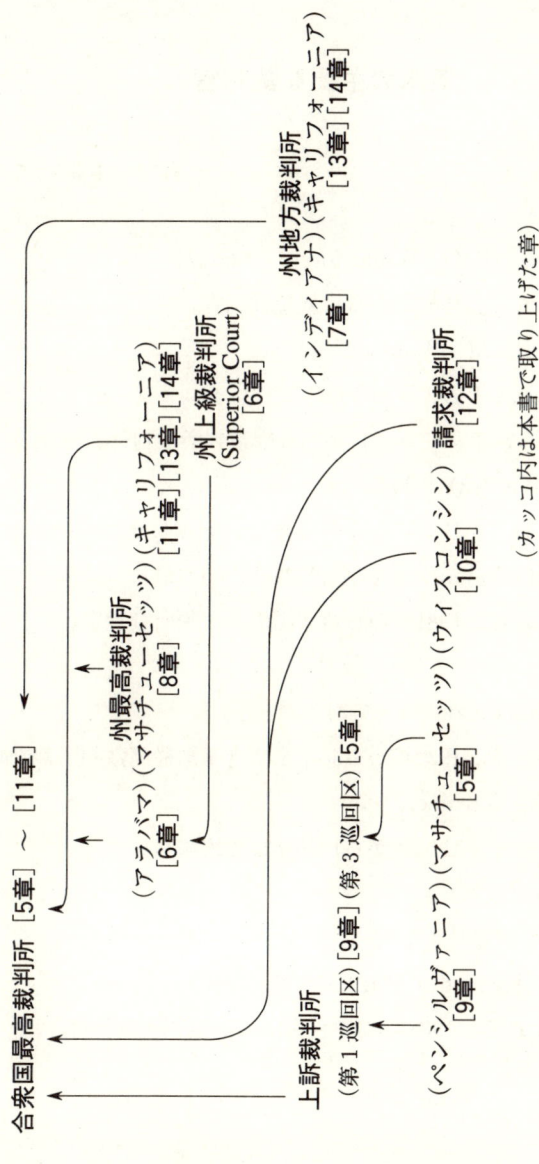

付録A　英米の裁判制度

3　アメリカ裁判所制度

合衆国最高裁判所 [5章] ～ [11章]

州最高裁判所
（アラバマ）（マサチューセッツ）（キャリフォーニア）
[6章] [8章] [11章] [13章] [14章]

州上級裁判所
（Superior Court）
[6章]

州地方裁判所（キャリフォーニア）[13章] [14章]
（インディアナ）[7章]

請求裁判所
[12章]

上訴裁判所
（第1巡回区）[9章] （第3巡回区）[5章]
（ペンシルヴァニア）（マサチューセッツ）（ウィスコンシン）
[9章] [5章] [10章]

（カッコ内は本書で取り上げた章）

付録B

英米の主要な裁判官

([*] は本書に出てくる頁。)

ア

ウィルバーフォース（R.O. Wilberforce）［*35-37］
　　1907年に生まれる。1964年から貴族院裁判官。

ウォルドック（C.H.M. Waldock）［*200］
　　1904年に生まれる。1947年から72年までオックスフォード大学国際法教授。1966年から74年までヨーロッパ人権裁判所裁判官。

ウォレン（Earl Warren）［*142］
　　1891年に生まれる。1953年から69年まで合衆国最高裁判所首席裁判官。

オコンナ（S.D. O'Connor）［*102］［*129-131］［*151］
　　1930年に生まれる。1981年から合衆国最高裁判所裁判官。

カ

カードウゾ（B.N. Cardozo）［*124］
　　1870年に生まれる。1932年から38年まで合衆国最高裁判所裁判官。

ガーディナ（G.A. Gardiner）
　　1900年に生まれる。1964年から1970年まで大法官。

クラーク（Clarke）［*30］

クラーク（Clark）［*169］［*175］

ケネディ（A.M. Kennedy）［*129］［*131］
　　1936年に生まれる。1988年から合衆国最高裁判所裁判官。

サ

サックス（Sachs）［*57］

214

付録B　英米の主要な裁判官

サリヴァン（Sullivan）［*173-174］
シモンズ（Simonds）［*21］
ジャクスン（Jackson）［*161］
ジェファースン（Jefferson）［*171］［*177］
スカーマン（L. Scarman）［*205-206］［*208］
スカーリア（A. Scalia）［*127］［*129-131］［*150-151］
　　1936年に生まれる。1986年から合衆国最高裁判所裁判官。
スチュアート（P. Stewart）［*83］［*140-142］［*144］
　　1915年に生まれる。1958年から1981年まで合衆国最高裁判所裁判官。
スティヴンス（J.P. Stevens）［*79］［*101］［*105］［*127］［*129-131］［*140］
　　［*144］［*151-152］
　　1920年に生まれる。1975年から合衆国最高裁判所裁判官。
ストーン（Stone）［*161］
セラーズ（Sellers）［*34］
　タ
ダグラス（Douglas）［*84］［*194］［*142］
ディプロック（W.J.K. Diplock）［*8-9］［*34］［*38］［*48-49］
　　1907年に生まれる。1968年に貴族院裁判官。
デニング（A.T. Denning）［*16-17］［*19］［*20］［*38］［*61］
　　1899年に生まれる。1957年に貴族院裁判官、1962年に記録裁判官。
デヴリン（P.A. Devlin）［*12］
　　1905年に生まれる。1961年から64年まで貴族院裁判官。
トブリナ（Tobriner）［*172］［*175］［*184］
トレイナ（Traynor）［*173-174］［*178］
　ナ
ニューマン（F.C. Newman）［*154］［*168］

215

付録B　英米の主要な裁判官

ハ

バーガ（W.E. Burger）[*144]
　　1907年に生まれる。1969年から1986年まで合衆国最高裁判所首席裁判官。

バーク（Burke）[*184]

バード（Bird）[*168]

パウエル（Powell）[*101][*150]

ピアス（E.H.P. Pearce）[*35][*37]
　　1901年に生まれる。1957年から62年まで貴族院裁判官。

ピアソン（C.H.P. Pearson）[*35-36]
　　1899年に生まれる。1965年から74年まで貴族院裁判官。

ピータース（Peters）[*173][*184]

フィッツモーリス（FizMorris）[*200][*202][*207]

ブラウン（Brown）[*34][*113][*115][*117][*119][*127][*151-152][*155][*194]

ブラック（Black）[*194]
　　1886年に生まれる。1937年から1971年まで合衆国最高裁判所裁判官。

ブラックマン（H. A. Blackman）[*101]
　　1908年、イリノイ州に生まれる。1970年から合衆国最高裁判所裁判官。

フランクファータ（Frankfuter）[*142][*145]

フレミング（Fleming）[*30]

フォータス（Fortas）[*84]

ブレナン（Brennan）[*84][*101][*126-127][*129-131][*133][*142][*150][*152]

ヘイルシャム（Baron Hailsham; Q.M. Hogg）[*207][*210]
　　1907年に生まれる。枢密院議長。

付録B　英米の主要な裁判官

ホ

ホームズ（O. W. Holmes）
　1841年、ボストンに生まれる。1902年から1932年まで合衆国最高裁判所裁判官。

ホワイト（White）［*73］［*101］［*113］［*127］［*131］［*150-151］

マ

マーシャル（Marshall）［*101］［*117］［*125］［*127］［*131］［*139］［*150］［*152］［*194］

マッコム（McComb）［*190］［*193］

マニュエル（Manuell）［*169］［*172］

マンスフィールド（Mansfield）

モスク（Mosk）［*168］［*171-174］［*176-177］［*130］

モリス（J.W. Morris）［*35］
　1896年に生まれる。1960年から1975年まで貴族院裁判官。

ラ

ライト（Wright）［*184］

ラッセル（C.R. Russell）［*34］
　1908年に生まれる。1975年から貴族院裁判官。

リード（J.S.C. Reid）［*8-9］［*14］［*19］［*21］［*35-38］［*48-49］［*206］
　1890年に生まれる。1948年から1974年まで貴族院裁判官。

リード（Reed）［*162］

リチャードソン（Richardson）［*169］

レンクィスト（W. H. Renquist）［*64］［*72-75］［*112-114］［*131］［*140］［*150-151］
　1924年にウィスコンシン州で生まれる。1972年から合衆国最高裁判所裁判官、1986年から同首席。

ロバーツ（Roberts）［*161-162］

217

事項索引

あ 行

アクセス権 ……………201,202,203
アメリカの先例法理 ………………22
アラスカ (Alaska) 州 ……………112
アラバマ (Alabama) 州
　………………………82,84,86,87,92
EC 加盟 ………………………………15
イギリス行政法 ……………………50
イギリス憲法判例 …………………29
意見 (opinion) ……………………65
萎縮効果 (chilling effect) ………148
一時的差止命令 (temporary injunction)
　……………………………………82
委任立法 …………………………55,60
意味のすそ …………………………13
インディアナ (Indiana) 州 …99,103
ウィーン条約の解釈 ………………202
ウィスコンシン (Wisconsin) 州 ……159
ウィリアムズ G. (Williams, G.)
　……………………………………6,7,13
ウィルバーフォース (Wilberforce, R. O.) 裁判官 …………………36,37
ウェイド (H.W.R. Wade) ………38
ウォルドック (Waldock, C.H.M.) ‥201
ウォレン (Warren) 裁判所 ………143
エマスン ……………………………97
沿岸権 ………………………………161
沿岸権の原則 ……………………163,165
オコンナ (O'Connor, S.D.) 裁判官
　………………72,103,105,129,130,131,151

か 行

カードウゾ (Cardozo, B.N.) ………124
過失相殺 …………………………168,172
貸主責任 (lender liability) ………136
課　税 ………………………………58
課税権 ………………………………29

家族資産 (family assets) …………17
合衆国憲法 …………………………22
管轄権に関する誤り (jurisdictional error) ……………………………35,38
環境の保護 …………………………133
環境保護局 …………………………136
環境保護法 …………………………121
関　税 ………………………………31
関連性 (relevancy) ………………59
議会主権 …………………………12,53
《議会主権》の原則 ……11,15,51,207,209
危険物 ………………………………5
規　制 ………………………………114
擬　制 ………………………………4
貴族院の慣行声明 (1966年) ………6
「基本的違反」の原則 ………………19
逆収用 (inverse condemnation) ……147
キャリフォーニア (California) 州
　147,148,149,150,155,156,170,171,182,
　183,184,185,187,188,190,192
行政決定 ……………………………60
行政検査 ……………………140,143,144
行政行為 ……………………………58
行政処分 ……………………………60
行政訴訟 ……………………………51
行政訴訟法 …………………………207
行政手続法 …………………………46
行政の恣意性 ………………………207
行政法 ………………………………43
行政法改革 …………………………44
行政法の不存在 ……………………42
寄与過失 ……………………………170
寄与過失 (contributory negligence) の法理 ………………………………167
記　録 ………………………………68
銀行の融資責任 ……………………121
金銭損害賠償 ………………………127
グッドハート (Goodhart) ………5,6,7

219

事項索引

クラーク（Clark）裁判官 …………169
グレー ……………………………124
契約の自由 ………………………155
ケネディ（Kennedy, A.M.） ……130, 131
権限踰越（ultra vires）
　……………36, 37, 55, 56, 57, 58, 59
検査権 ……………………………142
現実主義 …………………………137
現実の害意（actual malice）
　……………64, 66, 67, 68, 70, 73, 75, 76, 77
憲法解釈の変更 …………………144
憲法事実 …………64, 68, 73, 74, 76, 77
言論の自由 ………………82, 87, 90, 91
公共信託の理論 …………………164
航行可能でない河川 ……………161
公　序（public policy）…………169
公　人（public figure）……66, 69, 78, 79
公正な裁判を受ける権利 ……50, 52, 200
公正な論評 ………………………75
「公的信託」の理論 ………………121
高等法院（High Court）…………58
公用徴収（taking）………………148, 151
合理性（reasonableness）………59
合理的使用の理論 ………………162
国王大権 …………………………31
国際外交 …………………………30
国会主権 …………………………59
国家主権 …………………………39
コモン・ロー（Common Law）
　……………13, 77, 78, 145, 163, 170, 204
コモン・ローの体系 ……………11

さ 行

サーシオレアライ ………………46, 48
在外財産補償 ……………………34
最高法規条項 ……………………110
財産権保護 ………………………151
裁判所の友（amicus curiae）……126
裁判所侮辱罪 ………82, 84-90, 92, 96
裁量権の濫用 ……………………45
裁量上訴（certiorari）……………66
先　占（preemption）の理論 ……133

差止命令 ………………………83, 86, 91
差別的選挙区画 …………………104
三権分立の原則 …………………11
残酷で異常な刑罰 ………180, 183, 186, 187
残酷または異常な刑罰
　………………184, 185, 191, 192, 197
サンフランシスコ（San Francisco）市
　……………………………………143
死　刑 ……………179-182, 186, 188, 190
死刑判決 …………………………182
死刑廃止 …………………………189
事　件（cause）…………………202
事実と法律 ………………………72
事実認定 …………………………67
事実問題 …………………………75
市場参加（market participation）
　………………………112, 114, 115, 117
自然的正義 ………………………58
自然法理論 ………………………2
失業対策政策 ……………………119
シートベルト（seatbelt）…………176
司法審査
　…35, 36, 40, 53, 55, 59, 60, 64, 76, 77, 154
司法判断適格性（justiciability）…100, 102
司法令状 …………………138, 141, 143
市民的抵抗の権利 ……81, 83, 91, 95, 96
社会保障法 ………………………45
ジャクスン（Jackson）……………161
終結条項（finality clause）………38
重　罪（felony）…………………186
私有財産 …………………………155
州際通商条項（interstate commerce
　clause）………………109, 110, 116
州主権免責 ………………127, 129, 135
住宅法 ……………………………59
集団示威運動 ……………………82
集団示威行進 ……………………87
集団示威行動 ……………………91
自由な解釈 ………………………15
州の行為（state action）…………87
収　用 ……………………………166
主権免責 …………………………132

証拠開示（pretrial discovery）……65
ショー・サトー………………………159
ジョン・ロック………………………81
人権思想………………………………50
人種差別………………………100,101
人身保護令状…………………………183
審判事実（adjudicative fact）……77
審判所委員会…………………………45
新聞報道………………………………92
水　法…………………………………159
水利権…………………………………160
スーパーファンド法（Superfund Act）
　　　　　………121,125,127,129,135
枢密院司法委員会……………………10
スカーマン講演………………………207
スカーリア（Scalia, A.）……128-130,150
スコットランド（Scotland）………89
スチュアート（Stewart, P.）裁判官
　　　　　………83,140,142,144,145
スティヴンス（Stevens, J.P.）裁判官
　72,79,101,104,105,127,129,130,131,
　140,144,151,152
ステリ・デザイシス（stare decisis）の
　理論…………………………………5
ストーン（Stone）……………………162
生活保護………………………………46
整合性（regularity）…………………140
正式の法………………………………46
製造物責任……………………………171,176
正当な補償……………………147,151,155
選挙区画………………………………100,102
ドナモア報告書（1932年）…………43
ベヴァリッジ報告書（1942年）……45
レファレンダム………………………51
選挙権の平等…………………………99
宣言判決………………………………48,147
潜在的責任当事者……………………136
戦闘的言論……………………………76
専用権の原則…………………………163
先例拘束性の原理………2,11,36,141,145
先例法の解釈…………………………9
先例法理………………………………2-4

争　訟…………………………………90
ソーロウ………………………………95,96
mandamus 訴訟………………………147
租税法律主義…………………………31
訴追免責………………………………123
損害賠償………………………………123,176
損害賠償請求権………………………167

た　行

ダイシー………………………………13,207
ダイシー伝統…………………………42-44
代表なければ課税なし………………31
ダグラス（Douglas）裁判官………84
多数意見（plurality opinion）……22
立入検査………………………137,138,141
超記憶的慣行（immemorial usage）……89
徴　用（taking）……………………160
通常裁判所……………………36,38,48
通商条項………………125,127,129,130,132
通信の自由……………………………200,201
抵　触（repugnancy）………………57,59
ディプロック（Diplock, W.J.K.）
　　　　　………………8,9,40,48,49
適正手続条項（due process clause）
　　　　　………………109,137,155,185
手続的正義……………………………45,46
デニング………………………………38
デニング卿（Lord Dening）………17,20
デニング（Denning, A.T.）卿………19
デヴリン（Devlin, P.A.）卿………12,204
デュー・プロセス（due process）
　　　　　………………………181,195
due processの訴訟…………………148,151
特別裁判所……………………9,37,43,45
都市開発計画…………………………115
都市計画法……………………………59
都市再開発……………………………109
ド・スミス（S.A. de Smith）……38
土地収用………………………………36
土地利用規制…………………147,151,154,156
特　権（privilege）……60,110-112,115,117
トブリナ（Tobriner）裁判官

221

事項索引

……………………168, 172, 174, 177
取り消しうる (voidable) ……………39
トレイナ (Traynor) 裁判所 ……173, 174

な 行

ニューマン (Newman) ……………168

は 行

バーガ (Burger, W.E.) 裁判官 ……103
バーガ裁判所 ……………………144
バード (Bird) ……………………168
陪 審 ……………………181, 183
パウエル (Powell) 裁判官
 ……………………101, 103-105, 150
判決理由 (ratio decidendi) …………22
販売価格 ……………………115
判例集 ……………………3
判例の解釈 …………………2
判例変更 ……………………9
判例法 ……………………1, 2, 3
判例法主義 …………………1
ピアス (Pearce, E.H.P.) 裁判官 ……36
ピアスン (Pearson, C.H.P.) 裁判官
 ……………………………………36
比較過失 (comparative negligence)
 の原則 ……………………168
美観の保護 …………………148
ピケッティング ………………92
「1人、1投票権」の原則 ………99, 104
平等保護条項 ………100, 103, 104, 109
フィールド ……………………173
フィツモーリス ………………201, 207
夫婦財産制 ……………………18
フォータス (Fortas) 裁判官 ……84, 105
服従拒否 ……………………95
物品税 ……………………55, 56
不法行為法 …………………167
プライヴァシー (privacy) …46, 143, 145
ブラクトン ……………………42
ブラックストン ………………2
ブラックマン (Blackman, H.A.) 裁判
 官 …101, 113, 117, 119, 127, 131, 151, 152

フランクス報告書 (1957年) ……43, 45, 47
フランクファータ (Frankfuter) 裁判官
 ……………………………………105, 145
フランス行政法 ………………43, 207
フランス人権宣言 ……………50
ブレナン (Brennan) 裁判官
 84, 101, 126, 129, 130, 131, 133, 150, 152,
 155
ブレナン多数意見 ……………128
フレミング (Fleming) ………168, 174
フロイント ……………………160, 164
プロッサ (Prosser) ……………80, 170
フロリダ (Florida) 州法 …………170
ヘイルシャム (Hailsham) 卿 ……10, 208
ベンサム主義 …………………4, 5
ベンサム主義者 ………………3
貿易取引の規制 ………………30
法解釈 (特に租税法解釈) ………10, 59
法解釈の仕方 …………………58
法解釈の新理論 ………………15
包括的環境対応法 ……………133
法宣言説 ……………………2, 4
法創造 ……………………10, 78
法廷意見 (court opinion) ………22
法的安定性 (certainty) …………1
法的確実性 (certainty) …………173
法的擬制 ……………………3
法的推論 (legal reasoning) ………9
法的判断 (レイシオ・デシデンダイ
 ratio decidendi) ………………5
法の支配
 12, 13, 15, 33, 42-44, 46, 48-50, 53, 195,
 209
法の適正な手続 (due process of law)
 →適正手続条項を見よ
ホウムズ (Holmes, O.H.) 裁判官 …152
法律解釈 ……………………18
法律解釈の黄金律 ……………11
法律解釈の方法 ………………23
法律問題 ……………………75
傍 論 (オビター・デイクトム obiter
 dictum) ……………………5

222

事項索引

ホーム・ルール（Home Rule）………112
ホールズベリ卿 ………………………13
ボストン市条例 ……………………109,110
ホワイト（White）裁判官
　　　………………72,73,101,113,129,150

ま行

マーシャル（Marshall）首席裁判官
　　　…………101,117,125,127,131,150,152
マグナ・カルタ（Magna Carta）…50,209
マサチューセッツ（Massachusetts）州
　　　………………………………110,113
間違いなく明瞭（unmistakably clear）
　　　………………………………130
マニュエル（Manuel）裁判官……169,172
マンスフィールド卿 ………………20
マンデイマス ……………………46,48
無　効（nullity）………………39,58
メイトランド ……………………3,43
明白な意味（plain meaning）の原則
　　　………………………………11,71,207
名誉毀損（libel）………65,69,73,74,75,92
明瞭かつ確実な証拠（clear and
　convincing evidence）………66,68,69
「明瞭な間違い」の原則 ………………74
モスク（Mosk）裁判官 ・168,171,172,174
モンテスキュー ……………………11

や行

役　権（servitude）………………164
約束によるエストッペル ……………19
家賃法 ………………………………43,45

優越的証拠原則 ……………………68,69
ヨーロッパ共同体加盟 ………………50
ヨーロッパ共同体法 …………………51
ヨーロッパ裁判所 ……………………206
ヨーロッパ人権規約 …………………204
ヨーロッパ人権宣言 …………………53
ヨーロッパ連合 ………………………39

ら行

リアリスト（realist）…………………5
リアリズム（realism）………………80
リーガン知事（後に大統領）………191
リード（Reid, J.S.C.）卿
　　　………………………8,9,18,19,36,37
リチャードソン（Richardson）裁判官
　　　………………………………169
立法事実（legislative fact）………77
立法者意思 ……………………………173
リハビリティション（Rehabilitation）
　法 …………………………………128
レンクィスト（Renquist, W.H.）裁判
　官
　64,72,73,74,103,112,119,129,131,140,
　150
連邦裁判所の裁判管轄 ………………132
労働者災害補償 ……………………177
労働争議差止命令 …………………86
ロゥルズ ……………………………97
ロー・コミッションズ
　　　………………15,16,46,51,205,208,209
ロスコー・パウンド（Pound, R.）…21
ロバーツ（Roberts）…………………162

欧文索引

affirmative action ………………119
certiorari ………………34,35,38,40
declaration ………………………34,35
entrenched constitution …………209
jurisdiction ………………………48
justiciability ……………………102,104

mandamus ………………34,35,40,151
nuisance ……………………………155
police power ………148,151,155,156
prohibition …………………………40
retroactivity ………………………177
taking ………………………………166

223

判例索引

あ 行

アニスミニック（Anisminic）判決 …………………………………… 33-40, 47, 49
アンダースン（Anderson）事件 …………………………………………… 180, 182
ウィザスプーン対イリノイ判決 …………………………………………… 182, 183
ウォーカー（Walker）事件 …………………………………………………… 83-97
エーデルマン対ジョーダン判決 ……………………………………………… 129
エドワーズ対サウス・キャロライナ判決 …………………………………… 76

か 行

合衆国対鉱山労働者連合判決 ………………………………………………… 86
ギボンズ対オグデン判決 ……………………………………………………… 127
クナラ（Knuller）判決 ………………………………………………………… 8
グリーン対マンサー判決 ……………………………………………………… 127
グレッグ（Gregg）判決 ……………………………………………………… 196
ゴルダー判決 ……………………………………………………… 50, 51, 199-207

さ 行

サリドマイド事件 ……………………………………………………… 88, 208
シェリー対クレイマー事件 …………………………………………………… 87
ジェンキンス対ジョージア判決 ……………………………………………… 76
ショウ（Shaw）判決 …………………………………………………………… 8
ストラスブールのヨーロッパ人権裁判所による1975年2月21日判決 …… 199
ストリート対ニューヨーク判決 ……………………………………………… 76
スミス（Smith）判決 ………………………………………………………… 36, 37
ライス判決 ……………………………………………………………………… 43
アルリッジ判決 ………………………………………………………………… 43

た 行

タイム社対ペイプ判決 ………………………………………………………… 76
チショム対ジョウジア判決 …………………………………………………… 132

な 行

ニュー・ヨーク対ファバ判決 ………………………………………………… 76
ニューヨーク・タイムズ対サリヴァン判決 …… 64, 67, 68, 72, 73, 75, 75, 76, 77, 78, 80

は 行

パラデン対アラバマ港湾局連絡鉄道判決 …………………………………… 127

ハンス対ルイジアナ判決 ………………………………………………………126,130
フィッツパトリック対ビッツア判決 ……………………………………………127
フィンリー判決 ……………………………………………………………………187
プチット対プチット判決 ………………………………………………………16,17
フリブランス対フリブランス判決（Fribrance v. Fribrance [1957]） ………17
ヘイドン判決 …………………………………………………………………………11
ヘス対インディアナ判決 ……………………………………………………………76
ペンカム対フロリダ判決 ……………………………………………………………76
ペンハースト州立学校・病院対ホルダーマン判決 ……………………………127
包括的環境対応・補償・責任法 …………………………………………………122
ボーズ事件 ………………………………………………………………………63-80
ホワート対カンサス州判決 …………………………………………………………86

ま 行

マクガーサ（McGautha）判決 ……………………………………………………196
モニタ・パトリオト会社対ロイ判決 ………………………………………………76

ら 行

ライランズ対フレッチャー判決 ……………………………………………………5
ロバーツ対ホップウッド判決 ……………………………………………………12

欧文判例索引

A

Abley v. Dale (1851) 11 C.B. 378 ……………………………………………13
Agins v. City of Tiburon, 447 U.S. 255 (1980) …………………………148,149,153
Agins v. Tiburon, 24 Cal. 3d 266, 157 Cal. Rptr. 372, 598 P.2d 25 (1980) ………148
Aikens v. California, No. 5049; Furman v. Georgia, No. 5059; Jackson v. Georgia, No. 5133 …………………………………………………………………………194
Allen v. Allen, [1961] 3 All E.R. 385 ……………………………………………18
Amalgamated Transit Union, Div. 819 v. Byrne, 568 F.2d 1025 (3d Cir. 1977) …111
American Motorcycle Ass'n. v. Superior Court, 20 Cal. 3d 578, 578 P.2d 899, 146 Cal. Rptr. 182 (1978). …………………………………………………………170,171,175
American Power & Light. Co. v. SEC, 329 U.S. 90 (1946) ……………………115
American Textile Manufacturers Institute v. Donovan, 452 U.S. 490(1981) ………25
Anisminic Ltd. v. Foreign Compensation Commission, [1969] 2 A.C. 147 ……16,33
Anisminic Ltd. v. Foreign Compensation Commission, [1969] 2 A.C. 147; [1968] 2 Q.B. 862. ………………………………………………………………………49
Arrington v. Mattox, 767 S.W.2d 957 (Tex. 1989) ……………………………157

判例索引

Associated Construction & Engineering Co. v. Workers' Compensation Appeals
　Board 22, Cal. 3d 829, 587 P.2d 684, 150 Cal. Rptr. 888 (1978) ……………171,176
Associated Press v. Walker, 388 U.S. 130 (1967) ……………………………………94
Atascadero State Hospital v. Scanlon, 473 U.S. 234, 242 (1985) …………128,130,134
Attorney General v. Times Newspapers, [1973] 3 All E.R. 54 ……………………210
Attorney-General v. Prince Ernest Augustus of Hanover, [1957] A.C. 436 ………14

B

Bach v. County of Butte, 215 Cal. App. 3d 294, 263 Cal. Rptr. 565 (1989) ………157
Baker v. Carr, 369 U.S. 186 (1962) ……………………………………………102,104,105
Bandemer v. Davis, 603 F. Supp. 479 (1986) ……………………………………………101
Barlow's 判決 ……………………………………………………………………………141,144
Bate's Case, (1606) Lane 22, St. Tr. 371, 145 Eng. Rep. 267 (Ex.) ………………29
Baumgartner v. United States, 322 U.S. 665 (1944) …………………………………79
Beamish v. Beamish (1861) 9 H.L. Cas. 274; 11 Eng. Rep. 735 ……………………7
Beauharnais v. Illinois, 343 U.S. 250 (1952) …………………………………………72
Bixby v. Pierno, 4 Cal.3d 130, 141 (1971) ……………………………………………187
Bob Jones University v. United States, 461 U.S. 574 (1978) ………………………27
Bonin v. Calderon, 59 F.3d 815 (9th Cir. 1995) ……………………………………195
Bose Corporation v. Consumers Union, 466 U.S. 485 (1984) ………………………63
Bose Corporation v. Consumers Union, 508 F. Supp. 1249 (1981) ………………66
Bose Corporation v. Consumers Union, 529 F. Supp. 357 (1981) …………………66
Bose Corporation v. Consumers Union, 692 F. 2d 189 (1982) ……………………66
Bose Corporation v. Consumers Union, 84 F.R.D. 682 (1980) ……………………65
Boykin v. Alabama, 395 U.S. 238 (1969) ………………………………………………182
Brandenburg v. Ohio, 395 U.S. 444 (1969) ……………………………………………72
Bright v. Hutton (1852) 3 H.L.C. 341 ……………………………………………………7
Butterfield v. Forrester, 11 East 60, 103 Eng. Rep. 926 (1809) ……………………174

C

C.I.R. v. Asphalt Products Inc., 482 U.S. 117 (1987) ………………………………26
Camara v. Municipal Court, 387 U.S. 523 (1967) ……………………140,141,142,143,144
Cassel & Co., Ltd. v. Broome, [1972] A.C. 1027 ……………………………………10
Chan v. Korean Air Lines, Ltd., 490 U.S. 122 (1989) ………………………………27
Chaplinsky v. New Hampshire, 315 U.S. 568 (1942) ………………………………72
Chapman v. Chapman, [1969] 3 All E.R. 476 …………………………………………18
Chertsey Urban District Council v. Mixnam's Properties Ltd., [1964] 1 Q.B. 214 …60
Chisholm v. Georgia, 2 U.S., [2 Dall.] 419 (1793) …………………………………134
City of Mobile v. Bolden, 446 U.S. 55, at 66 (1980) ………………………………101
Coker v. Georgia, 433 U.S. 584 (1977) ………………………………………………195
Colegrove v. Green, 328 U.S. 549 (1946) ……………………………………………105
Colonnade Catering Corp. v. United States, 397 U.S. 72 (1970) ……………138,139,141

判例索引

Commissioners of Customs and Excise v. Cure & Deeley Ltd., [1962] 1 Q.B. 340 ··· 55
Congreve v. Home Office, [1976] 1 All E.R. 697 ·································· 60
Consumers Union v. Bose Corporation, 692 F.2d 189 (1982) ······················· 66
Cooley v. Board of Wardens, 53 U.S. (12 How.) 299 (1851) ······················· 117
Council for Civil Service Unions v. Minister for the Civil Service, [1985] A.C. 374
·· 40
Cox v. Louisiana, 379 U.S. 536 (1965) ··· 94
Cox v. New Hampshire, 312 U.S. 569 (1941) ···································· 94
Crowell v. Benson, 285 U.S. 22 (1932) ·· 77
Crutcher v. Kentucky, 141 U.S 47 (1891) ······································ 118
Curtis Publishing Co. v. Butts, 388 U.S. 130 (1967) ···························· 94

D

Daly v. General Motors Corp., 20 Cal. 3d 725, 575 P.2d 1162, 144 Cal. Rptr. 380
   (1978) ··· 171,176
Darnel's, or The Five Knights' Case, (1627) 3 St.Tr. 1 ························ 29
Davis v. Bandemer, 478 U.S. 109 (1986) ······································· 99
Davis v. Johnson, [1979] A.C. 264 (C.A.) ····································· 13
Dean Milk Co. v. Madison, 340 U.S. 349 (1951) ······················ 114,116,117
Derry v. Peek, 14 App. Cas. 337, 374 (1889) ·································· 69
Dickerson v. New Banner Institute, Inc., 460 U.S. 103 (1983) ·················· 25
Donovan v. Dewey, 452 U.S. 594, 101 S. Ct. 2534 (1981) ···················· 137,144
Dr. Bonham's Case, (1610) 8 Co. REP. 114 a ··································· 14
Dun & Bradstreet, Inc. v. Greenmoss Builders, Inc., 472 U.S. 749 (1985) ········ 66

E

Edelman v. Jordan, 415 U.S. 651 (1974) ······································· 130
Edwards v. South Carolina, 372 U.S. 229 (1963) ···························· 78,94
Employees of Dept. of Public. Health and Welfare v. Missouri, 411 U.S. 279
   (1973) ··· 128,130,131
Entick v. Carrington, 19 Howell's St. Tr. 1029 (1765) ························· 145
Ernst and Ernst v. Hochfelder, 425 U.S. 185, 199 (1976) ······················· 25
Escola v. Coca Cola Bottling Co., 24 Cal. 2d 453, 461, 150, P.2d 436, 440 (1944)
·· 173,177
Euclid v. Ambler Co., 272 U.S. 365, 386-87 (1926) ···························· 148

F

Fawcett Properties Ltd. v. Buckingham County Council, [1961] A.C. 636 ········· 60
Fickstone and Others v. Freemans plc [1988] 2 All ER 803 ····················· 14
First English Evangelical Lutheran Church of Glendale v. County of Los Angeles, 210
   Cal. App.3d 1353, 258 Cal. Rptr. 893 (1989) ································· 157
First English Evangelical Lutheran Church of Glendale v. County of Los Angeles, 428

227

判例索引

U.S. 304 (1987) ································147,150,154,155,156
Fitzpatrick v. Bitzer, 427 U.S. 445 (1976) ····················128
Frank v. Maryland, 359 U.S. 369 (1959) ···············141,142,143
Fribrance v. Fribrance, [1957] 1 All E.R. 357 ··················18
Furman v. Georgia, 408 U.S. 238 (1972) ······················195
Furman v. State, 225 Ga. 253, 167 S.E. 2d 628 (1969), *cert. granted*, 403 U.S. 952 (1971) ··194

G

Gaffney v. Cummings, 412 U.S. 735 (1973) ····················105
General Talking Pictures Corp. v. Western Electric Co., 304 U.S. 175, 177-8 (1938) ···118
Gertz v. Robert Welch, Inc., 418 U.S. 323 (1974) ··········66,71,94
Gibbons v. Ogden, 22 U.S. (9 Wheat.) 1 (1824) ·······115,117,128
Gibson v. United States, 166 U.S. 269 (1897) ·················165
Godden v. Hales, 11 St. Tr. 1165 (1686) ·······················29
Gomez v. United States, 490 U.S. 858 (1989) ··················26
Gomillion v. Lightfoot, 364 U.S. 339 (1960) ··················105
Gould v. Greylock, 350 Mass. 410, 215 N.E.2d 114 (1966) ······165
Gray v. Sanders, 372 U.S. 368, 81 (1963) ····················101
Greeman v. Yuba Power Prods., Inc., 59 Cal. 2d 57, 377 P.2d 897, 27 Cal. Rptr. 697 (1963). ···173,177
Green v. Mansour, 474 U.S. 64 (1985) ························128
Gregg v. Georgia, 428 U.S. 153 (1976) ························195
Gregg v. Georgia, 428 U.S. 153, 96 S. Ct. 2909 (1976) ········179

H

Hamilton v. Sec. of State, 1972 S.L.T. 233 ····················49
Hans v. Louisiana, 134 U.S. 1 (1890) ························128
Harris v. Brooks, 225 Ark. 436, 283 S.W. 2d 129 (1955) ······163
Harrison-Halsted Community Group v. Housing & Home Fin. Agency, 310 F.2d 99 (D.C.Cir. 1968) ···165
Hess v. Indiana, 414 U.S. 105 (1973) ·························78
Hester v. United States, 265 U.S. 57 (1924) ··················142
Heydon's Case, (1584) 3 Co. Rep. 7 a ·························14
Hicklin v. Orbeck, 437 U.S. 518 (1978) ·······················112
Hoffman v. Jones, 280 So.2d 431 (1973) ·····················175
Howart v. State of Kansas, 258 U.S. 181 (1922) ···············89
Hudson v. Secretary of State for Social Services, [1972] A.C. 944 ············10
Hughes v. Alexandria Scrap Corporation, 426 U.S. 794 (1976) ·········112,114,117
Hundley v. Matinez, 151 W.Va.977, 158 S.E.2d 159 (1967) ·····23

判例索引

I

Illinois v. Milwaukee, 406 U.S. 91 (1972) ……………………………………135
In re Anderson, 69 Cal.2d 613, 73 Cal. Rptr. 21, 447 P.2d 117 (1968) ………183,191
In re Arguello, 71 Cal. 2d 13, 16, 76 Cal. Rptr. 633, 452 P.2d 921 (1969) ………191
In re Estrada, 63 Cal. 2d 740, 48 Cal. Rpter. 172, 408 P.2d 948 (1965) ……………189
In re Finley, 1 Cal. App. 198, 201, 81 Pac. 1041, 1043 (1905) …………………187
In re Hill, 71 Cal.2d 997. 80 Cal. Rptr. 537, 458 P.2d 449 (1969) ………………190
In re Kemmler, 136 U.S. 436, 447 (1890) ………………………………………185
Inwood Laboratories, Inc. v. Ives Laboratories, Inc., 456 U.S. 844 (1982)…………69

J

J.E.D. Associates, Inc. v. Atkinson, 121 N.H. 581, 432 A.2d 12 (1981) …………153
J.I. Case Co. v. Borak, 377 U.S. 426 (1964) …………………………………135
Jackson v. State, 225 Ga. 790, 171 S.E. 2d 501 (1969), *cert. granted*, 403 U.S. 952
　　(1971) ………………………………………………………………………194
Jeff. Co. Pharmaceutical Ass'n v. Abbott Labs., 460 U.S. 150 (1983) ……………26
Jenkins v. Georgia, 418 U.S. 153 (1974) ………………………………………78
Jess v. Herrmann, 604 P.2d 208, 161 Cal. Rptr. 87 (1979) ……………167,170,172,174
Jones v. Randall (1774) Loft 384, at 385; 98 E.R. 707 …………………………13
Jurek v. Texas, 428 U.S. 262(1976) ……………………………………………196

K

Kaiser Aetna v. United States, 444 U.S. 164 (1979) ……………………………153
Karcher v. Daggett, 462 U.S. 725 (1983) ………………………………………105
Kenai Peninsula Borough v. State, 743 P.2d 1352 (Alaska 1987) …………………107
Keystone Bituminous Coal Assn. v. De Benedictis, 480 U.S. 470 (1987) ……153,156
Kirkpatrick v. Preisler, 394 U.S. 526 (1969) …………………………………105
Knuller, Ltd. v. D.P.P., [1972] 3 W.L.R. 143. ………………………………10
Kruse v. Johnson, [1898] 2 Q.B. 91 ……………………………………………59
Kungys v. United States, 485 U.S. 759, 770 (1988)………………………………25
Kunz v. New York, 340 U.S. 290 (1951) ………………………………………93

L

La. Pub. Serv Commission v. F.C.C., 476 U.S. 355 (1986) ………………………25
Latrobe Steel Co. v. United Steel Workers, Etc. 545 F.2d 1336 (1976) …………96
Lemle v. Breeden, 51 Hawaii 426, 462 P.2d 470 (1969) …………………………23
Li v. Yellow Cab Co., 13 Cal. 3d 804, 532 P.2d 1226, 119 Cal. Rptr. 858 (1975)
　　………………………………………………………168,169,170,172,173,175,177
Liversidge v. Anderson, [1942] A.C. 206 ……………………………………14,60
London Transport Executive v. Betts, [1959] A.C. 213……………………………14
Loretto v. Teleprompter Manhattan CATV Corp., 458 U.S. 419 (1982) …………153

229

判例索引

Luke v. Inland Revenue Commissioners, [1963] A.C. 557·····14

M

Magor & St. Mellons R.D.C. v. Newport Corporation, [1952] A.C. 189, [1952] 2 All E.R. 1226 ·····15, 21
Mahone v. Addicks Utility District of Harris County, 836 F.2d 921 (5th Cir. 1988) ·····107
Mapp v. Ohio, 367 U.S. 643 (1960) ·····143, 145
Markham v. Cabell, 326 U.S. 404 (1945) ·····27
Marshall v. Barlow's, Inc., 436 U.S. 307 (1978) ·····140, 141, 142
Marshall v. Dewey 493 F. Supp. 963 (D. Wis. 1980) ·····138
Marshall v. Nolichuckey Sand Co., 606 F.2d 693 (6th Cir. 1979) ·····138
Marshall v. Texoline Co., 612 F.2d 935 (5th Cir. 1980) ·····138
Massachusetts Council of Construction Employers, Inc. v. Mayor of Boston, 384 Mass, 446, 425 N.E. 2d 346(1981) ·····112
Massachusetts v. Morash, 490 U.S. 107 (1989) ·····26
Maxwell v. Bishop, 395 U.S. 711 (1969) ·····182
McCleskey v. Kemp, 481 U.S. 279(1987) ·····196
McGautha v. California, 402 U.S. 183(1971) ·····195
McGautha v. California: Crampton v. Ohio, 402 U.S. 183 (1971) ·····181
Merchandise Transport Ltd. v. British Transport Commission, [1962] 2 Q.B. 173 ·····10
Mills Music v. Snyder, 469 U.S. 153 (1985) ·····25, 26
Minnesota v. Clover Leaf Creamery Co., 449 U.S. 456, (1981) ·····153
Monitor Patriot Co. v. Roy, 401 U.S. 265 (1971) ·····78
Monroe v. City of Woodville, 819 F.2d 507 (5th Cir. 1987) ·····107
Moore v. Chesapeake & Ohio Ry. Co., 340 U.S. 573 (1951) ·····80
Moragne v. States Marine Lines, Inc., 398 U.S. 375 (1970) ·····26
Mountain States Tel. and Tel. v. Pueblo of Santa Ana, 472 U.S. 237 (1985) ·····26
Mugler v. Kansas, 123 U.S. 623 (1887) ·····153

N

NAACP v. Button, 371 U.S. 415 (1962) ·····93
Nakkuda Ali v. Juyaratne, [1951] A.C. 66 ·····60
National Audubon Society v. Superior Court of Alpine Country, 33 Cal.3d 419, 658 P.2d 709. 189 Cal. Rptr. 346(1983), *cert. denied*, 464 U.S. 977(1983) ·····165
National League of Cities v. Usury, 426 U.S. 833 (1976) ·····118
New York Times Co. v. Sullivan, 376 U.S. 254 (1964) ·····65, 94
New York v. Ferber, 458 U.S. 747 (1982) ·····72, 78
Nollan v. California Coastal Commission, 177 Cal. App. 3d 719, 223 Cal. Rptr. 28 (1986) ·····149, 150, 151
Nollan v. California Coastal Commission, 483 U.S. 825 (1987) ·····147, 155, 156

Northwest Central Pipeline Corp. v. State Corp. Comm'n of Kansas, 489 U.S. 493 (1989) ··128

O

O'Neil v. Vermont, 144 U.S. 323, 340 (1892) ··185
Oyama v. California, 332 U.S. 633 (1948) ··118

P

Paraden v. Terminal Railway of Alabama Docks Dept., 377 U.S. 184 (1964) ······128
Pasadena v. Alhanbrg. 33 Cal. 2d 908, 207 P.2d 17, cert ·······································165
Penn Central Transportation Co. v. New York City, 438 U.S. 104 (1978) ·········153
Pennekamp v. Florida, 328 U.S. 331 (1946) ··78
Pennhurst State School and Hospital v. Halderman, 465 U.S. 89 (1984) ······128,130
Pennsylvania Coal Co. v. Mahon, 260 U.S. 393, at 415 (1922)················150,152,153
Pennsylvania v. Union Gas Co., 491 U.S. 1 (1989) ···121,135
Penry v. Lynaugh, 492 U.S. 302(1989) ···196
People v. Hill, 70 Cal.2d 678, 76 Cal. Rptr. 225, 452 P.2d 329 (1969) ···············191
People v. Aikens, 70 Cal. 2d 369, 74 Cal. Rptr. 882, 450 P.2d 258 (1969), cert. granted,403 U.S.952 (1971) ···185,194
People v. Anderson, 64 Cal.2d 633, 51 Cal. Rptr. 238, 414 P.2d 366 (1966) ···181,183
People v. Anderson, 493 P.2d 880, 100 Cal. Rptr. 152, 6 Cal.3d 628 (1972) ······179
People v. Anderson, 70 Cal.2d 15, 73 Cal. Rptr. 550, 447 P.2d 942 (1968) ········179
People v. Clark, 389 Cal. Rptr. 253, 473 P.2d 997 (1970) ·································187
People v. Finley, 153 Cal. 59, 94 Pac. 248 (1908) ···187
People v. Ketchel, 59 Cal. 2d 503, 30 Cal. Rptr. 538, 381 P.2d 394 (1963) ········189
People v. Love, 56 Cal. 2d 720, 16 Cal. Rptr. 777, 366 P.2d 33 (1961) ···············189
People v. Mabry, 71 Cal. 2d 430, 78 Cal. Rptr. 655, 455 P.2d 759 (1969) ·········191
People v. Nye, 71 Cal. 2d 356, 78 Cal. Rptr. 467, 455 P.2d 395 (1969) ···············191
People v. Oppenheimer, 156 Cal. 733, 106 Pac. 74 (1909) ·····································187
People v. Pike, 71 Cal. 2d 595, 78 Cal. Rptr. 62, 455 P.2d 776 (1969) ···············191
People v. Quicke, 71 Cal. 2d 502, 78 Cal. Rptr. 683, 455. P.2d 787 (1969) ········191
People v. St. Martin, 1 Cal. 3d 524, 83 Cal. Rptr. 166, 463 P.2d 390 (1970) ······190
People v. Tanner, 3 Cal. 2d 279, 44 P.2d 324 (1935) ···191
People v. Vaughn, 71 Cal. 2d 406, 78 Cal. Rptr. 186, 455 P.2d 122 (1969) ········191
People v. Williams, 71 Cal. 2d 614, 79 Cal. Rptr. 65, 456 P.2d 633 (1969) ········190
Pettitt v. Pettitt, [1970] A.C. 777···18
Philadelphia v. New Jersey, 437 U.S. 617, 624 (1978) ··116
Pittston Coal Group v. Sebben, 488 U.S. 105, 113 (1988) ··25
Police Department of Chicago v. Mosley, 408 U.S. 92 (1972) ································72
Poulos v. New Hampshire, 345 U.S. 395 (1953) ··94
Practice Statement (Judicial Precedent), [1966] 3 All E.R. 77; [1966]1 W.L.R.

判例索引

1234 ···7
Proffitt v. Florida, 428 U.S. 242 (1976) ···196
Prudential Insurance Co. v. Benjamin, 328 U.S. 408 (1946) ···118
Prune Yard Shopping Center v. Robins, 447 U.S. 74 (1980) ······················152,153,155
Public Employees Retirement System of Ohio v. Betts, 109 S.Ct. 2854 (1989) ······25
Pullman-Standard v. Swint, 456 U.S. 273 (1982) ···70

Q

Quinn v. Leathem, [1901] A.C. 495 ···13

R

R. v. Medical Appeal Tribunal, *ex parte* Gilmore, [1957] 1 Q.B. 574 ·················61
R. v. Sec. of State for the Environment, *ex parte* Astler, The Times (Law Reports), 18th March 1976 ···49
R. v. Hampden (The Case of Ship-Money), (1637) 3 St. Tr. 825······················29
R.v. Home Secretary, *ex parte* Phansopkar, [1975] 3 All E.R. 497 ··················206
R.v. Miah, [1974] 1 W.L.R. 663···206
R.v. Secretary of State for Employment, *ex parte* Equal Opportunity Commission (1992) ··39
Reeves, Inc. v. Stake, 447 U.S. 429 (1980) ···112,114
Reynolds v. Sims, 377 U.S. 533 (1962) ·····································99,100,102,105,106
Ridge v. Baldwin, [1964] A.C. 40···39,44,61
Rimmer v. Rimmer, [1953] 1 Q.B. 63 ··18
Roberts v. Hopwood, [1925] A.C. 578 ···14,59
Robins v. Prune Yard Shopping Center, 23 Cal. App. 3d 899, 153 Cal. Rptr. 854, 592 P.2d 341 (1979) ···153
Robinson v. California, 370 U.S. 600 (1962) ··187,189
Rosenbloom v. Metromedia, Inc. 403 U.S. 29 (1971) ···94
Roth v. United States, 354 U.S. 476 (1957) ···72
Rudolph v. Alabama, 375 U.S. 889 (1963) ··194
Rylands v. Fletcher (1868) L.R. 3 H.L. 337 ···7

S

Safeway Stores, Inc. v. Nest-Kart, 21 Cal.3d 322, 579 P.2d 441, 146 Cal. Rptr. 550 (1978) ··171,176
San Diego Gas & Electric Co. v. City of San Diego, 450 U.S. 621 (1980) ·········152
Schall v. Martin, 467 U.S. 253 (1984) ··78
Schneider v. State, 308 U.S. 147 (1939) ···94
Schreiber v. Burlington Northern, Inc., 472 U.S. (1985) ···26
Scranton v. Wheeler, 179 U.S. 141 (1900) ··165
Seawall Associates v. City of New York, 74 N.Y.2d 2, 542 N.E. 2d 1059 (N.Y. 1989) ··157

232

判例索引

See v. City of Seattle, 387 U.S. 541 (1978) ···141
Seventeenth District Probate Court v. Gladwin City Boards of Commissioners, 401
　　N.W. 2d 50 (Mich. 1986) ···107
Shaw v. D.P.P., [1962] A.C. 220···9
Shell Oil Co. v. Iowa Dept. Revenue, 488 U.S. 19 (1988) ·······························25
Shelley v. Kraemer, 334 U.S. 1 (1948) ··90
Slaughter-House Cases, 83 U.S. (16 Wall.) 36 (1873) ···································111
Smith v. East Elloe R.D.C., [1956] A.C. 736 ··36, 49
South-Central Timber Development, Inc. v. Wunnicke, 467 U.S. 82 (1984) ······119
Speiser v. Randall, 357 U.S. 513 (1958) ··78
Spencer Development Co. v. Independent School District, 741 P.2d 477 (Okla. 1987)
　　···107
Squillacote v. Local 248, Meat & Allied Food Workers, 534 F.2d 735 (1976) ······97
St. Amant v. Thompson, 390 U.S. 727 (1968) ··75, 94
Stockdale v. Hansard (1839) 9 Ad. & E. 1 ··13
Street v. New York, 394 U.S. 576 (1969) ···78
Suisse Atlantique Société d'Armement Maritime S.A. v. N.V. Rotterdamsche
　　Kolen Centrale, [1967] 1 A.C. 361 ···16, 20

T

T.V.A. v. Hill, 437 U.S. 153 (1978) ···27
Terminiello v. Chicago, 337 U.S. 1 (1949) ···72
Thompson v. Oklahoma, 487 U.S. 815(1988) ···196
Thornburg v. Gingles, 478 U.S. 30 (1986) ··101
Time, Inc. v. Pape, 401 U.S. 279 (1971) ···75, 78, 94
Trop v. Dulles, 356 U.S. 86 (1958) ··187, 189
Twining v. New Jersey, 211 U.S. 78 (1908) ···118

U

Ulrich v. Ulrich, [1968] 1 All E.R. 67 ··18
United Building and Construction Trades Council v. Camden, 465 U.S. 208 (1984)
　　···117, 118
United Public Workers of America v. Mitchell, 330 U.S. 75 (1947) ················93
United States v. Arnold, Schwinn & Co., 388 U.S. 365 (1967) ······················115
United States v. Biswell, 406 U.S. 311 (1972) ·······························138, 139, 141
United States v. Caroline Products, 304 U.S. 144, 154 (1938) ·····················153
United States v. Chandler-Dunbar Water Power Co., 229 U.S. 53 (1913) ·······165
United States v. Colgate & Co., 250 U.S 300 (1919) ·····································115
United States v. Cress, 243 U.S. 316 (1917) ···162
United States v. Parke, Davis & Co., 362 U.S. 29 (1960) ·····························115
United States v. Ryan, 402 U.S. 530 (1971) ···96
United States v. Schooner Peggy, 5 U.S. [1 Cranch] 103, (1801) ················126

233

判例索引

United States v. Twin City Power Co., 215 F.2d 592 (1954) ·····················164
United States v. United Mine Workers, 30 U.S. 258 (1947) ·····················89
United States v. United States Gypsum Co., 333 U.S. 364 (1948) ···············69
United States v. Willow River Power Co., 324 U.S. 498 (1945) ················159
United Transportation Union v. Long Island R.R. Co., 455 U.S. 678 (1982) ······118

V

Valentine v. Chrestensen, 316 U.S. 52 (1942) ·································72
Virginia State Board of Pharmacy v. Virginia Consumer Council, 425 U.S. 748 (1976)
··72

W

Walker v. City of Birmingham, 388 U.S. 307 (1967) ···························81-97
Weems v. United States, 217 U.S. 349 (1910) ·································187
Welch v. Texas Dept. of Highways and Public Transportation, 483 U.S. 468 (1987)
··128,130
White v. Massachusetts Council of Construction Employers, Inc., 460 U. S. 204
(1983) ···110
Williams v. New York, 337 U.S. 241, 248 (1949) ······························189
Williamson v. Lee Optical, Inc., 348 U.S. 483 (1955) ·························153
Willow River Power Co. v. United States, 101 Ct.Cl. 222(1944) ···············160
Wilson v. Black Bird Creek Marsh Co., 27 U.S. (2 Pet.) 245, 252 (1829)·········117
Witherspoon v. Illinois, 391 U.S. 510 (1968) ·····························182,183
Witt v. Jackson, 57 Cal. 2d 57, 366 P.2d 641, 17 Cal. Rptr. 369 (1961) ·········177
Wolf v. Colorado, 338 U.S. 25 (1949) ··145
Woodson v. North Carolina, 428 U.S. 280(1976) ······························195

Y

Yiamouyiannis v. Consumers Union of the United States, Inc., 619 F.2d 932 (2d Cir.
1980) ···69

法令索引

あ 行

アラバマ州憲法第1編第15条 …………………………………………………184
ウィーン条約第31条 ……………………………………………………………202
エドワード3世の立法(45 Ed. 3, c. 4) ……………………………………29, 30

か 行

合衆国憲法第1条8節3項 ………………………………………………………116
合衆国憲法第3条 …………………………………………………………130, 132
合衆国憲法第3条(司法権) ……………………………………………………127
合衆国憲法第4条2節1項 ………………………………………………………111
合衆国憲法第6条2項 ……………………………………………………………111
合衆国憲法第1修正 ………………………………………………………68, 74, 92
合衆国憲法第4修正 …………………………………………………139, 143, 145
合衆国憲法第5修正 ……………………………………………148, 151, 160, 181
合衆国憲法第8修正 ………………………………………………………187, 195
合衆国憲法第11修正 ………………………………………121, 123, 127, 132, 135
合衆国憲法第14修正 …………………………………99, 100, 127, 132, 181, 183
合衆国憲法第15修正 ……………………………………………………………100
合衆国第8修正 …………………………………………………………………183
合衆国民事訴訟規則 ………………………………………………………………67
合衆国民事訴訟規則第52条(a)項 …………………………………………68, 69, 80
関税・消費税法4条1項(1952) …………………………………………………57
基金に関する法律を修正し権限を再付与する法律(1986年) …………………125
キャリフォーニア州刑法第190条 …………………………………………190, 197
キャリフォーニア州憲法第1編第6条 ……………………183, 184, 185, 186, 187, 196, 197
キャリフォーニア州憲法第6条4項 ……………………………………………148
キャリフォーニア州第1編13条 …………………………………………181, 185
キャリフォーニア州民事訴訟法典 ………………………………………………168
キャリフォーニア州民法典 ………………………………………………………172
キャリフォーニア州民法典第1714条(1872) …………………………………175
キャリフォーニア州労働法第3861条 …………………………………………177
キャリフォーニア民事訴訟法第431.70条および666条 ………………………169
ケンタッキ州憲法第17条 ………………………………………………………184
国籍法(Nationality Act) ………………………………………………………38

さ 行

在外財産補償法 ……………………………………………………………………38
在外財産補償法(1950) …………………………………………………………47

法令索引

最高法院法第 31 条(1981) ………………………………………40, 51
サウス・キャロライナ(South Carolina)州憲法第 1 編第 19 条 …………184
市民的権利に関する法律 …………………………………………………132
条約の解釈に関するウィーン条約第 31 条 ………………………………51
人権法(Human Rights Act) ………………………………1, 204, 209
租税(第 2)法 33 条 1 項 ………………………………………56, 57, 59

た 行

デラウェア州憲法第 1 編第 11 条 …………………………………………184
デラウェア州憲法第 8 条 ……………………………………………………186
デラウェア州憲法第 13 条 …………………………………………………186
デラウェア州憲法第 14 修正 ………………………………………………183
デラウェア州憲法第 5 編第 8 条 …………………………………………186
デラウェア州憲法第 6 編第 11 条 …………………………………………186
デラウェア州憲法第 8 修正 …………………………………………………183
デラウェア州憲法編第 27 条 ………………………………………………196

な 行

日本国憲法第 36 条 …………………………………………………………193

は 行

平等保護条項 …………………………………………………………99, 100
物品税規則 12 条 ………………………………………………………57, 59
ペンシルヴァニア州憲法第 1 編第 13 条 …………………………………184
包括的環境対応法第 107 条 ………………………………………………124
法廷等の秩序維持に関する法律第 2 条 …………………………………87

ま 行

マグナ・カルタ 12 条 …………………………………………………………30
マサチューセッツ州一般法第 26 条 ………………………………………111
マサチューセッツ州憲法第 18 修正 ………………………………………112
ミシガン州憲法第 1 編第 16 条 ……………………………………………184
メリーランド州憲法第 25 条 …………………………………………………184

や 行

ヨーロッパ人権規約(1950) …………………………………………………50
ヨーロッパ共同体法(1972) …………………………………………………205
ヨーロッパ人権規約 6 条 1 項 ……………………50, 52, 200, 201, 202, 207
ヨーロッパ人権規約 8 条 ……………………………………………………201
ヨーロッパ人権規約 25 条 …………………………………………………200
ヨーロッパ人権規約 31 条 …………………………………………………200
ヨーロッパ人権規約 50 条 …………………………………………………206

法令索引

ら行

ロード・アイランド憲法第1編第9条 …………………………………………184
ローマ条約(1957) ……………………………………………………………205

欧文法令索引

A

Act of 2 March 1831, c. 98; 4 Stat. 487 ……………………………………88
Acquisition of Land [Authorisation] Act (1946) ……………………………36
Americans with Disabilities Act [101 P.L. 336] § 502(1990) ……………135

C

Clean Air Act, 42 U.S.C. § 7604 (1982) …………………………………134
Criminal Justice Act, s. 59 (1)(1967) ………………………………………203
Comprehensive Environmental Response, Compensation and Liability Act
 (CERCLA) (1980) …………………………………………………………135
Comprehensive Environmental Response, Compensation and Liability Act
 (CERCLA), 42 U.S.C. § 9607 (1982) …………………………………123

D

Death on the High Seas Act, 46 U.S.C. § 766 (1920) …………………175
Domestic Violence and Matrimonial Proceeding Act (1976) ………………14

F

Federa Employers' Liability Act, 45 U.S.C. § 53 (1908) ………………175
Federal Mine Safety and Health Act, 30 U.S.C. § 814(a) and § 818 ………137,138
Federal Water Pollution Control Act, 33 U.S.C. § 1365 (1982) …………134
Federal Water Pollution Control Act, 33 U.S.C. §§ 1321(b)(3) and (f)(2) (1982) 123
Finance (No. 2) Act (1940) ……………………………………………………55
Foreign Compeusation Act (1950) ……………………………………………34
Foreign Compensation Act (1969) ……………………………………………35

G

Gun Control Act (1968) ………………………………………………………139

H

Home Rule Procedures Act § 13 ……………………………………………112
Human Rights Act (2000) ………………………………………………1,204,209

237

法令索引

J

Judicature Act, 15 & 16 Geo. 5 c. 49 §§ 27 (1), 31 (1) (a) (1925) ·····················88

L

Lanham Act § 43 (a), 15 U.S.C. § 1125 (a)(商品の不当非難の禁止) ·····················65

M

Married Women's Property Act, s.17(妻の財産に関する 1882 年法) ·····················18
Married Women's Property Act, s. 17 (1882) ·····················16,18
Matrimonial Causes Act, ss. 21, 23 (1973) ·····················18

N

National Labor Relations Act, 29 U.S.C. §§ 151 et seq. (1976) ·····················111

O

Occupational Safety and Health Act ·····················144

P

Parliamentary Commissioner Act, s. 1 (5) (1967) ·····················47
Purchase Tax Regulations, (1945) ·····················56

R

Resource Conservation and Recovery Act, 42 U.S.C. § 6972 (1982) ·····················134
Restatement (Second) of T § 402 A ·····················177

S

Sherman Act ·····················115
Statute Law (Repeals) Act, s.1(1) and Sch. 1 (1989) ·····················35
Superfund Amendments and Reauthorization Act (SARA), 42 U.S.C. § 9061(20)
    (D) ·····················126
Superfund Amendments and Reauthorization Act (SARA) (1986) ·····················135
Supreme Court Act, s. 31 (1981) ·····················39

T

Tribunals and Inquiries Act, s.11(3) (1950) ·····················35
Tribunals and Inquiries Act, (1958) ·····················34
Tribunals and Inquiries Act (1971) ·····················46
Tribunals and Inquiries Act, s.13 (1992) ·····················35

V

Voting Right Act of 1965, 42 U.S.C.A. § 1973 (as amended 1982) ·····················100,101

〈著者紹介〉

田島　裕（たじま　ゆたか）

昭和15年4月30日、愛知県に生まれる。東京大学大学院博士課程終了後、昭和49年4月より平成2年3月まで、大阪市立大学法学部に勤務（助教授、教授）

平成2年4月より、筑波大学大学院ビジネス科学研究科企業法学専攻教授
ケンブリッジ大学（ブリティッシュ・カウンシル・フェロー）、ハーバード・ロー・スクール、キャリフォーニア大学（バークレー）バーミンガム大学など、客員教授

［著書・訳書］

『議会主権と法の支配』（有斐閣・1981年、第2刷・1991年）
『英米法』（筑摩書房・1985年）［伊藤正己氏と共著］
『イギリス法入門』（有斐閣・1991年）
『比較法の方法』（1998年・信山社）
『イギリス憲法典―1998年人権法』（信山社・2001年）
『イギリス法入門』（信山社・2001年）
スカーマン『イギリス法―その新局面』（東京大学出版会、1981年）
ダイシー『憲法序説』（学陽書房・1983年）［伊藤正己氏と共訳］
ポパー『確定性の世界』（信山社・1996年、文庫版・1998年）など

英米法判例の法理論　　田島裕著作集8

2001(平成13)年6月30日　　第1版第1刷発行
1778-0101

著　者	田　島　　　裕
発行者	今　井　　　貴
発行所	株式会社信山社
編　集	信山社出版株式会社

〒113-0033　東京都文京区本郷 6-2-10-301
TEL 03-3818-1099　FAX 03-3818-1411

販売所　信山社販売株式会社
〒113-0033　東京都文京区本郷 6-2-10-101
TEL 03-3818-1019　FAX 03-3811-3580
order@shinzansya.co.jp

印刷　勝美印刷株式会社
製本　有限会社大三製本

©2001，田島　裕，Printed in Japan.
落丁・乱丁本はお取替えいたします。

ISBN 4-7972-1778-2 C3332
1778-0101-012-060-010
NDC分類 322.933

田島 裕 著作集（全8巻）

― 信山社 ―

第1巻 アメリカ憲法――合衆国憲法の基本構造、基本的人権、統治機構――
 ◇第2巻 アメリカ憲法――連邦憲法の構造と公法原理――　予価八、〇〇〇円
 ◇第2巻　議会の機能、立法と法の支配　予価八、〇〇〇円
第3巻 イギリス憲法――議会主権と法の支配
 ◇第3巻　司法制度、改革、裁判官、弁護士、陪審　予価八、〇〇〇円
第4巻 英米の裁判所と法律家
 ◇第4巻　その形成と展開を探る　予価八、〇〇〇円
コモン・ロー（不法行為法と契約法）
 ◇第5巻　主にエクィティ　予価八、〇〇〇円
英米の土地法と信託法
 ◇第6巻　会社、銀行、担保、消費者保護　予価八、〇〇〇円
英米企業法学
 ◇第7巻　国際法、仲裁法他　予価八、〇〇〇円
英米諸法の研究（刑法・国際法）
第8巻 英米法判例の法理論――判例が語る英米法　予価六、〇〇〇円

別　巻
 ◆別巻第1巻　比較法の方法　本体二、九八〇円
 ◆別巻第2巻　イギリス憲法典――一九九八年人権法　本体三、〇〇〇円
 ◆別巻第3巻　イギリス法入門
 ◇別巻第4巻　アメリカ法入門　続刊
 ◇別巻第5巻　英米法概説（仮）　続刊

A五判変型上製
四六判上製

１９世紀ドイツ憲法理論の研究	栗城壽夫 著	名城大学法学部教授	15,000円
憲法叢説（全3巻）1 憲法と憲法学 2 人権と統治 3 憲政評論	芦部信喜 著	元東京大学名誉教授 元学習院大学教授	各2,816円
社会的法治国の構成	高田 敏 著	大阪大学名誉教授 大阪学院大学教授	14,000円
基本権の理論（著作集1）	田口精一 著	慶應大学名誉教授 清和大学教授	15,534円
法治国原理の展開（著作集2）	田口精一 著	慶應大学名誉教授 清和大学教授	14,800円
議院法 [明治22年]	大石 眞 編著	京都大学教授 日本立法資料全集 3	40,777円
日本財政制度の比較史的研究	小嶋和司 著	元東北大学教授	12,000円
憲法社会体系 I 憲法過程論	池田政章 著	立教大学名誉教授	10,000円
憲法社会体系 II 憲法政策論	池田政章 著	立教大学名誉教授	12,000円
憲法社会体系 III 制度・運動・文化	池田政章 著	立教大学名誉教授	13,000円
憲法訴訟要件論	渋谷秀樹 著	立教大学法学部教授	12,000円
実効的基本権保障論	笹田栄司 著	金沢大学法学部教授	8,738円
議会特権の憲法的考察	原田一明 著	國學院大学法学部教授	13,200円
日本国憲法制定資料全集（全15巻予定）	芦部信喜 編集代表 髙橋和之・高見勝利・日比野勤 編集 元東京大学教授 東京大学教授 北海道大学教授 東京大学教授		
人権論の新構成	棟居快行 著		8,800円 品切
憲法学再論	棟居快行 著		10,000円 新刊
憲法学の発想 1	棟居快行 著	成城大学法学部教授	2,000円 2 近刊
障害差別禁止の法理論	小石原尉郎 著		9,709円
皇室典範	芦部信喜・高見勝利 編著	日本立法資料全集 第1巻	36,893円
皇室経済法	芦部信喜・高見勝利 編者	日本立法資料全集 第7巻	45,544円
法典質疑録 上巻（憲法他）	法典質疑会 編 [会長・梅謙次郎]		12,039円
続法典質疑録（憲法・行政法他）	法典質疑会 編 [会長・梅謙次郎]		24,272円
明治軍制	藤田嗣雄 著	元上智大学教授	48,000円
欧米の軍制に関する研究	藤田嗣雄 著	元上智大学教授	48,000円
ドイツ憲法集 [第3版]	高田 敏・初宿正典 編訳	大阪大学名誉教授 京都大学法学部教授	3,000円
現代日本の立法過程	谷 勝弘 著		10,000円
東欧革命と宗教	清水 望 著	早稲田大学名誉教授	8,600円
近代日本における国家と宗教	酒井文夫 著	元聖学院大学教授	12,000円
国制史における天皇論	稲田陽一 著		7,282円
続・立憲理論の主要問題	堀internal健志 著	弘前大学教授	8,155円
わが国市町村議会の起源	上野裕久 著	元岡山大学法学部教授	12,980円
憲法裁判権の理論	宇都宮純一 著	愛媛大学教授	10,000円
憲法史の面白さ	大石 眞・高見勝利・長尾龍一 編	京都大 北大 日大教授	2,900円
憲法史と憲法解釈	大石眞著 2,600 大法学者イェーリングの学問と生活 山口廸彦編訳 3,500円		
憲法訴訟の手続理論	林屋礼二 著	東北大学名誉教授	3,400円
憲法入門	清水 陸 編	中央大学法学部教授	2,500円
憲法判断回避の理論	高野幹久 著 [英文]	関東学院大学法学部教授	5,000円
アメリカ憲法—その構造と原理	田島 裕 著	筑波大学教授 著作集 1	近刊
英米法判例の法理	田島裕 著	著作集 8	6,000円
イギリス憲法典—1998年人権法	田島裕訳・解説 3,000円 韓国司法制度入門 金洪奎 3,000円		
フランス憲法関係史料選	塙 浩 著	西洋法史研究	10,000円
ドイツの憲法忠誠	山岸喜久治 著	宮城学院女子大学学芸学部教授	8,000円
ドイツの憲法判例（第2版）	ドイツ憲法判例研究会 栗城壽夫・戸波江二・松森健 編		予6,000円
ドイツの最新憲法判例	ドイツ憲法判例研究会 栗城壽夫・戸波江二・石村 修		6,000円
人間・科学技術・環境	ドイツ憲法判例研究会 栗城壽夫・戸波江二・青柳幸一 編		12,000円

信山社　ご注文はFAXまたはEメールで　FAX 03-3818-0344　Email order@shinzansha.co.jp
〒113-0033 東京都文京区本郷6-2-9-102　TEL 03-3818-1019

行政裁量とその統制密度	宮田三郎 著	元専修大学・千葉大学／朝日大学教授	6,000 円
行政法教科書	宮田三郎 著	元専修大学・千葉大学 朝日大学教授	3,600 円
行政法総論	宮田三郎 著	元専修大学・千葉大学 朝日大学教授	4,600 円
行政訴訟法	宮田三郎 著	元専修大学・千葉大学 朝日大学教授	5,500 円
行政手続法	宮田三郎 著	元専修大学・千葉大学 朝日大学教授	4,600 円
行政事件訴訟法（全7巻）	塩野 宏 編著	東京大学名誉教授 成溪大学教授	セット 250,485 円
行政法の実現（著作集3）	田口精一 著	慶應義塾大学名誉教授 清和大学教授	近刊
租税徴収法（全20巻予定）	加藤一郎・三ケ月章 監修 青山善充 塩野宏 編集 佐藤英明 奥 博司 解説	東京大学名誉教授 神戸大学教授 西南学院大学法学部助教授	
近代日本の行政改革と裁判所	前山亮吉 著	静岡県立大学教授	7,184 円
行政行為の存在構造	菊井康郎 著	上智大学名誉教授	8,200 円
フランス行政法研究	近藤昭三 著	九州大学名誉教授 札幌大学法学部教授	9,515 円
行政法の解釈	阿部泰隆 著	神戸大学法学部教授	9,709 円
政策法学と自治条例	阿部泰隆 著	神戸大学法学部教授	2,200 円
法政策学の試み 第1集	阿部泰隆・根岸 哲 編	神戸大学法学部教授	4,700 円
情報公開条例集 秋吉健次 編　　個人情報保護条例集（全3巻）セット 26,160 円			
（上）東京都23区 項目別条文集と全文　8,000円　（上）-1, -2 都道府県 5760　6480 円			
（中）東京都27市 項目別条文集と全文　9,800円　（中）政令指定都市 5760 円			
（下）政令指定都市・都道府県 項目別条文集と全文　12,000円　（下）東京23区 8160 円			
情報公開条例の理論と実務	自由人権協会編	内田力蔵著集（全10巻）近刊	
上巻〈増補版〉5,000円　下巻〈新版〉6,000円			
日本をめぐる国際租税環境	明治学院大学立法研究会 編		7,000 円
ドイツ環境行政法と欧州	山田 洋	一橋大学法学部教授	5,000 円
中国行政法の生成と展開	張 勇 著	元名古屋大学大学院	8,000 円
土地利用の公共性	奈良次郎・吉牟田薫・田島 裕 編集代表		14,000 円
日韓土地行政法制の比較研究	荒 秀 著	筑波大学名誉教授・獨協大学教授	12,000 円
行政計画の法的統制	見上 崇 著	龍谷大学法学部教授	10,000 円
情報公開条例の解釈	平松 毅 著	関西学院大学法学部教授	2,900 円
行政裁判の理論	田中舘照橘 著	元明治大学法学部教授	15,534 円
詳解アメリカ移民法	川原謙一 著	元法務省入管局長・駒沢大学教授・弁護士	28,000 円
税法講義 第2版	山田二郎 著		4,800 円
市民のための行政訴訟改革	山村恒年 編		2,400 円
都市計画法規概説	荒 秀・小高 剛・安本典夫 編		3,600 円
行政過程と行政訴訟	山村恒年 著		7,379 円
地方自治の世界的潮流（上・下）	J.ヨアヒム・ヘッセ 著 木佐茂男 訳		上下：各 7,000 円
スウェーデン行政手続・訴訟法概説	萩原金美 著		4,500 円
独逸行政法（全4巻）	O.マイヤー 著 美濃部達吉 訳		全4巻セット：143,689 円
韓国憲法裁判所10年史			13,000 円
大学教育行政の理論	田中舘照橘著		16,800 円

信山社　ご注文は FAX または E メールで
FAX 03-3818-0344　Email order@shinzansha.co.jp
〒113-0033 東京都文京区本郷 6-2-9-102　TEL 03-3818-1019　ホームページは http://www.shinzansha.co.jp